新时代新理念职业教育教材·铁道运输类
“互联网+”融媒体立体化教学资源新形态教材
“模块化+活页式”校企合作特色实训教材

复兴号动车组模拟驾驶实训指导书

王 宁 陈 林 陶 艳 著

北京交通大学出版社
·北京·

内 容 简 介

本书针对动车组司机、乘务员的人才培养特点，依托动车组模拟驾驶实训设备，以学生为中心进行模块化的教学设计，对 CR400AF 型动车组、CR400BF 型动车组、CR200J 型动车组进行模拟驾驶训练。

本书针对每一个车型设计一个教学模块，每一个教学模块中都包含 4 类实训项目：动车组司机室设备认知、动车组司机一次乘务标准化作业、动车组随车机械师应急处置、动车组非正常行车作业，并在实训过程中融入职业素养和课程思政内容。

本书可作为高等职业院校动车组相关专业的教学用书，也可作为铁路职工、相关技术人员的参考用书。

图书在版编目（CIP）数据

复兴号动车组模拟驾驶实训指导书 / 王宁，陈林，陶艳著. -- 北京 : 北京交通大学出版社，2024. 8. -- ISBN 978-7-5121-5295-3

Ⅰ. U268.48

中国国家版本馆 CIP 数据核字第 2024TH9869 号

复兴号动车组模拟驾驶实训指导书
FUXINGHAO DONGCHEZU MONI JIASHI SHIXUN ZHIDAOSHU

策划编辑：张　亮　　责任编辑：陈跃琴
出版发行：北京交通大学出版社　　电话：010-51686414　　http://www.bjtup.com.cn
地　　址：北京市海淀区高梁桥斜街 44 号　　邮编：100044
印 刷 者：艺堂印刷（天津）有限公司
经　　销：全国新华书店
开　　本：185 mm×260 mm　　印张：18.5　　字数：416 千字
版 印 次：2024 年 8 月第 1 版　　2025 年 1 月第 2 次印刷
定　　价：58.00 元

本书如有质量问题，请向北京交通大学出版社质监组反映。对您的意见和批评，我们表示欢迎和感谢。
投诉电话：010-51686043，51686008；传真：010-62225406；E-mail：press@bjtu.edu.cn。

前　言

截至 2023 年底，全国铁路营业里程达 15.9 万 km，其中高铁营业里程 4.5 万 km。复兴号动车组自 2017 年 6 月 26 日投入运营以来，已累计投入 1 194 列，目前已经成为铁路旅客运输的主力。复兴号动车组的大批量运用，导致复兴号动车组驾驶、管理、检修等专业技术人才紧缺，因为复兴号动车组的驾驶与传统机车、动车组有很大的不同，在司机室设备、动车组操纵方式、动车组应急故障处理和非正常行车等方面融入了很多新技术、新方法、新标准，传统教材无法满足复兴号动车组的专业技术人才培养需求。因此，急需对教材进行更新和修订。

本书是中国特色高水平高职学校和专业建设计划标志性成果之一，与复兴号智能模拟驾驶实训室相关设备相配套使用。

本书采用模块化设计，全书共设 3 个教学模块。模块 1 为 CR400AF 型动车组模拟驾驶实训指导书；模块 2 为 CR400BF 型动车组模拟驾驶实训指导书；模块 3 为 CR200J 型动车组模拟驾驶实训指导书。依据实训课程需求，每个教学模块中都包含 4 类实训项目：动车组司机室设备认知、动车组司机一次乘务标准化作业、动车组随车机械师应急处置、动车组非正常行车作业。全书共设 38 个实训项目。

对于每个实训项目，又细分为实训目的、实训设备、实训内容和考核评价 4 部分，并在实训过程中融入职业素养和课程思政内容。同时，本书配备了大量的图片和数字资源，在学习过程中可以扫码观看相关的视频内容。另外，本书采用活页式设计，可满足不同专业学生的学习需求。

本书由湖南铁道职业技术学院王宁、陈林、陶艳编著，湖南铁道职业技术学院莫坚、汪科、黄杰、刘峻铭、晋永荣参加了本书资料的搜集、整理工作。

在本书编著过程中，得到了中车株洲电力机车有限公司马天硕和北京大象科技有限公司梁吉硕的大力支持，他们对本书内容提出了很多宝贵的建议。广铁集团长沙机务段、长沙动车运用所的专家对本书内容框架设计提供了专业性的指导，使其更贴近一线工作实际。本书还参阅了部分学者的有关著作和论述，从中得到了不少启发，在此一并表示衷心的感谢。

虽然我们对本书内容进行了多次校对，但可能还存在疏漏和不足之处，敬请读者批评指正。

著　者

2024 年 7 月

目　录

二维码清单

模块 1　CR400AF 型动车组模拟驾驶实训指导书

二维码	名称	页码	二维码	名称	页码
	CR400AF 型动车组司机室设备认知微课视频	1		BC 复位微课视频	31
	CR400AF 型动车组司机一次乘务标准化作业微课视频	8		HMI 屏复位微课视频	31
	小复位微课视频	29		BCU 复位微课视频	31
	牵引辅助复位微课视频	30		空气制动切除微课视频	32
	紧急复位微课视频	30			

模块 2　CR400BF 型动车组模拟驾驶实训指导书

二维码	名称	页码	二维码	名称	页码
	CR400BF 型动车组司机室设备认知微课视频	134		两个 HMI 黑屏故障应急处置微课视频	190
	CR400BF 型动车组司机一次乘务标准化作业微课视频	138		充电机不工作故障应急处置微课视频	197
	轴温主机通信故障应急处置微课视频	147		客室空调系统故障应急处置微课视频	199
	受电弓控制故障应急处置微课视频	154		旅客信息系统 MVB 通信故障应急处置微课视频	199

模块 3　CR200J 型动车组模拟驾驶实训指导书

模块1 CR400AF型动车组模拟驾驶实训指导书

CR400AF 型动车组模拟驾驶实训设备由 CR400AF 型动车组模拟驾驶台和与之配套的配电柜组成，模拟驾驶台具有与实际 CR400AF 型动车组司机操纵台相同的功能与控制逻辑。本模块中，主要进行以下 4 类项目的实训：

（1）CR400AF 型动车组司机室设备认知；

（2）CR400AF 型动车组司机一次乘务标准化作业；

（3）CR400AF 型动车组随车机械师应急处置；

（4）CR400AF 型动车组非正常行车作业。

由于模拟驾驶中的机械师都是随车机械师，故下文在实训项目中将随车机械师简称机械师。

实训项目 1.1 CR400AF 型动车组司机室设备认知

1.1.1 实训目的

CR400AF 型动车组司机室设备认知微课视频

本项目分为动车组司机室整体认知、司机室显示装置认知及操纵方法、司机操纵台设备认知及操纵方法、司机室侧边柜设备认知及操纵方法。

通过本项目的学习，使学生了解司机操纵台整体结构、布局及外观，了解司机操纵台设备（司控器、开关、按钮（键）、脚踏、仪表）的操纵方法及控制逻辑，为后续实训项目打下基础。

1.1.2 实训设备

1. 出退勤乘务一体机

出退勤乘务一体机（见图 1-1）集成动车组数据转储装置、测酒仪、指纹仪等设备，实训学员通过该设备的终端界面（见图 1-2）自助进行出勤、退勤作业办理，系统自动对作业的标准化程度进行评判，考查学员出退勤作业是否规范。

2. CR400AF 型动车组模拟驾驶台

模拟驾驶台（见图 1–3）以 CR400AF 型动车组为原型，集成 CIR、显示器及话筒、HMI 显示屏、ATP 人机交互界面——DMI 显示屏、紧急断电按钮、拾音器、制动按钮区、主操纵手柄、DSD 脚踏开关、风笛脚踏开关等仿真设备。

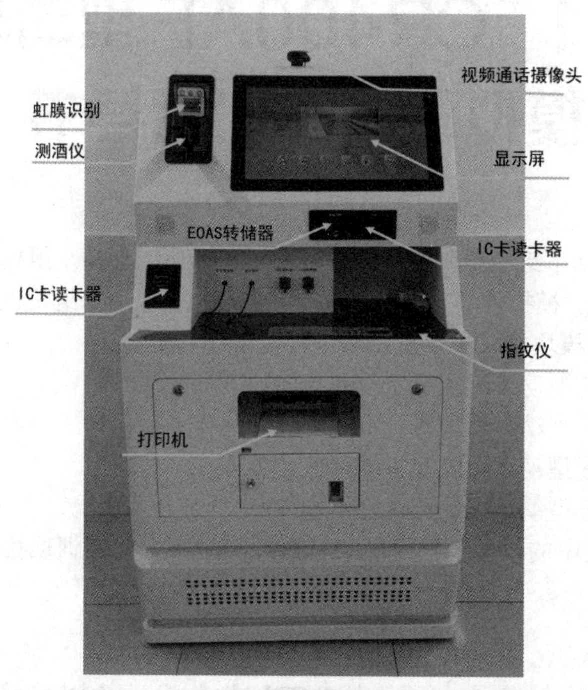

图 1–1　出退勤乘务一体机

图 1–2　出退勤乘务一体机终端界面

3. EOAS 数据转储卡

学员在出勤乘务一体机上办理出勤作业时，可领取 EOAS 数据转储卡（见图 1–4）。

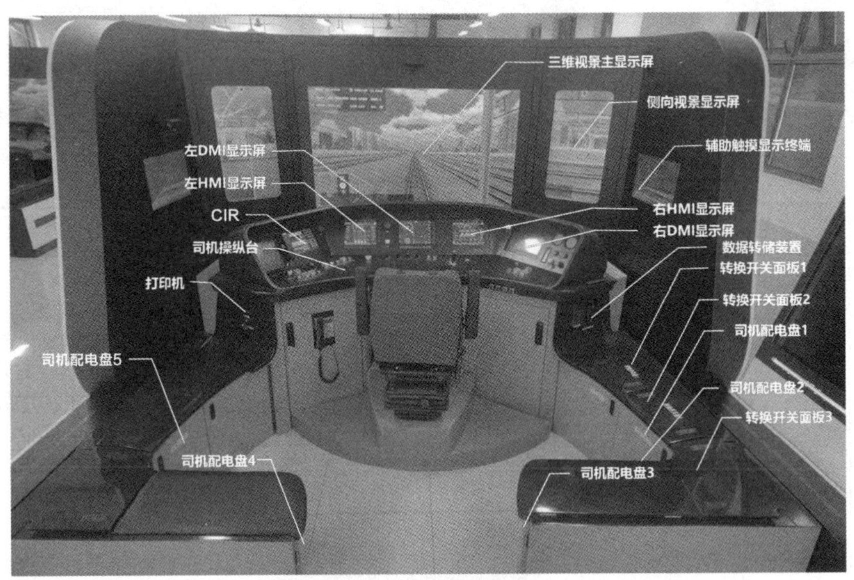

图 1–3　模拟驾驶台

图 1–4　EOAS 数据转储卡

4. 实训室智慧管理系统

实训室可以通过管理平台一键控制设备开关机，并进行实时监测。教师端管理系统界面如图 1–5 所示。

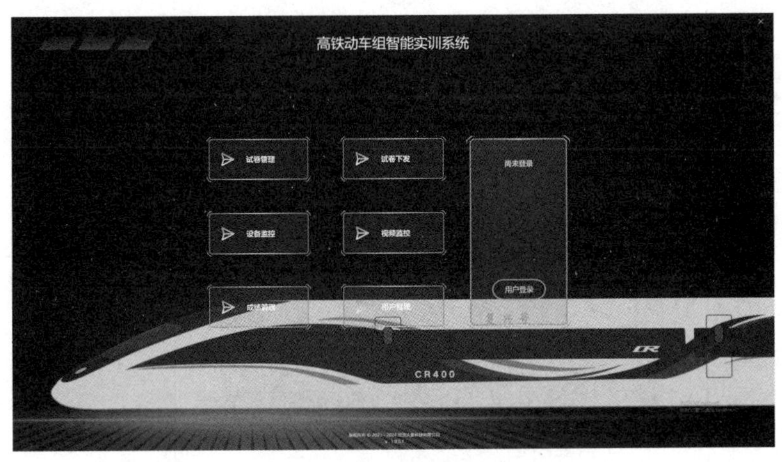

图 1–5　教师端管理系统界面

1.1.3 实训内容

1. CR400AF 型动车组司机室显示装置认知及操纵方法（见表 1-1）

表 1-1 CR400AF 型动车组司机室显示装置认知及操纵方法

序号	作业项目	图示	注释
1	司机室显示装置认知及操纵方法	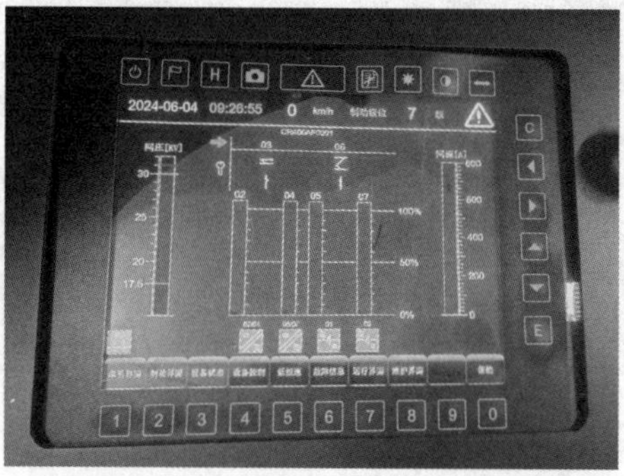	确认左侧显示屏默认显示牵引主界面，右侧显示屏默认显示制动主界面。 （1）屏幕下部按键 1～0 分别对应显示界面模块； （2）右侧按键 C 用于返回上一界面，上、下、左、右箭头按键可随意选择设备进行设置，按键 E 用于设置确认
2		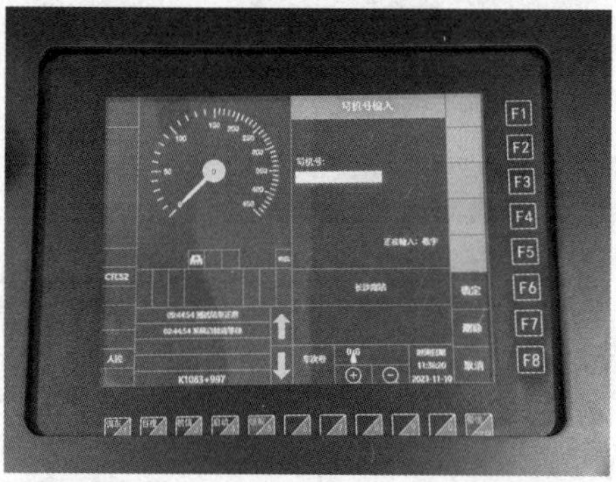	DMI 显示屏左屏幕为常用屏，右屏幕为备用屏，通常为灭屏状态。如遇故障，可切换 DMI 备用屏使用
3		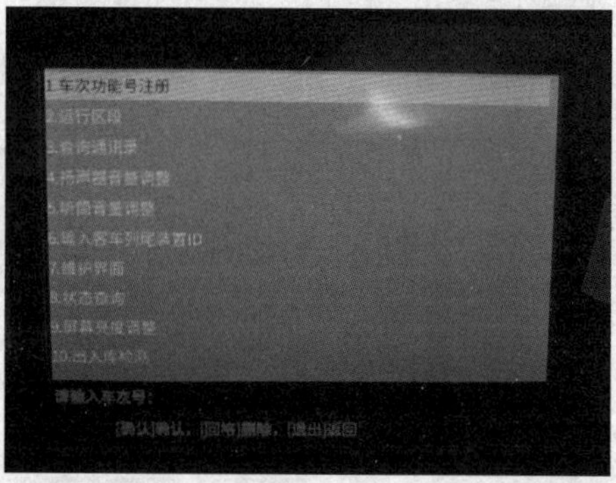	通过 CIR 进行车次号注册、调度命令显示、签收

2. CR400AF 型动车组司机操纵台设备认知及操纵方法（见表 1–2）

表 1–2　CR400AF 型动车组司机操纵台设备认知及操纵方法

1			扳键开关认知： （1）“司机室灯”扳键开关具有三个挡位（关、弱光、强光），类型为自锁。 （2）“前照灯”扳键开关具有三个挡位（关、近光、远光），类型为自锁。 （3）“遮阳帘”扳键开关具有三个挡位（0、升、降），类型为自复位。 （4）“刮雨器”扳键开关具有五个挡位（停止、洗车、间歇、慢速、快速），类型为自锁
2	司机操纵台设备认知及操纵方法	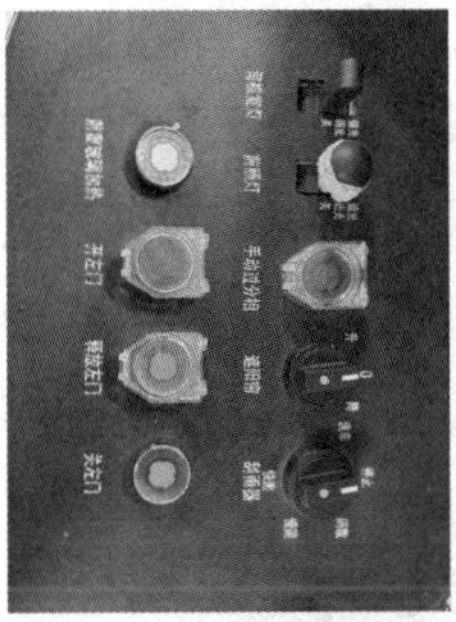 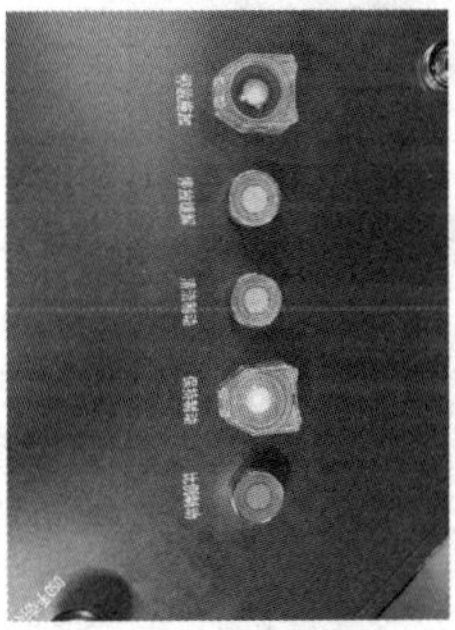	按钮指示灯认知： （1）“手动过分相”按钮/指示灯：列车经过分相区时，若自动过分相异常，按压此按钮手动过分相。 （2）“开左门”“释放左门”“关左门”按钮/指示灯：列车到站开门时使用，操作顺序为：按压“释放左门”按钮，黄灯亮后按压“开左门”按钮 3 s 开门，待得到关门指令后按压“关左门”按钮进行关门。 （3）“停放施加”“停放缓解”按钮：一般在列车停稳或动车时使用。列车停稳后第一时间按压“停放施加”按钮，列车动车前需按压“停放缓解”按钮。 （4）“清洁制动”按钮：动车组清洁制动是一种模式设置，设置该模式的主要目的是让动车组在特殊天气运行期间的闸片和制动盘上的摩擦系数得到提升，并且向各个车中施加的空气制动力也都大小相等。“清洁制动”按钮为自复位按钮，松开按钮后，清洁制动停止施加。 （5）“保持制动”按钮：用来防止列车在即将停车的过程中因摩擦制动的摩擦系数变化而导致旅客舒适性恶化，列车停车后防止溜坡，以及列车再次起动过程中与牵引控制的配合。 （6）“比例制动”按钮：比例制动指的是列车等减速度进行制动，一般施加于常用制动且车速低于 25 km/h 时，紧急制动时一直施加
3	司机操纵台设备认知及操纵方法	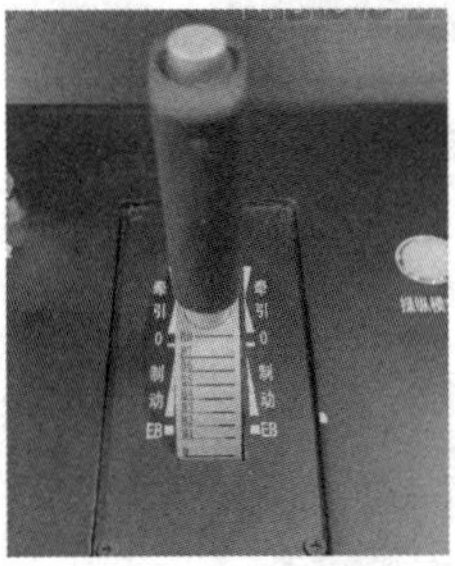	司控器手柄操纵说明： B1～B7 级位：逐级增加制动力 EB 级位：紧急制动位 K1～K4 级位：加减速控制级位 K1——加速度模式：+5 km/h/s，10 s 后变为+25 km/h/s K2——加速度模式：+1 km/h/s K3——减速度模式：−1 km/h/s K4——减速度模式：−5 km/h/s，10 s 后变为−25 km/h/s

3. CR400AF 型动车组司机室侧边柜设备认知及操纵方法（见表 1–3）

表 1–3　CR400AF 型动车组司机室侧边柜设备认知及操纵方法

1	司机室侧边柜设备认知及操纵方法	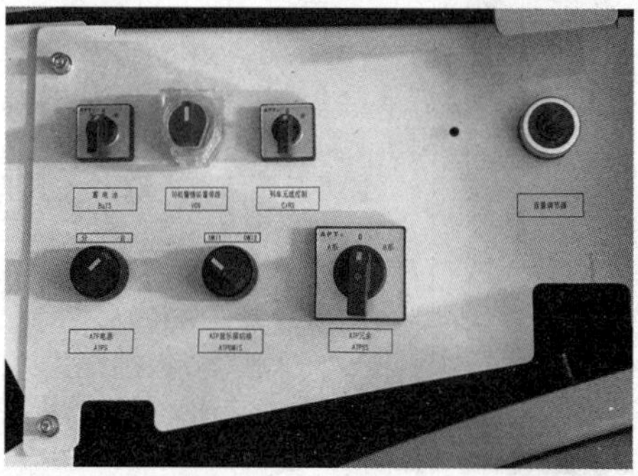	**转换开关盘 1**：提供蓄电池上电、ATP 电源上电、ATP 显示屏切换等操作，需注意：蓄电池上电需旋至“开”位 3 s 以上至显示屏单元上电
2			**转换开关盘 2**：提供各环路旁路操作，转换开关打在红点侧执行铭牌内容的动作，默认位置在无红点一侧
3			**转换开关盘 3**：提供标志灯选择、负载切除、救援应急照明、欠压保护操作，转换开关打在红点侧执行铭牌内容的动作，默认位置在无红点一侧
4		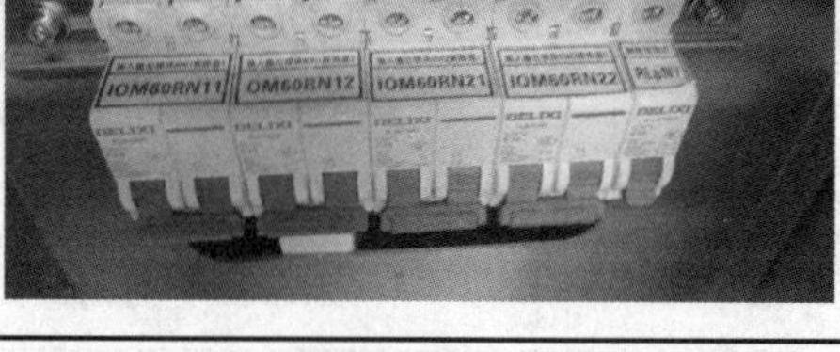	**司机室配电柜**：所有断路器默认在闭合位，如遇故障需进行应急处置时，断开对应断路器 10 s 以上进行闭合操作

1.1.4　考核评价

考核点及评价标准如表 1–4 所示，考核评价表如表 1–5 所示。

表 1–4　考核点及评价标准

学习任务	考核点	建议考核方式	评价标准		
			优（90 分）	良（80 分）	及格（60 分）
CR400AF 型动车组司机室设备认知	1. 能够正确认识实训室设备	在线评价 + 小组汇报 + 现场口试 + 作业评分	5 个考核点合格	4 个考核点合格	3 个考核点合格
	2. CR400AF 型动车组司机室显示装置认知及操纵方法				
	3. CR400AF 型动车组司机操纵台设备认知及操纵方法				
	4. CR400AF 型动车组司机室侧边柜设备认知及操纵方法				
	5. 会使用出退勤乘务一体机				

表 1–5　考核评价表

实训项目：CR400AF 型动车组司机室设备认知								
班级：				姓名：				
评价内容	评分标准	考核方式	分值	自评	互评	软件评分	教师评分	得分
素质	1. 能够与团队成员合作，合理沟通，接受任务，协作他人完成工作任务； 2. 有集体意识和社会责任心； 3. 遵章守纪	过程考核	30					
知识	1. 能够正确认识实训室设备； 2. 能够正确说出动车组司机室模拟驾驶台上各开关键的名称和功能； 3. 会使用出退勤乘务一体机； 4. 会使用实训管理系统	现场口试	40					
能力	1. 能够按照操作规范，考虑环保及文明施工措施，安全完成工作任务； 2. 遵守 7S 管理要求； 3. 具有查阅各类教学资源的能力； 4. 具有制定完成任务或项目的方案的能力	过程考核	30					
总分			100					

注：7S 现场管理的内容包括整理（seiri）、整顿（seiton）、清扫（seiso）、清洁（seiketsu）、素养（shitsuke）、安全（safety）和节约（saving）。

实训项目 1.2　CR400AF 型动车组司机一次乘务标准化作业

CR400AF 型动车组司机一次乘务标准化作业微课视频

1.2.1　实训目的

通过本实训项目的开展，使学生了解 CR400AF 型动车组司机一次乘务作业流程，能够独立完成 CR400AF 型动车组司机一次乘务作业。同时，熟悉动车组一次乘务标准化作业的手比口呼的标准用语，在操纵过程中能够进行精准呼唤。

1.2.2　实训设备

本实训所需作业设备如表 1–6 所示。

表 1–6　作业设备

名称	型号	数量	备注
出退勤乘务一体机	—	1	
动车组模拟驾驶台	CR400AF	3	
EOAS 数据转储卡	—	3	

1.2.3　实训内容

1. 出勤作业（见表 1–7）

表 1–7　出勤作业内容及要求

序号	作业内容	图示	作业内容及要求
1	进入出退勤乘务一体机主界面	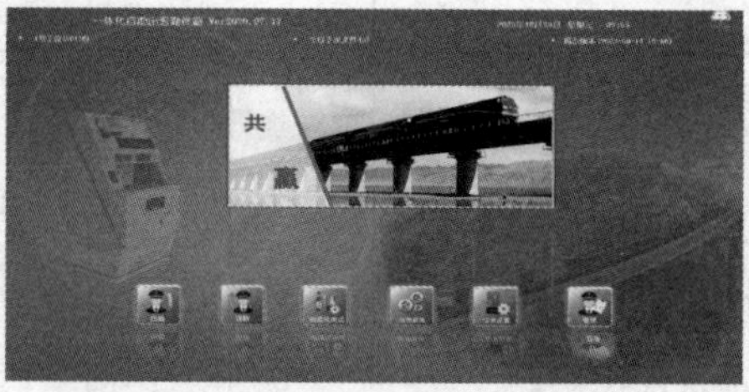	（1）闭合出退勤乘务一体机背面开关，使设备通电。 （2）按压设备内侧启动按钮，设备开机。 （3）设备开机后，等待程序启动，自动进入出退勤主界面
2	出勤人员在出勤调度台报到	—	（1）司机呼唤：“司机×××，司机×××出勤报到。” （2）领取 EOAS 数据转储卡等

续表

序号	作业内容	图示	作业内容及要求
3	出勤登记	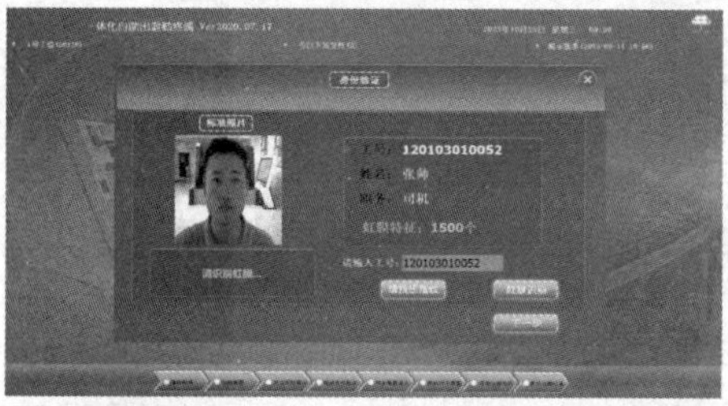	按出勤计划规定时间在出退勤乘务一体机上办理出勤登记。按【出勤登记】按钮，进行虹膜或指纹识别，完成登记。 **注意：当指纹（虹膜）无法识别时，系统允许乘务员手工录入工号办理出勤登记**
4	酒精检测		系统语音提示“请测酒”，听到语音提示后开始吹气，完成出勤测酒。 吹气过程中，系统实时监测人脸，应避免移动或扭头引起测酒失败
5	办理出勤		若有多个乘务员，需要按【继续登记】按钮，进行下一个人的出勤登记。 等机组所有乘务员出勤登记完成后，按【下一步】按钮
6	出示证件和规章	—	乘务员应携带工作证、动车组司机驾驶证、岗位培训合格证、电气化作业安全合格证、《铁路技术管理规程（高速铁路部分）》（以下简称《技规高铁部分》）、《铁路局行车组织规则》（以下简称《行规》）、《动车组非正常情况下行车作业指导书》，以及所使用车型的应急故障处理等相关行车资料
7	打印交付揭示	—	按“打印”按钮，对交付揭示进行打印
8	公布揭示与交付揭示核对	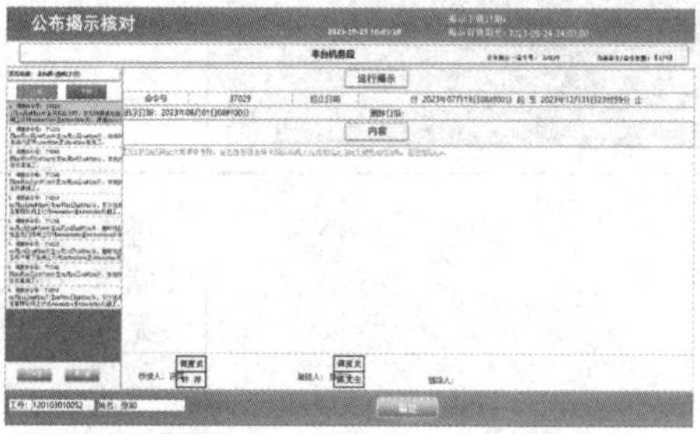	（1）入“公布揭示核对”窗口，机班两人根据担当的车次，进行区段选择，然后进入交付揭示核对界面，通过触摸屏在限速、时间、公里标、线路、车站、设备变化等关键要素上进行点按勾画。 （2）两名学员进行交付揭示复诵

续表

序号	作业内容	图示	作业内容及要求
9	司机手册填写	—	学员在司机手册中填写“运行注意事项”和“运行揭示内容”
10	出勤传达	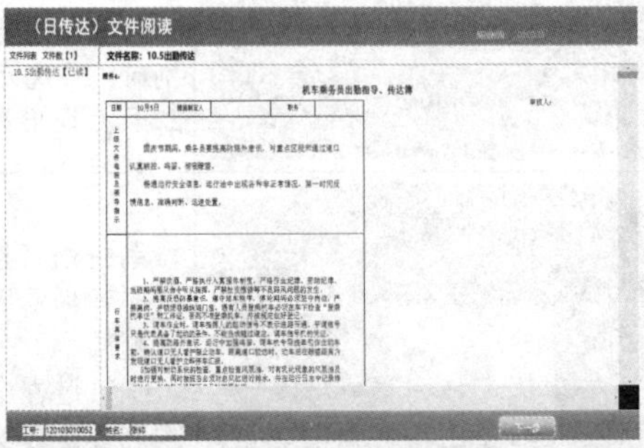	开小组会，进行出勤传达，包括上级文件、电报及领导指示，以及行车具体要求
11	出勤调度员审核	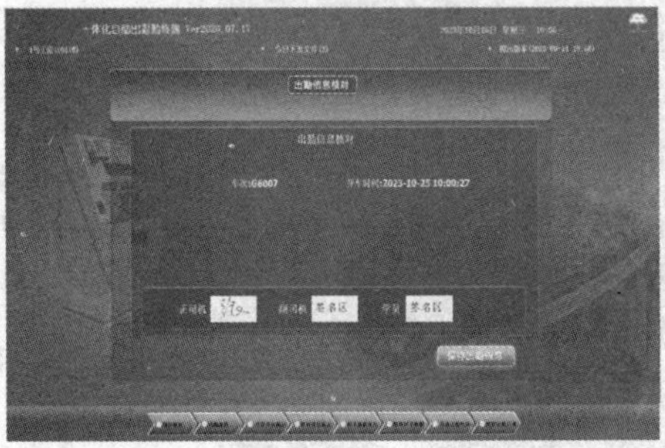	机班将司机手册、运行揭示等资料交出勤调度员审核签认，出勤调度员认真核对运行揭示，审核后在司机手册上盖章、签点，将相关资料交出勤乘务员，出勤完成

2. **静态检查**（见表 1-8）

表 1-8　静态检查

序号	作业项目	图示	注释
1	下发作业		（1）选择“一次乘务作业”，按右下角【开始】键进入作业。 （2）按照视景主屏幕检查列表和语音提示，开始动车组检查及常见操作
2	设备检查与确认（静态检查）	—	进入司机室，插入 EOAS 数据转储卡，确认司机室 EOAS 摄像头无遮盖，封条、设备可见部位无破损

续表

序号	作业项目	图示	注释
3	检查司机配电柜	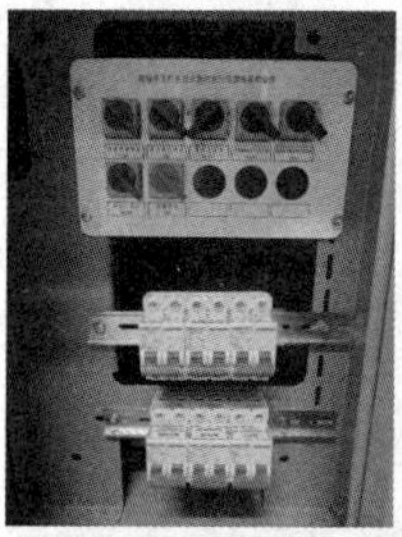  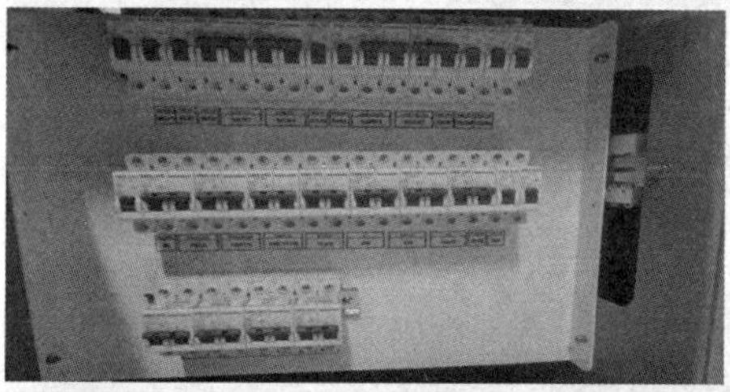 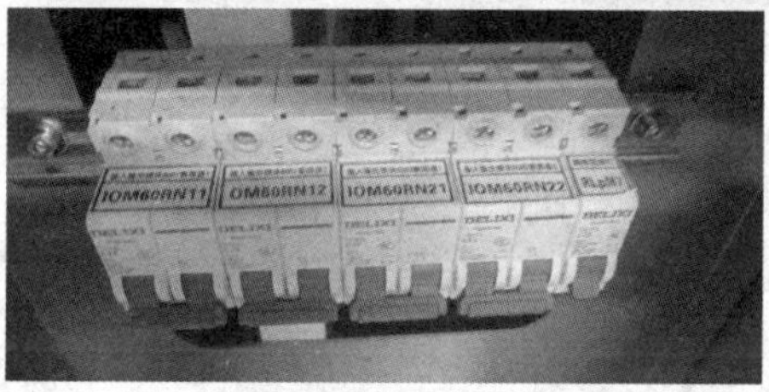	确认司机室的 4 个配电柜、3 个转换开关盘的各开关均在闭合位，CIR 打印机终端、广播电话外观状态良好
4	检查操纵台	—	司机操纵台布置有各系统显示设备、司机控制器、CIR 显示器、话筒、仪表、指示灯等部件，以及行车过程中司机必须操作的按钮、开关等元器件
5	检查显示屏及按钮		检查操纵台 MMI 显示屏（CIR 显示器）、DMI 显示屏（ATP 人机交互界面）、HMI 显示屏、仪表，应外观良好；刮雨器开关处于“停止”位
6	检查司控器手柄、方向选择开关	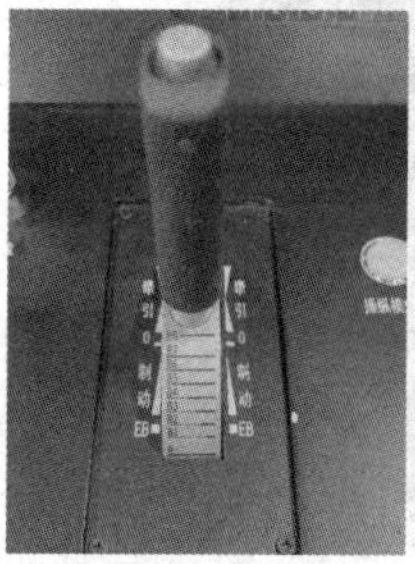 	司控器手柄、方向选择开关均在“0”位

续表

序号	作业项目	图示	注释
7	检查“紧急制动”“紧急断电”按钮	 紧急断电	“紧急制动”“紧急断电”按钮位置正确（右旋）
8	检查空调开关位置	 通风 自动 关闭 制冷 制暖	操纵台右下侧司机室空调开关在“自动”位
9	检查第二操作区	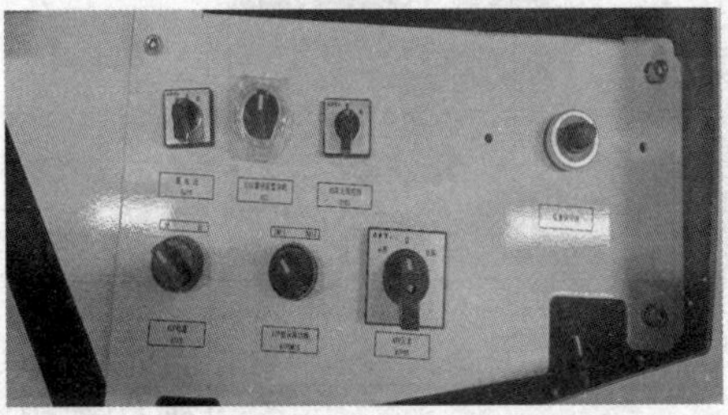	“蓄电池”旋钮开关在“0”位、“ATP电源”旋钮开关在“分”位、“ATP显示屏切换”开关在“DMI1”位或“DMI2”位、“ATP冗余”开关在“0”位、“列车无线控制”开关在“0”位、“司机警惕装置旁路”开关在“开”位
10	检查转换开关面板	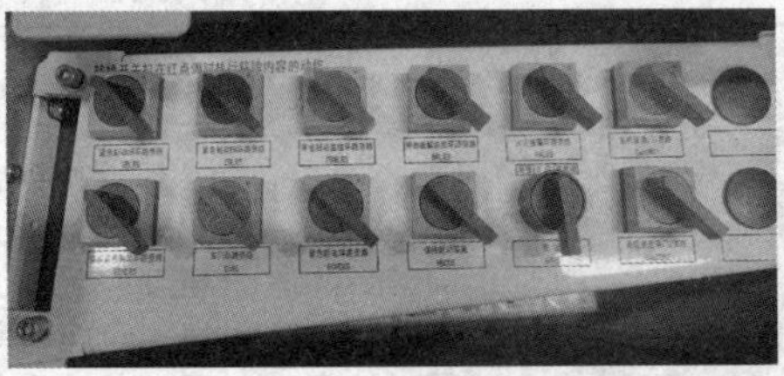	确认转换开关面板柜内各开关(“紧急制动UB环路旁路”“紧急制动EB环路旁路”“停放制动监控环路旁路”“制动缓解监控环路旁路”“火灾报警环路旁路”“乘客紧急制动环路旁路”“车门环路旁路”“紧急断电环路旁路”“保持制动隔离”“救援”“司机登乘门1旁路”“司机登乘门2旁路”）均在无红点位
11	选择车型	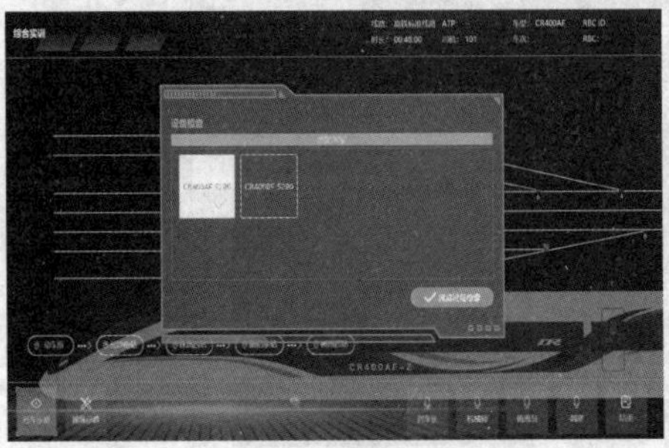	选择CR400AF–5290，在右侧辅助屏按“完成设备检查”按钮，进入下一环节

3. 设备上电（见表 1–9）

表 1–9　设备上电

序号	作业项目	图示	注释
1	打开主控钥匙	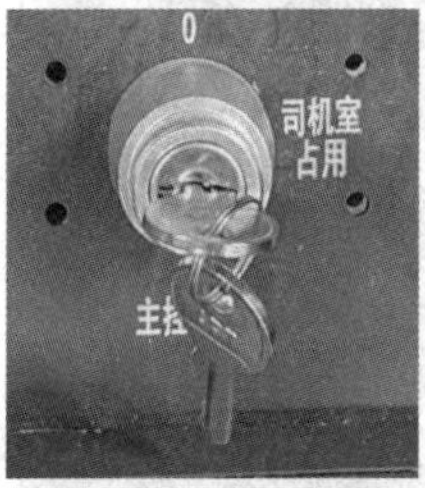	将司机室主控钥匙插入司机操纵台右侧的钥匙孔，按压并右旋，将钥匙从“0”位转至“司机室占用”位
2	打开蓄电池	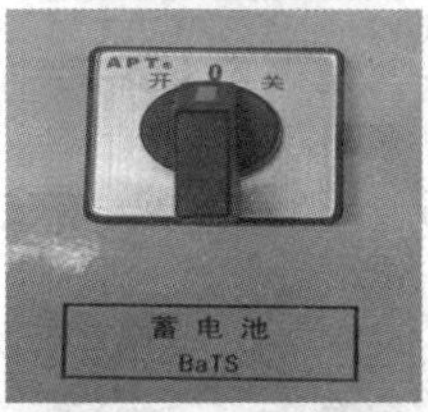	将第二操作区面板内的“蓄电池”旋钮开关左旋至“开”位 3 s，确认 EOAS 数据转储卡工作指示灯亮，确认 HMI 屏、CIR 启动
3	操作方向选择开关、司控器手柄		将方向选择开关置于“前”位，将司控器手柄置于最大常用制动位 B7 位
4	查看屏幕显示	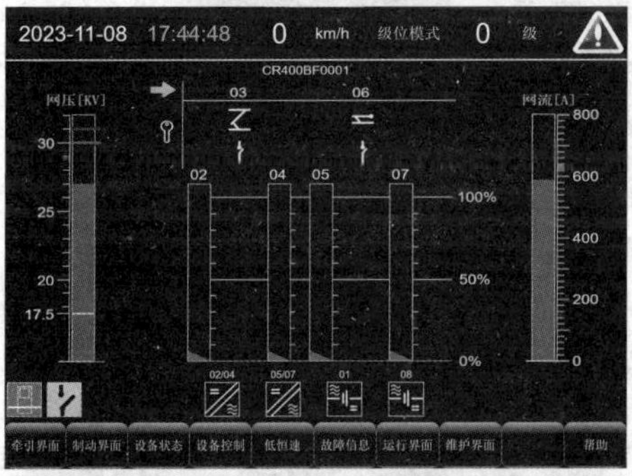 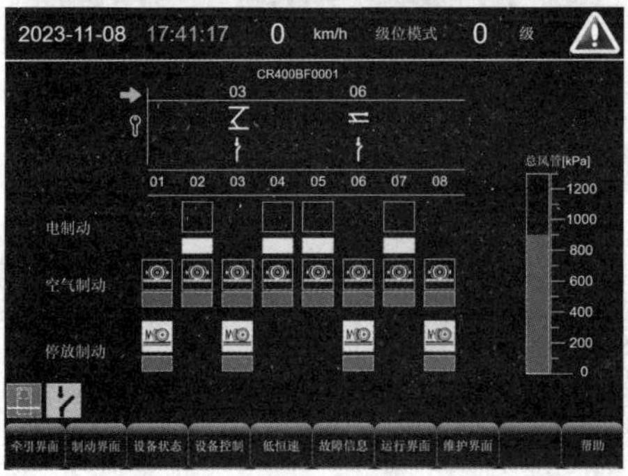	确认左侧 HMI 显示屏默认显示牵引界面，右侧 HMI 显示屏默认显示制动界面

续表

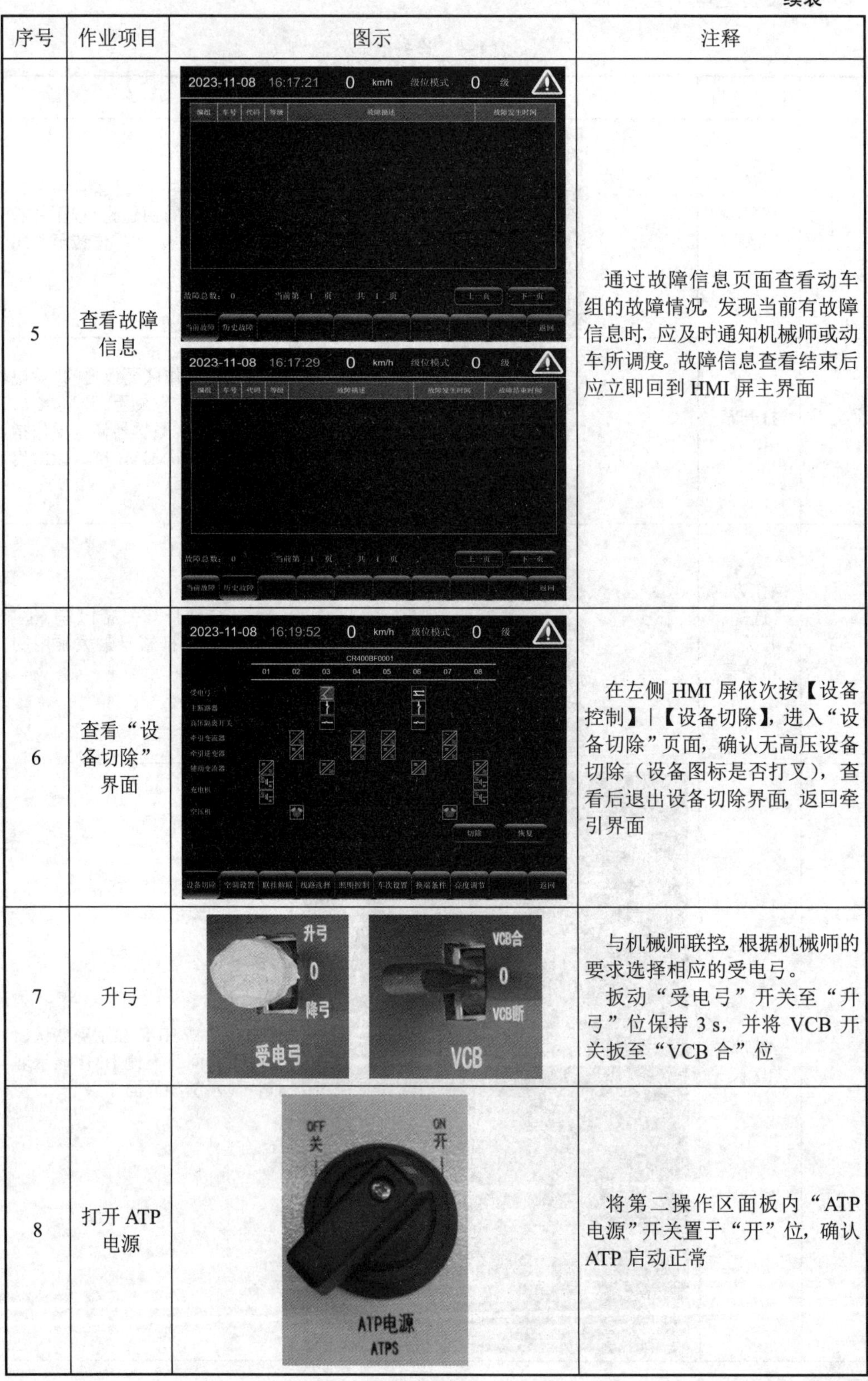

序号	作业项目	图示	注释
5	查看故障信息		通过故障信息页面查看动车组的故障情况，发现当前有故障信息时，应及时通知机械师或动车所调度。故障信息查看结束后应立即回到 HMI 屏主界面
6	查看“设备切除”界面		在左侧 HMI 屏依次按【设备控制】|【设备切除】，进入“设备切除”页面，确认无高压设备切除（设备图标是否打叉），查看后退出设备切除界面，返回牵引界面
7	升弓		与机械师联控，根据机械师的要求选择相应的受电弓。 扳动“受电弓”开关至“升弓”位保持 3 s，并将 VCB 开关扳至“VCB 合”位
8	打开 ATP 电源		将第二操作区面板内“ATP 电源”开关置于“开”位，确认 ATP 启动正常

4. 车辆制动试验（见表 1-10）

表 1-10　车辆制动试验

序号	作业项目	图示	注释
1	准备工作	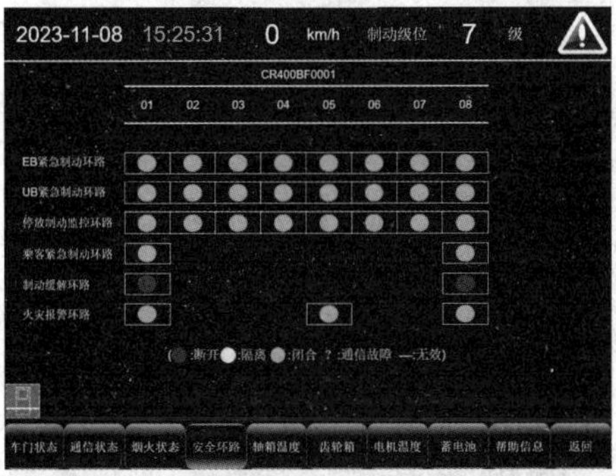	在右侧 HMI 屏依次按【设备状态】|【安全环路】，进入“安全环路”页面，确认“停放制动监控环路”PBML 与 UB 紧急制动环路、EB 紧急制动环路未被隔离
2	确认停放制动施加	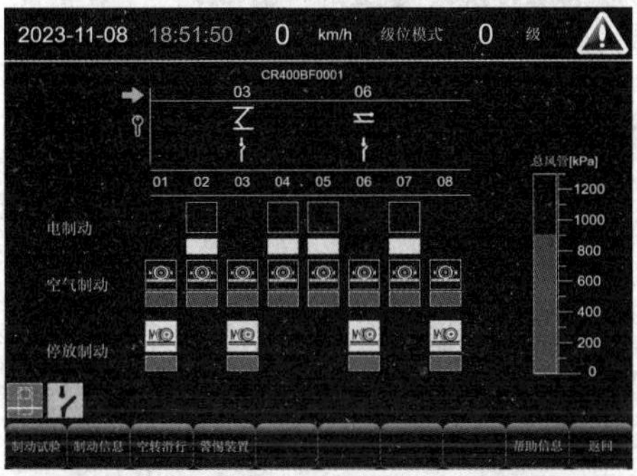	制动试验须在左侧 HMI 屏进行，在制动界面确认停放制动施加，司控器手柄在“0”位
3	查看是否满足制动试验条件	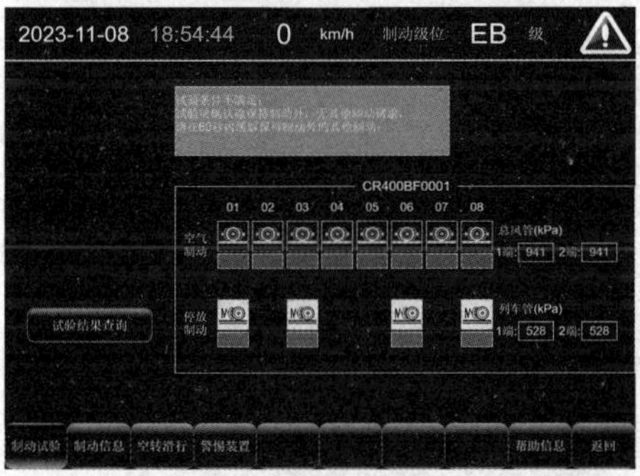	进入制动试验页面，根据制动试验提示要求进行车辆制动试验条件检测。 当系统某项设置不符合制动试验条件时，会在文本框内进行提示，此时需检查对应设置
4	直通制动试验		（1）选择【直通制动试验】，根据提示按【开始试验】键，然后再根据系统提示，将司控器手柄置于最大制动位 B7 位，系统判断制动施加状态。 （2）根据系统提示，5 s 缓解最大常用制动后，系统判断缓解状态。 （3）系统判断直通制动试验正常结束后，按【停止试验】键返回制动试验列表，缓解司控器手柄至“0”位

续表

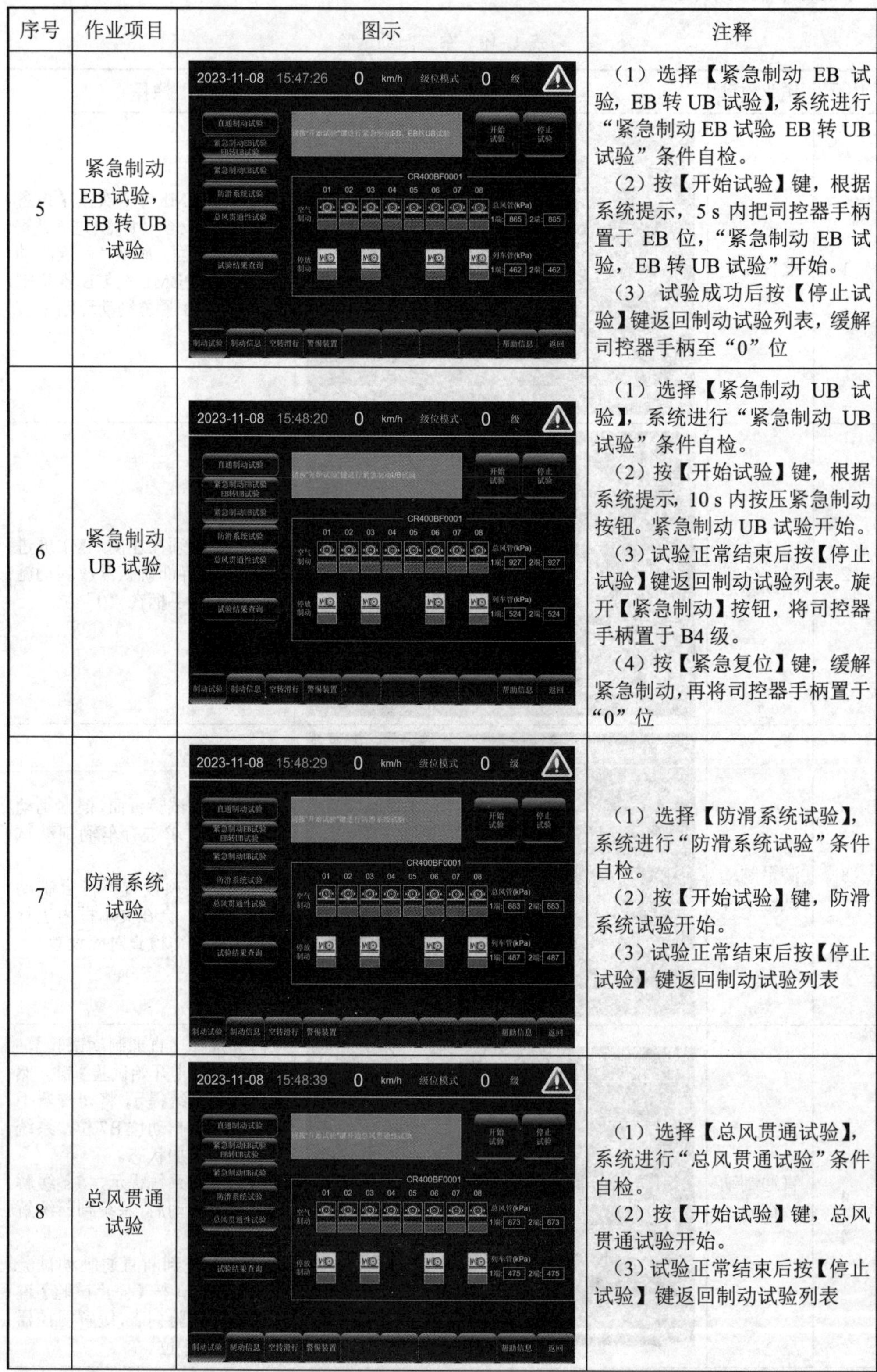

序号	作业项目	图示	注释
5	紧急制动EB试验，EB转UB试验		（1）选择【紧急制动 EB 试验，EB 转 UB 试验】，系统进行“紧急制动 EB 试验，EB 转 UB 试验”条件自检。 （2）按【开始试验】键，根据系统提示，5 s 内把司控器手柄置于 EB 位，“紧急制动 EB 试验，EB 转 UB 试验”开始。 （3）试验成功后按【停止试验】键返回制动试验列表，缓解司控器手柄至“0”位
6	紧急制动UB试验		（1）选择【紧急制动 UB 试验】，系统进行“紧急制动 UB 试验”条件自检。 （2）按【开始试验】键，根据系统提示，10 s 内按压紧急制动按钮。紧急制动 UB 试验开始。 （3）试验正常结束后按【停止试验】键返回制动试验列表。旋开【紧急制动】按钮，将司控器手柄置于 B4 级。 （4）按【紧急复位】键，缓解紧急制动，再将司控器手柄置于“0”位
7	防滑系统试验		（1）选择【防滑系统试验】，系统进行“防滑系统试验”条件自检。 （2）按【开始试验】键，防滑系统试验开始。 （3）试验正常结束后按【停止试验】键返回制动试验列表
8	总风贯通试验		（1）选择【总风贯通试验】，系统进行“总风贯通试验”条件自检。 （2）按【开始试验】键，总风贯通试验开始。 （3）试验正常结束后按【停止试验】键返回制动试验列表

续表

序号	作业项目	图示	注释
9	试验结果查询		制动试验完毕，将左侧 HMI 屏调至“制动试验”页面，按【试验结果查询】键，确认所有试验项目状态显示“通过”

5. **参数输入**（见表 1-11）

表 1-11　参数输入

序号	作业项目	图示	注释
1	输入司机号	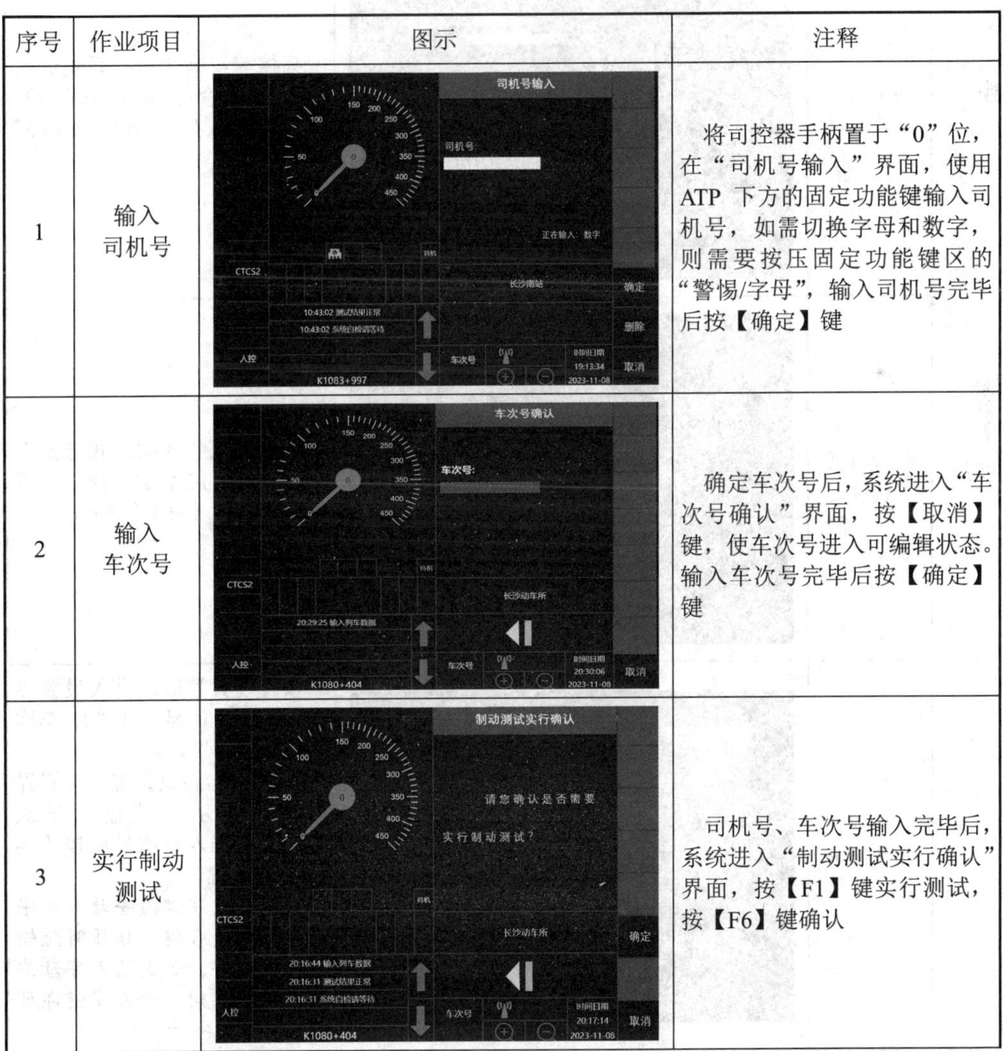	将司控器手柄置于“0”位，在“司机号输入”界面，使用 ATP 下方的固定功能键输入司机号，如需切换字母和数字，则需要按压固定功能键区的“警惕/字母”，输入司机号完毕后按【确定】键
2	输入车次号		确定车次号后，系统进入“车次号确认”界面，按【取消】键，使车次号进入可编辑状态。输入车次号完毕后按【确定】键
3	实行制动测试		司机号、车次号输入完毕后，系统进入“制动测试实行确认”界面，按【F1】键实行测试，按【F6】键确认

续表

序号	作业项目	图示	注释
4	列控等级确认	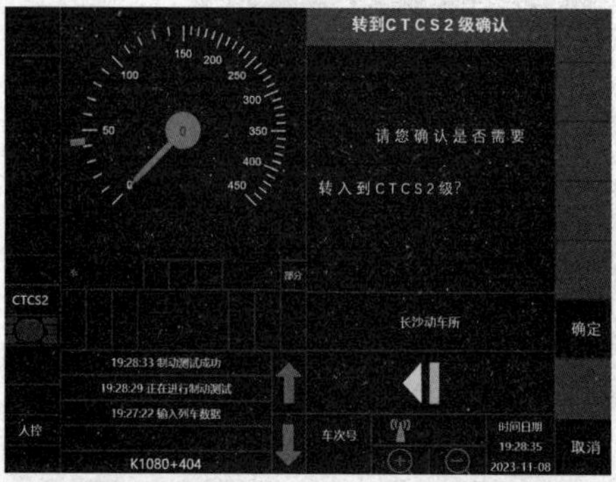	测试成功后，系统进入“转到CTCS2级确认”界面，按【F6】键确认列控等级
5	列车数据输入	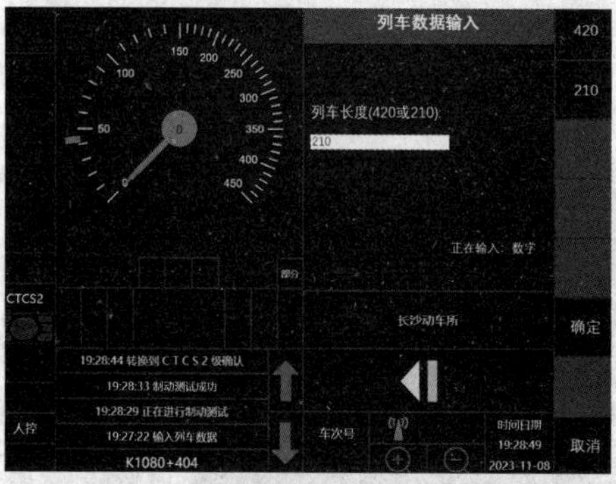	列控等级确认后，系统进入“列车数据输入”界面，按【F1】、【F2】键输入列车长度，按【F6】键确认
6	载频方式选择	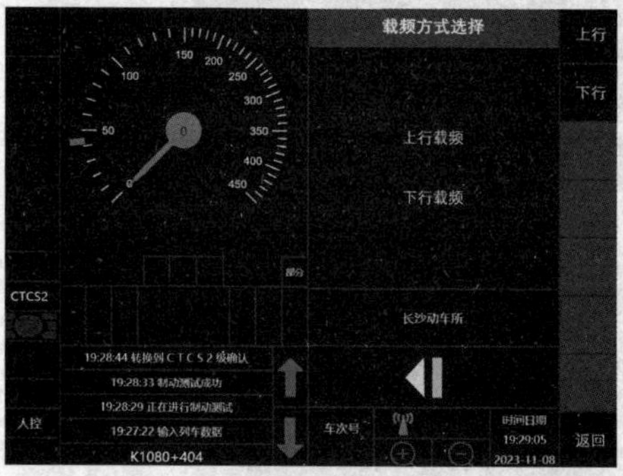	系统进入“载频方式选择”界面，按【F2】键选择上、下行载频，按【F6】键确认
7	注册CIR	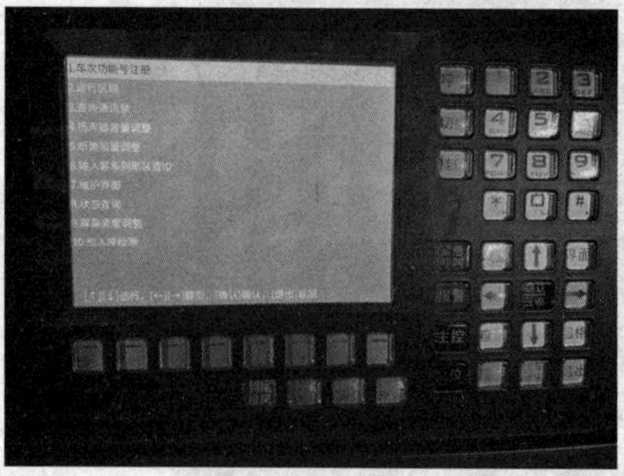	按【设置】键，进入设置界面。光标默认显示在“1. 车次功能号注册”。 按【确认/签收】键，设置界面下方显示“请输入车次号：”，输入车次号后按【确认/签收】键。 **注意：**数字键为字母和数字在一起的复合键，按压时先输入的是数字，如需输入字母，则连续按压同一个数字键即可输入对应的字母

6. ATP 操作（见表 1-12）

表 1-12　ATP 操作

序号	作业项目	图示	注释
1	准备工作	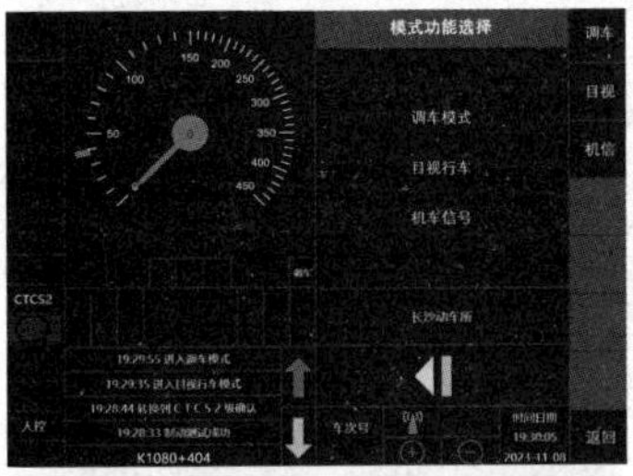	进入 ATP 操作界面
2	目视模式	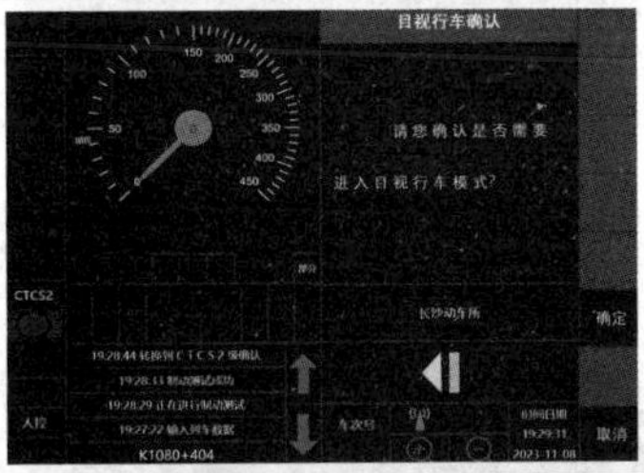	在“模式功能选择”中按【F2】键选择“目视”，系统提示“请您确认是否需要进入目视行车模式？”按【F6】键确认
3	调车模式	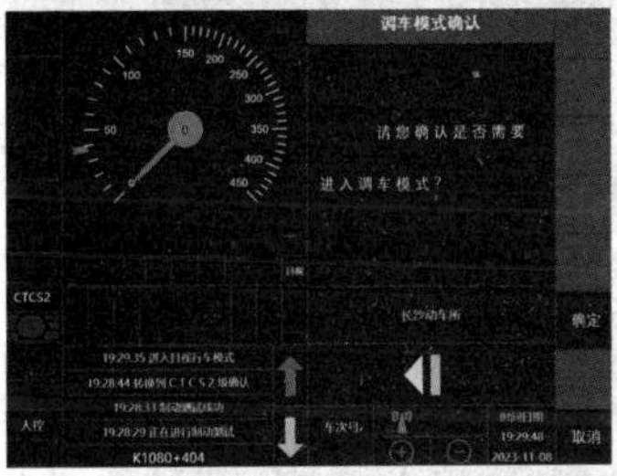	按【F1】键选择“调车”，按【F6】键确认进入调车模式

7. 动车组基本操作（见表 1-13）

表 1-13　动车组基本操作

序号	作业项目	图示	注释
1	查看烟火状态	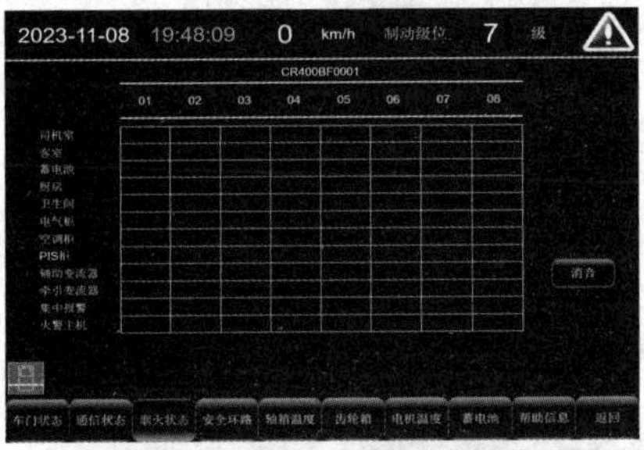	在 HMI 屏依次按【设备状态】|【烟火状态】，进入“烟火状态”页面查看，查看后恢复主界面
2	开关门操作		按“释放左门”按钮，按钮灯亮起后，长按“开左门”按钮，按钮灯亮起后完成开门操作，长按“关左门”按钮，按钮灯亮起后完成关门操作

8. 复位隔离操作（见表 1–14）

表 1–14　复位隔离操作

序号	作业项目	图示	注释
1	复位隔离操作	VCB合 0 VCB断 VCB 紧急复位	扳动“VCB”开关至“VCB断”位持续 3 s，并长按“紧急复位”按钮 3 s

9. 出所作业（见表 1–15）

表 1–15　出所作业

序号	作业项目	图示	注释
1	按列车方式出所		（1）将左侧 HMI 屏设置为牵引界面，右侧 HMI 屏设置为制动界面。 （2）与机械师联系，确认是否具备出段（所）条件。 （3）当具备出段（所）条件时，与所属动车所值班员联系：“××道××次具备出库条件。”得到回复后答“××次司机明白。” （4）起动列车，提示“允许缓解”后，按【缓解】键。 （5）确认司机室门锁闭，各仪表显示正常。 （6）确认行车凭证。呼唤：“制动手柄 BX 级，出站凭证好了，××灯，限速××km，C2 级部分监控模式。” （7）确认行车凭证后开车：“信号开放，车门关闭，到点开车；注意警惕。” （8）鸣笛起动列车。使用“速度模式”，将司控器手柄置于“K2”位起动列车，鸣笛（限鸣区除外），起动后报点：“××站正点（晚点）×分开车。” （9）出所后，ATP 正常接收信号后，呼唤用语：“××灯。” （10）列车出所越过最外方道岔后，记点并进行仪表确认

续表

序号	作业项目	图示	注释
2	始发站停车		（1）进入车站，按停车位置标志做到一次稳准停妥。 （2）停车后，实施最大常用制动，确认停车位置正确。 （3）收到列车长开门通知后，司机通过侧窗手比站台盲道，呼唤“左（右）侧站台”。手比对应站台侧，呼唤“左（右）侧门释放按钮”“开门按钮”并操作 （4）确认车门指示灯熄灭，呼唤“左（右）侧车门开启正常”

10. 始发作业（见表 1–16）

表 1–16　始发作业

序号	作业项目	图示	注释
1	ATP 参数修改	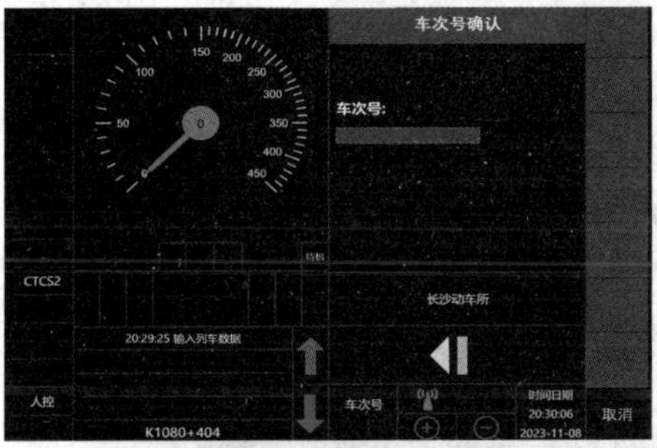	按【F1】键选择车次号，修改车次号
2	修改 CIR 车次号	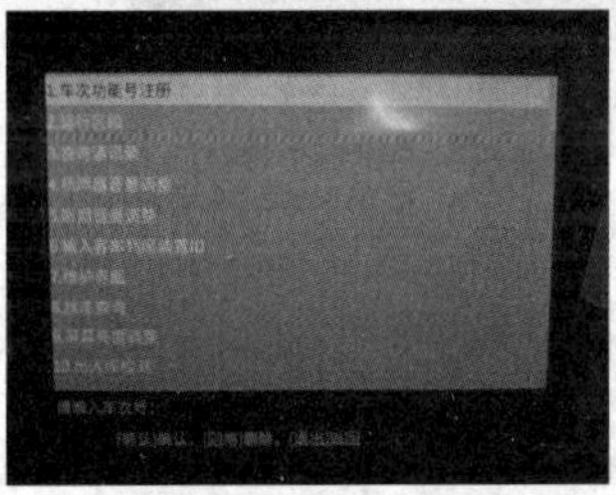	进入设置界面，注销原车次号后，再次注册车次号为 G1268
3	与列车长联控，操作全列车门关闭	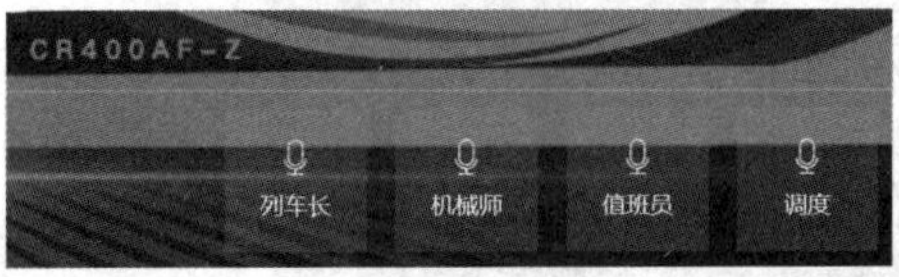	（1）乘客上车完毕，列车长通知关门后，用右侧辅屏呼叫列车长，询问“××次列车是否可以关门”，二次确认后回复：“××次关门，司机明白。” （2）身体向站台侧微倾，使用左/右手指向站台，呼唤“左/右侧关门”，然后按关门按钮。 （3）车门确认，手指 HMI 屏上的车门页面，确认全列车门关闭正常后，呼唤“全列车门关闭正常”

续表

序号	作业项目	图示	注释
4	确认行车凭证、发车信号显示正确		（1）出站信号开放后，呼唤："制动手柄 BX 级，出站凭证好了，××灯，侧线，限速××km，C2 级完全监控模式。" （2）确认行车凭证后开车，呼唤："信号开放，车门关闭，到点开车；注意警惕。"
5	鸣笛起动列车	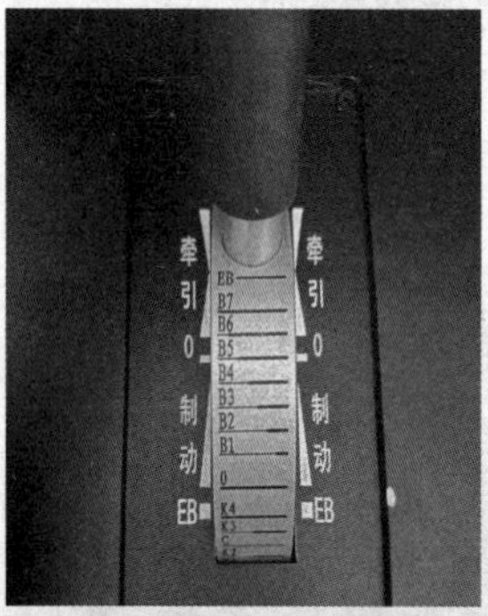	（1）使用"速度模式"，将司控器手柄置于"K2"位起动列车，鸣笛（限鸣区除外），起动后报点："××站正点（晚点）×分开车。" （2）出站后，ATP 正常接收信号后呼唤："××灯。"
6	开车记点	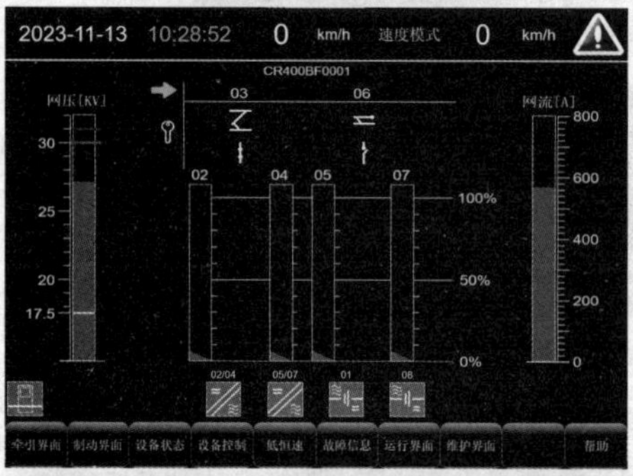 	记录开车时间，确认各仪表、显示屏状态。列车越过侧向道岔 ATP 限速提升后，呼唤："限速××km。"手比呼唤："前方正常，记点。"记录开车时间后，确认各仪表、显示屏状态，呼唤："行车安全装备、各仪表显示正常，限速××km。"

11. 途中运行（见表 1–17）

表 1–17　途中运行

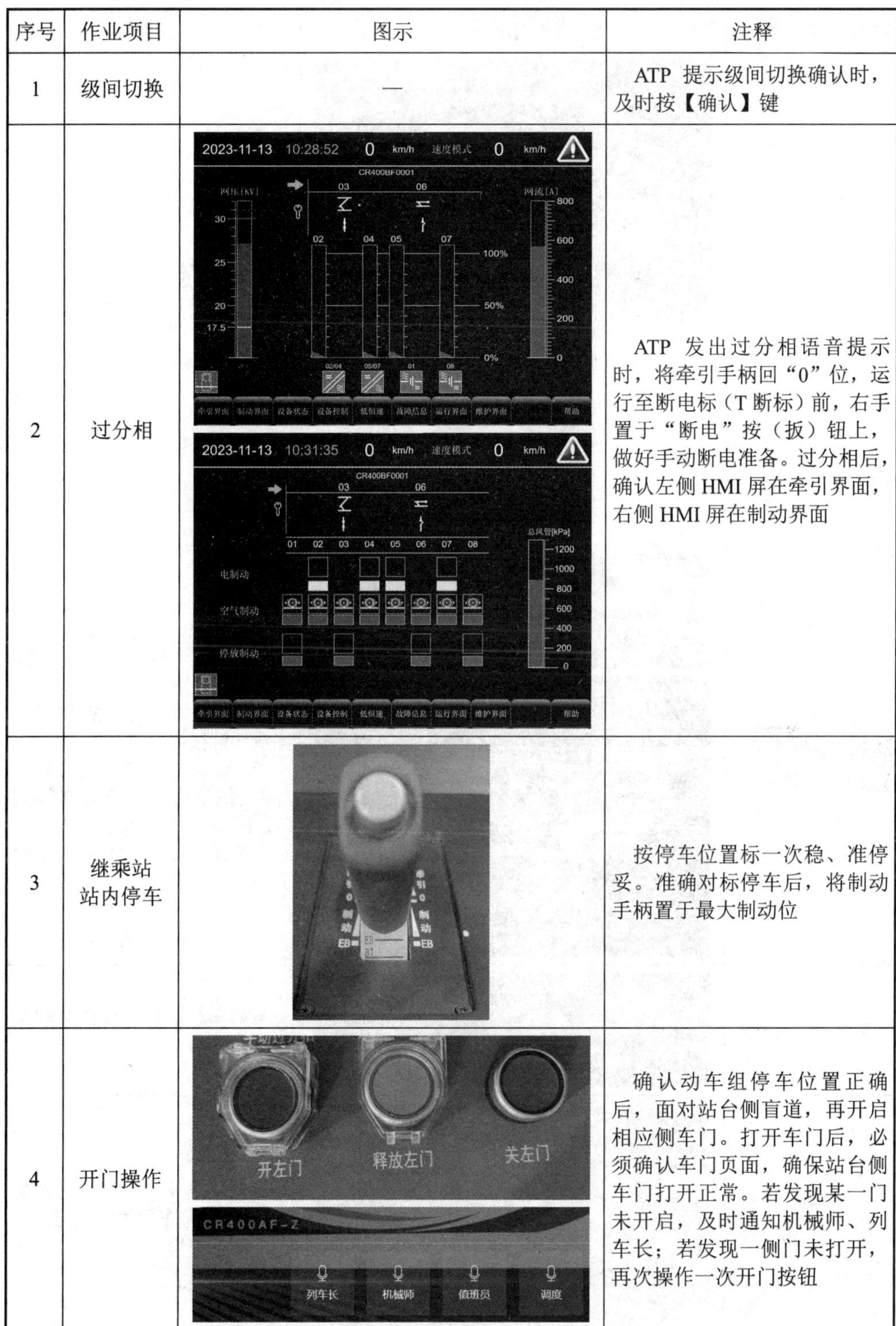

序号	作业项目	图示	注释
1	级间切换	—	ATP 提示级间切换确认时，及时按【确认】键
2	过分相		ATP 发出过分相语音提示时，将牵引手柄回“0”位，运行至断电标（T 断标）前，右手置于“断电”按（扳）钮上，做好手动断电准备。过分相后，确认左侧 HMI 屏在牵引界面，右侧 HMI 屏在制动界面
3	继乘站站内停车		按停车位置标一次稳、准停妥。准确对标停车后，将制动手柄置于最大制动位
4	开门操作		确认动车组停车位置正确后，面对站台侧盲道，再开启相应侧车门。打开车门后，必须确认车门页面，确保站台侧车门打开正常。若发现某一门未开启，及时通知机械师、列车长；若发现一侧门未打开，再次操作一次开门按钮

12. 同向继乘（见表 1-18）

表 1-18　同向继乘

序号	作业项目	图示	注释
1	ATP 参数修改	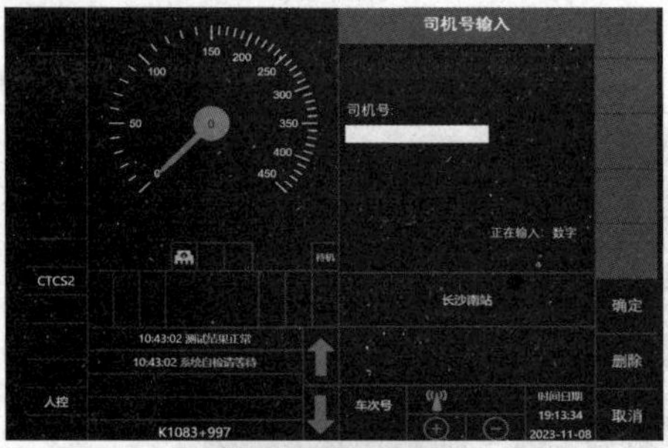 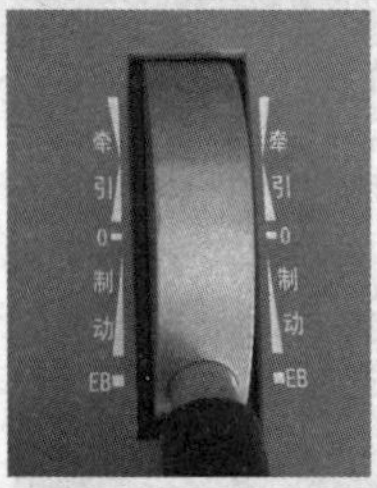	两学员交换角色，修改 ATP 司机号，进行简略制动试验，将司控器手柄置于 EB 位 10 s
2	与机械师联控	 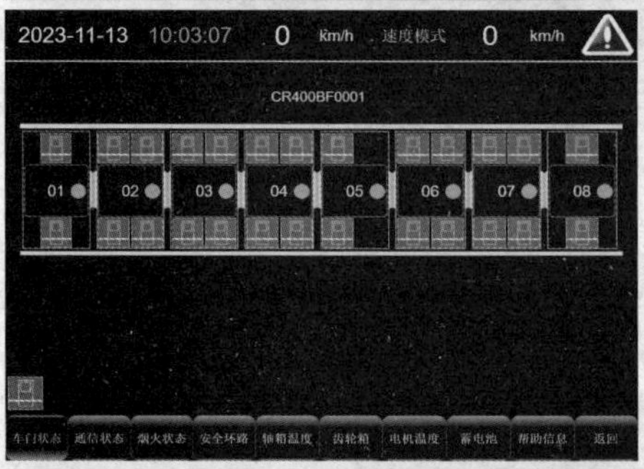	呼叫机械师，与机械师联控： （1）操纵台各手柄位置正确，司控器处于 BX 位； （2）确认停放制动缓解好了，停放缓解按钮灯亮。 （3）确认左侧 HMI 屏在车门界面，按左侧 HMI 下方的【03】（设备状态）键，默认进入车门状态页面，右侧 HMI 屏在制动界面
3	关门操作	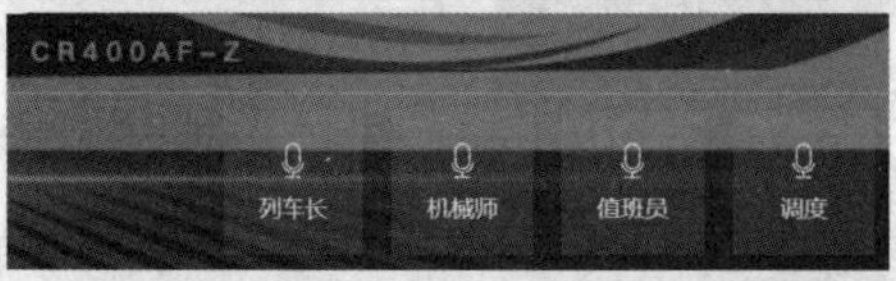	与列车长联控，操作全列车门关闭
4	确认行车凭证		确认行车凭证后开车，呼唤“信号开放，车门关闭，到点开车；注意警惕”

续表

序号	作业项目	图示	注释
5	起动列车	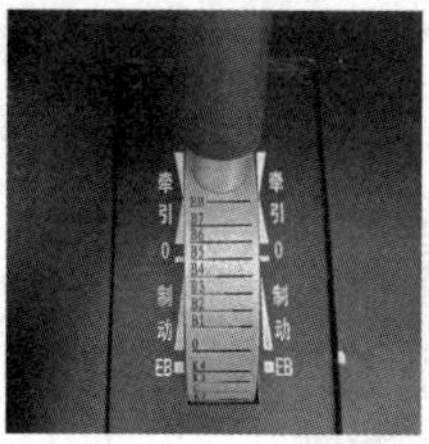	使用“速度模式”，将司控器手柄置于“K2”位起动列车，鸣笛（限鸣区除外），起动后报点：“××站正点（晚点）×分开车。”

13. 终到作业（见表 1–19）

表 1–19　终到作业

序号	作业项目	图示	注释
1	站内停车		按停车位置标一次稳、准停妥。准确对标停车后，将制动手柄置于最大制动位
2	开门操作	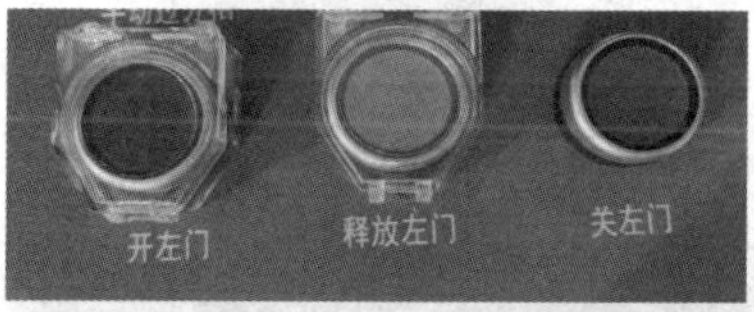 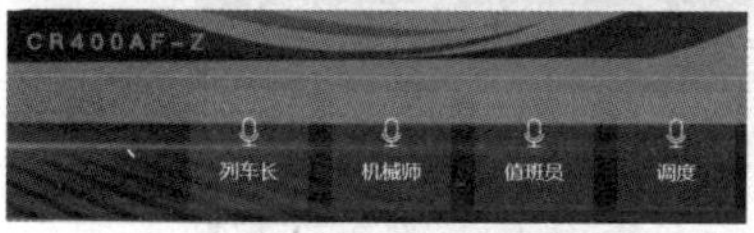	开门前，必须确认车组停车位置正确。面对站台确认位置正确后，再开启相应侧车门，打开车门后，必须在车门页面确认，确保站台侧车门打开正常。若发现某一门未开启，应及时通知机械师、列车长；若发现一侧门未打开，可再次操作一次开门按钮
3	司机手册登记，运行揭示销号	—	开门完毕后，在司机手册记录前方站开车、本站停车时间，并对运行揭示销号（没有运行揭示除外）
4	准备离开司机室	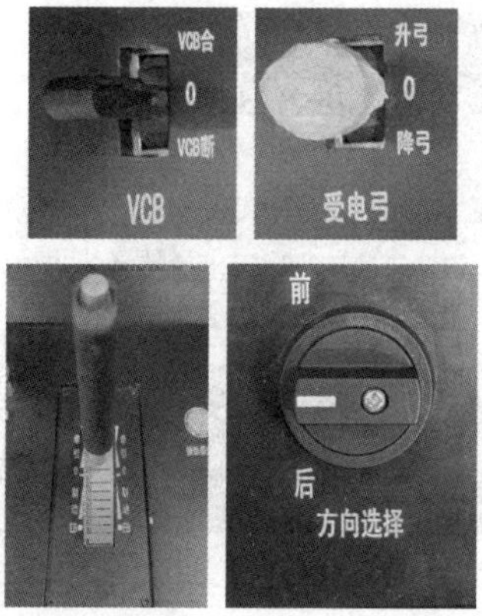	断电降弓，司控器手柄回“0”位，停放施加，方向选择开关置于“0”位，拔出主控钥匙，断开蓄电池开关。拔出 EOAS 数据转储卡，离开司机室时必须关闭司机室照明

14. **换端作业**（见表 1–20）

表 1–20　换端作业

序号	作业项目	图示	注释
1	停放施加		车辆停稳后，操作“停放制动”按钮 3 s 施加停放制动，确认停放制动灯亮
2	ATP 电源关闭	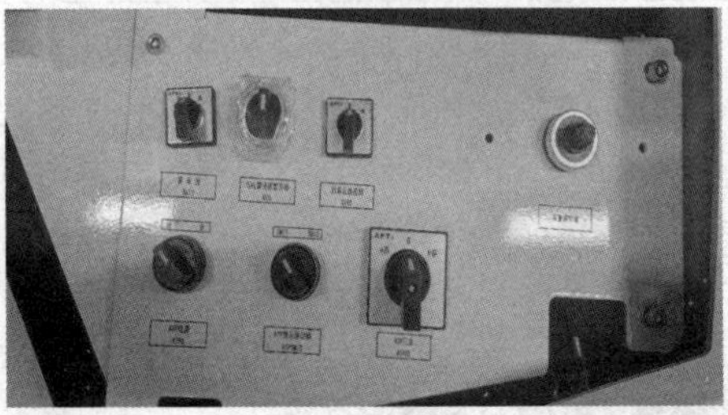	断开“列车无线控制”“ATP 电源”开关，确认 ATP 关闭
3	操作司控器手柄、方向选择开关	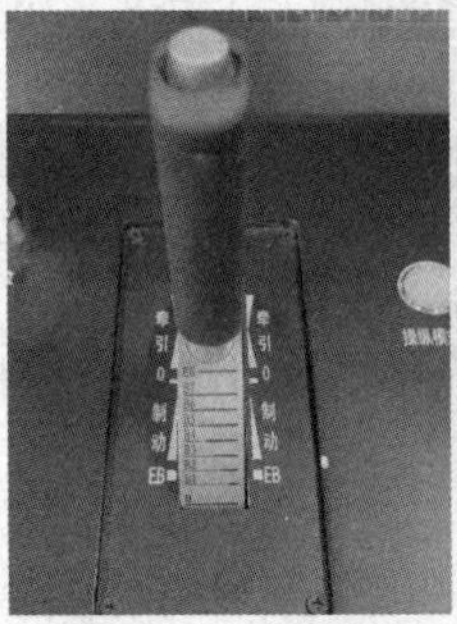 	将司控器手柄置于“0”位，方向选择开关置于“0”位
4	查看换端条件	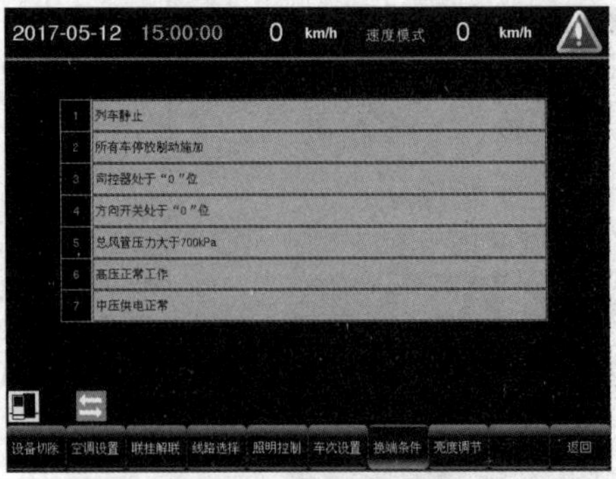	在 HMI 屏的“设备控制”页面下的“换端条件”界面确认换端条件满足

续表

序号	作业项目	图示	注释
5	离开原司机室	—	将主控钥匙旋至“0”位，拔取主控钥匙，确认 HMI 显示换端标识“⇆”，离开司机室，锁闭司机室门，检查确认后部标志灯点亮
6	进入另一端司机室	—	进入另一端司机室，确认司机室防护用品、灭火器齐全良好，司机操纵台各开关、手柄位置正确
7	进入换端模式	—	在主界面显示换端模式，通过牵引界面确认受电弓升起、VCB 闭合
8	司机室占用	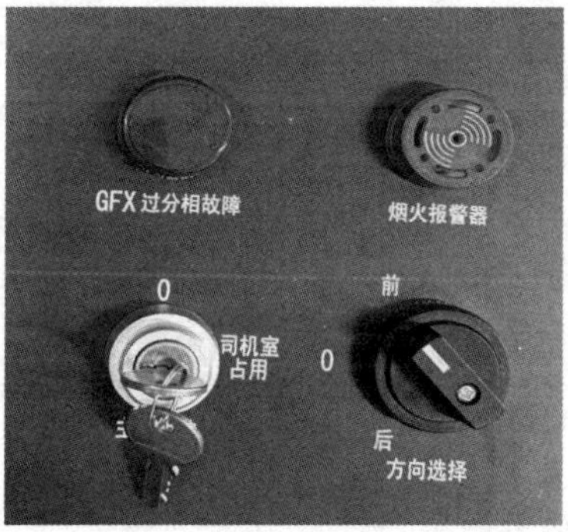	投入主控钥匙，右旋至“司机室占用”位，将方向选择开关置于“前”位；确认 HMI 屏显示“司机室占用”
9	列车无线控制	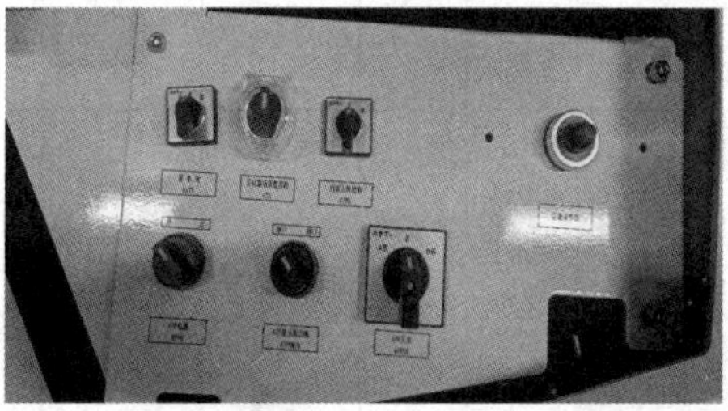	闭合“列车无线控制”“ATP 电源”开关，作业完成

1.2.4 考核评价

考核点及评价标准如表 1–21 所示，考核评价表如表 1–22 所示。

表 1–21 考核点及评价标准

学习任务	考核点	建议考核方式	评价标准		
			优（90 分）	良（80 分）	及格（60 分）
CR400AF 型动车组司机一次乘务标准化作业	1. 掌握 CR400AF 型动车组司机一次乘务标准化作业流程	在线评价 + 软件评价 + 教师评价 + 学生互评	5 个考核点合格	4 个考核点合格	3 个考核点合格
	2. 能独立完成 CR400AF 型动车组司机一次乘务标准化作业计算机仿真练习				
	3. 能独立完成 CR400AF 型动车组司机一次乘务标准化作业驾驶台练习				
	4. 能够正确与调度和机械师联控				
	5. 能够准确进行呼唤应答				

表 1–22 考核评价表

实训项目：CR400AF 型动车组司机一次乘务标准化作业								
班级:				姓名:				
评价内容	评分标准	考核方式	分值	自评	互评	软件评分	教师评分	得分
素质	1. 能够与团队成员合作，合理沟通，接受任务，协作他人完成工作任务； 2. 有集体意识和社会责任心； 3. 遵章守纪	过程考核	30					
知识	1. 掌握 CR400AF 型动车组司机一次乘务标准化作业流程； 2. 能独立完成 CR400AF 型动车组司机一次乘务标准化作业驾驶台练习； 3. 能够正确与调度和机械师联控； 4. 能够准确进行呼唤应答	现场操作	40					
能力	1. 能够按照操作规范，考虑环保及文明施工措施，安全完成工作任务； 2. 遵守 7S 管理要求； 3. 具有查阅各类教学资源的能力； 4. 具有制定完成任务或项目的方案的能力	过程考核	30					
总分			100					

实训项目 1.3　CR400AF 型动车组应急处置基本操作

1.3.1　实训目的

通过本实训项目的开展，使学生了解 CR400AF 型动车组随车机械师应急故障处理流程，能够根据实际情况判断故障类型，并独立完成 CR400AF 型动车组随车机械师应急故障处理，提高学生针对行车过程中出现的故障提示信息，按照行车组织的有关规章对故障进行应急处置的能力。

1.3.2　实训设备

本实训所需作业设备如表 1–23 所示。

表 1–23　CR400AF 型动车组应急处置作业设备

名称	型号	数量	备注
动车组模拟驾驶台	CR400AF	3	
电气仿真柜	—	3	

1.3.3　实训内容

小复位
微课视频

1. **小复位**（见表 1–24）

表 1–24　小复位作业指导

序号	作业项目	图示	处理过程
1	小复位	VCB合 0 VCB断 VCB 升弓 降弓 受电弓	断开主断路器、降弓，然后使断开主断路器操作保持至少 10 s
2		2024-01-08 14:51:52 0 km/h 制动级位 7 级 CR400BF0001	复位完成后，在 HMI 屏出现“小复位”图标，表明小复位操作已完成

牵引辅助复位
微课视频

2. 牵引辅助复位（见表 1–25）

表 1–25　牵引辅助复位作业指导

序号	作业项目	图示	处理过程
1	牵引辅助复位		断开主断路器，维持车辆惰行或停车
2			按【复位】按钮并保持 3 s

紧急复位
微课视频

3. 紧急复位（见表 1–26）

表 1–26　紧急复位作业指导

序号	作业项目	图示	处理过程
1	紧急复位		按【停放施加】按钮，在 HMI 屏制动界面确认全列车停放制动施加
2			将司控器手柄置于“B7”位
3			按【紧急复位】按钮，确认紧急制动缓解

BC 复位
微课视频

HMI 屏复位
微课视频

4. BC 复位（见表 1-27）

表 1-27 BC 复位作业指导

序号	作业项目	图示	处理过程
1	BC 复位		司机断开 VCB 开关
2			机械师断开故障车直流柜内相应【充电机控制 1】或【充电机控制 2】断路器，10 s 后再将其闭合，操作完成后通知司机闭合 VCB 开关
3			司机闭合 VCB 开关

BCU 复位
微课视频

5. BCU 复位（见表 1-28）

表 1-28 BCU 复位作业指导

序号	作业项目	图示	处理过程
1	BCU 复位		司机施加制动停车并施加停放制动

续表

序号	作业项目	图示	处理过程
2	BCU复位		机械师到故障车直流柜断开【制动控制 3】断路器，5 s 后断开【制动控制 1】断路器。10 s 后闭合【制动控制 1】断路器，再经过 5 s 后闭合【制动控制 3】断路器，然后通知司机进行制动试验
			司机通过主控端 HMI 屏进行“直通制动试验”“紧急制动 UB 试验”“紧急制动 EB 试验/EB 转 UB 试验”，恢复空气制动可用性

6. 空气制动切除（见表 1–29）

空气制动切除微课视频

表 1–29　空气制动切除作业指导

序号	作业项目	图示	处理过程
1	空气制动切除		机械师关闭直流柜内“制动缸隔离”塞门（红色手柄，手柄与管路平行为打开，垂直为关闭），切除本车空气制动
2			机械师通知司机通过 HMI 屏确认制动界面中对应的车辆空气制动显示切除，且制动信息界面中对应车制动缸压力为 0 kPa

7. 应急处置作业内容及要求（见表 1–30）

表 1–30　应急处置作业内容及要求

序号	作业内容	图示	作业内容及要求
1	故障处理前	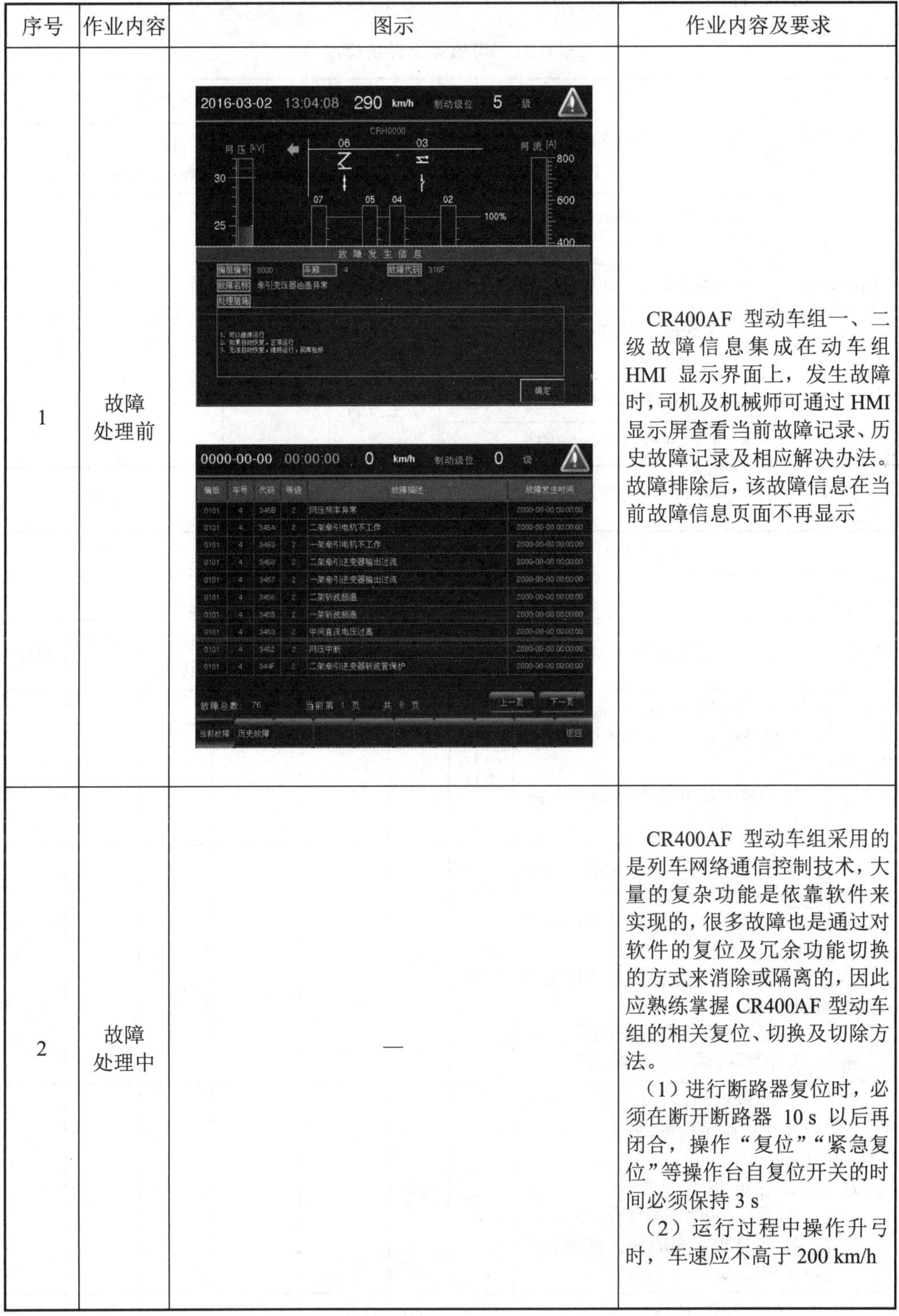	CR400AF 型动车组一、二级故障信息集成在动车组 HMI 显示界面上，发生故障时，司机及机械师可通过 HMI 显示屏查看当前故障记录、历史故障记录及相应解决办法。故障排除后，该故障信息在当前故障信息页面不再显示
2	故障处理中	—	CR400AF 型动车组采用的是列车网络通信控制技术，大量的复杂功能是依靠软件来实现的，很多故障也是通过对软件的复位及冗余功能切换的方式来消除或隔离的，因此应熟练掌握 CR400AF 型动车组的相关复位、切换及切除方法。 （1）进行断路器复位时，必须在断开断路器 10 s 以后再闭合，操作“复位”“紧急复位”等操作台自复位开关的时间必须保持 3 s （2）运行过程中操作升弓时，车速应不高于 200 km/h

1.3.4 考核评价

考核点及评价标准如表 1–31 所示，考核评价表如表 1–32 所示。

表 1–31 考核点及评价标准

<table>
<tr><th rowspan="2">学习任务</th><th rowspan="2">考核点</th><th rowspan="2">建议考核方式</th><th colspan="3">评价标准</th></tr>
<tr><th>优
（90 分）</th><th>良
（80 分）</th><th>及格
（60 分）</th></tr>
<tr><td rowspan="5">CR400AF 型动车组应急处置基本操作</td><td>1. 掌握 CR400AF 型动车组各级复位的操作方法</td><td rowspan="5">在线评价
+
软件评价
+
教师评价
+
学生互评</td><td rowspan="5">5 个考核点合格</td><td rowspan="5">4 个考核点合格</td><td rowspan="5">3 个考核点合格</td></tr>
<tr><td>2. 掌握空气制动切除的操作方法</td></tr>
<tr><td>3. 掌握应急处置的基本内容和操作方法</td></tr>
<tr><td>4. 能够正确与调度和机械师联控</td></tr>
<tr><td>5. 能够准确进行呼唤应答</td></tr>
</table>

表 1–32 考核评价表

<table>
<tr><td colspan="10">实训项目：CR400AF 型动车组应急处置基本操作</td></tr>
<tr><td colspan="4">班级：</td><td colspan="6">姓名：</td></tr>
<tr><td>评价内容</td><td>评分标准</td><td>考核方式</td><td>分值</td><td>自评</td><td>互评</td><td>软件评分</td><td>教师评分</td><td>得分</td></tr>
<tr><td>素质</td><td>1. 能够与团队成员合作，合理沟通，接受任务，协作他人完成工作任务；
2. 有集体意识和社会责任心；
3. 遵章守纪</td><td>过程考核</td><td>30</td><td></td><td></td><td></td><td></td><td></td></tr>
<tr><td>知识</td><td>1. 掌握 CR400AF 型动车组各级复位的操作方法；
2. 掌握空气制动切除的操作方法；
3. 掌握应急处置的基本内容和操作方法；
4. 能够正确与调度和机械师联控；
5. 能够准确进行呼唤应答</td><td>现场操作</td><td>40</td><td></td><td></td><td></td><td></td><td></td></tr>
<tr><td>能力</td><td>1. 能够按照操作规范，考虑环保及文明施工措施，安全完成工作任务；
2. 遵守 7S 管理要求；
3. 具有查阅各类教学资源的能力；
4. 具有制定完成任务或项目的方案的能力</td><td>过程考核</td><td>30</td><td></td><td></td><td></td><td></td><td></td></tr>
<tr><td colspan="3">总分</td><td>100</td><td></td><td></td><td></td><td></td><td></td></tr>
</table>

实训项目 1.4　CR400AF 型动车组转向架及其辅助装置应急处置

1.4.1　实训目的

通过本实训项目的开展，使学生了解 CR400AF 型动车组转向架及其辅助装置应急作业的处理流程，能够根据实际情况判断故障类型，并独立完成 CR400AF 型动车组转向架及其辅助装置应急作业，提高学生针对行车过程中出现的转向架及其辅助装置的故障提示信息，按照行车组织的有关规章对故障进行应急处置的能力。

1.4.2　实训设备

本实训所需作业设备如表 1–33 所示。

表 1–33　CR400AF 型动车组转向架及其辅助装置应急处置作业相关设备

名称	型号	数量	备注
动车组模拟驾驶台	CR400AF	3	
电气仿真柜	—	3	

1.4.3　实训内容

1. 轴不旋转故障应急处置（见表 1–34）

表 1–34　轴不旋转故障应急处置作业指导

序号	作业项目	图示	处理过程
故障现象		HMI 显示屏报出轴抱死故障，自动触发最大常用制动，限速 40 km/h	
1	轴不旋转故障	—	司机做停车处理
2			司机通知机械师，机械师回复：“切除故障车空气制动，并申请下车检查。”

续表

序号	作业项目	图示	处理过程
3	轴不旋转故障		通知调度，调度回复：“邻线限速 160 km/h 的命令已下达，允许下车检查。”
4			通知列车长，列车长回复：“列车长收到。”
5		—	机械师关闭故障车制动缸隔离塞门
6		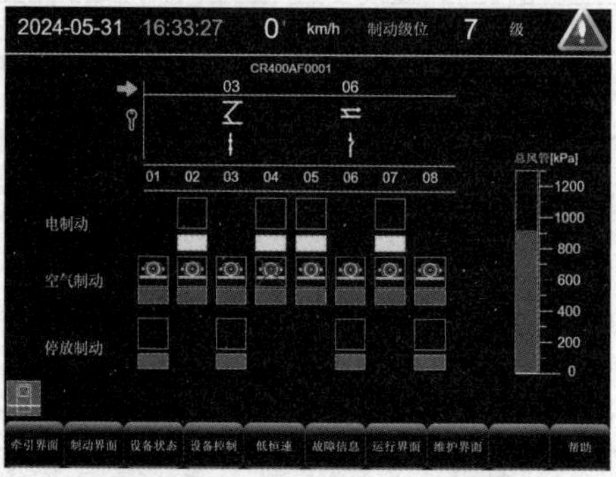	司机查看 HMI 制动界面，在 HMI 制动信息界面显示出隔离状态
7			机械师回复：“车下检查无异常，进行人工滚动试验。”
8		—	限速 5 km/h，运行 20 m 后停车

续表

序号	作业项目	图示	处理过程
9	轴不旋转故障		机械师回复："滚动试验合格，切除 HMI 屏'轴不旋转，限速 40 km/h'限速条件，按相关规定限速运行。"
10		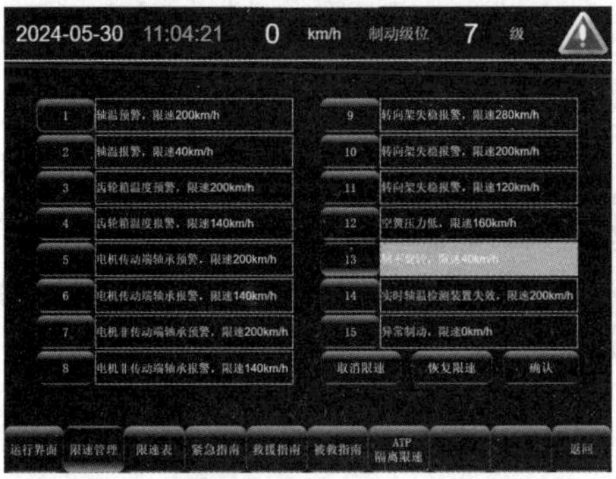	司机切除 HMI 屏"轴不旋转，限速 40 km/h"限速条件，动车
11			通知调度，调度回复："邻线限速已恢复。"

2. 空簧压力低故障应急处置（见表 1–35）

表 1–35　空簧压力低故障应急处置作业指导

序号	作业项目	图示	处理过程
故障现象		HMI 屏报故障，限速条件界面"空簧压力低，限速 160 km/h"变红	
1	空簧压力低故障		通知机械师，机械师回复："机械师收到。"

续表

序号	作业项目	图示	处理过程
2			通知调度，调度回复：“×××次，前方站停车后下车检查，行调收到。”
3			通知列车长，列车长回复：“列车长收到。”
4	空簧压力低故障		前方站停车，通知调度，调度回复：“邻线限速 160 km/h 的命令已下达，允许下车检查。”
5			司机通知机械师下车检查，机械师回复：“机械师收到。”
6			下车检查后，机械师回复：“检查完毕，设备无异常。切除 HMI‘空簧压力低，限速 160 km/h’限速条件，维持正常运行。”

续表

序号	作业项目	图示	处理过程
7	空簧压力低故障		司机切除“空簧压力低，限速 160 km/h”限速条件
8			动车，通知调度，调度回复：“邻线限速已恢复。”

3. 轴温传感器故障应急处置（见表 1–36）

表 1–36　轴温传感器故障应急处置作业指导

序号	作业项目	图示	处理过程
故障现象		HMI 屏自动弹出故障画面，并显示相应诊断代码。HMI 屏“轴温信息”画面中对应传感器变红	
1	轴温传感器故障		通知机械师，机械师回复：“维持运行至前方站，申请到站停车后下车点温检查。”
2			通知调度，调度回复：“×××次，前方站停车后下车检查，行调收到。”

续表

序号	作业项目	图示	处理过程
3	轴温传感器故障		通知列车长，列车长回复：“列车长收到。”
4			前方站停车，通知调度，调度回复：“邻线限速 160 km/h 的命令已下达，允许下车检查。”
5			司机通知机械师下车检查，机械师回复：“机械师收到。”
6			机械师下车检查后回复：“检查完毕，设备无异常。限速 200 km/h 运行。”
7			通知调度，调度回复：“邻线限速已恢复。”
8		—	列车维持正常运行

4. 速度传感器故障应急处置（见表 1–37）

表 1–37　速度传感器故障应急处置作业指导

序号	作业项目	图示	处理过程
故障现象：HMI 屏报出速度传感器故障。 注意：维持运行，在车上切除故障车空气制动，机械师在故障车厢转向架上方重点监听，若发现明显的异常振动、异音等情况，应立即通知司机停车检查			
1	速度传感器故障	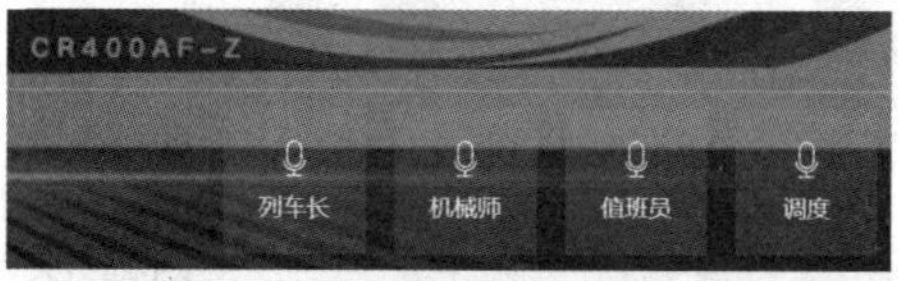	列车维持运行，并通知机械师。途中操作制动时，尽量采用 B4 及以下级位
2			机械师关闭直流柜内“制动缸隔离”塞门（红色手柄，手柄与管路垂直为关闭），切除本车空气制动
3			通知司机通过 HMI 屏确认制动界面中对应车辆的空气制动显示切除，且制动信息页面中对应车制动缸压力为 0 kPa
4		—	按相关规定限速运行

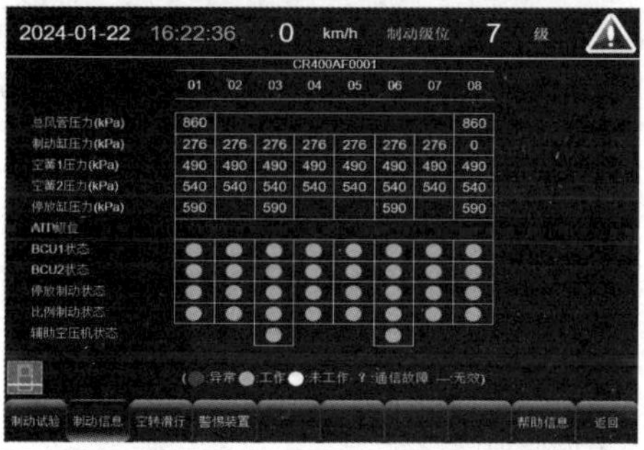

5. 转向架失稳主机通信或传感器故障应急处置（见表 1–38）

表 1–38　转向架失稳主机通信或传感器故障应急处置作业指导

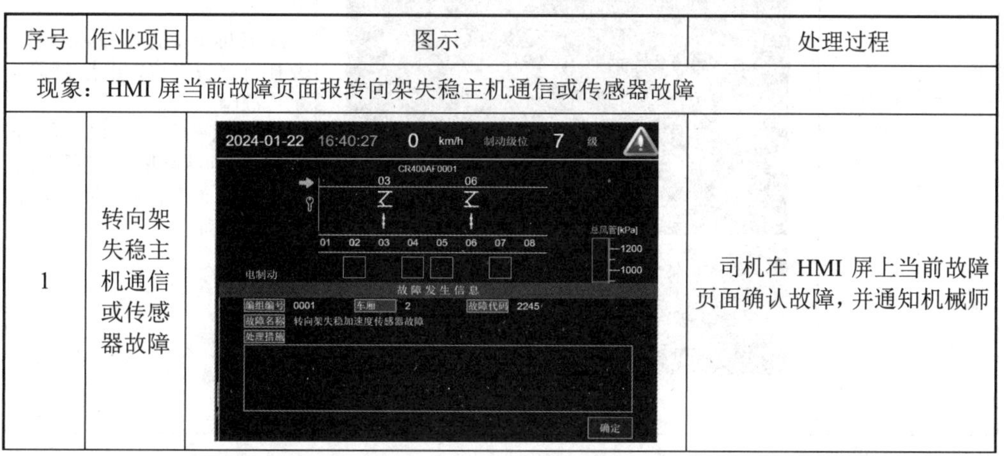

序号	作业项目	图示	处理过程
现象：HMI 屏当前故障页面报转向架失稳主机通信或传感器故障			
1	转向架失稳主机通信或传感器故障		司机在 HMI 屏上当前故障页面确认故障，并通知机械师

续表

序号	作业项目	图示	处理过程
2	转向架失稳主机通信或传感器故障	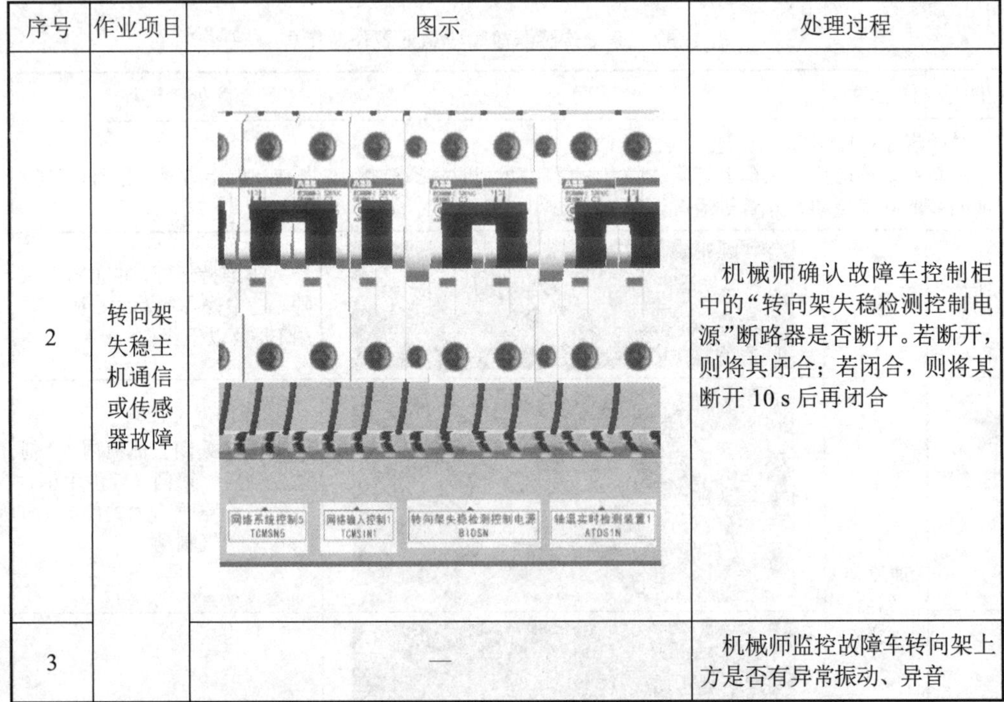	机械师确认故障车控制柜中的“转向架失稳检测控制电源”断路器是否断开。若断开，则将其闭合；若闭合，则将其断开 10 s 后再闭合
3		—	机械师监控故障车转向架上方是否有异常振动、异音

6. 轴温主机通信故障应急处置（见表 1–39）

表 1–39　轴温主机通信故障应急处置作业指导

序号	作业项目	图示	处理过程
故障现象		HMI 屏报轴温主机通信故障	
1	轴温主机通信故障	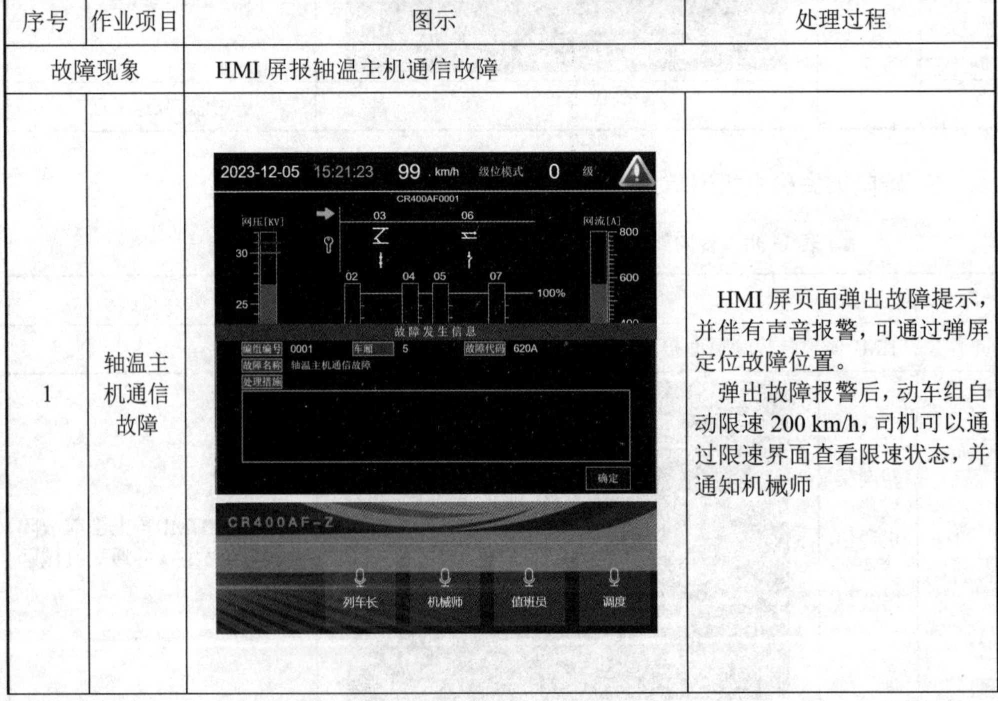	HMI 屏页面弹出故障提示，并伴有声音报警，可通过弹屏定位故障位置。 弹出故障报警后，动车组自动限速 200 km/h，司机可以通过限速界面查看限速状态，并通知机械师

续表

序号	作业项目	图示	处理过程
2	轴温主机通信故障		机械师确认故障车控制柜中的“轴温实时检测装置 1”“轴温实时检测装置 2”断路器状态，若断开，则将其闭合；若闭合，则将其断开 10 s 后再投入
3			司机在 HMI 屏确认故障情况：（1）若故障消除，则正常运行；（2）若故障未消除，机械师断开“轴温实时检测装置 1”“轴温实时检测装置 2”断路器，通知司机限速 200 km/h 运行
4		—	运行过程中，机械师对故障车辆振动、异音情况进行重点监控，如出现异常振动或异音，应立即通知司机停车

7. 轴温预警级（1 级）故障应急处置（见表 1–40）

表 1–40　轴温预警级（1 级）故障应急处置作业指导

序号	作业项目	图示	处理过程
故障现象		HMI 屏自动弹出故障画面，并显示相应故障代码	
1	轴温预警级（1 级）		司机用司控器施加最大常用制动（故障触发时未超过 200 km/h 时，不需要施加最大制动），并通知机械师

续表

序号	作业项目	图示	处理过程
2	轴温预警级（1级）	 车辆有异常振动、异音，立即停车并申请下车检查。 机械师	机械师回复："车辆有异常振动、异音，立即停车并申请下车检查。"
3		 邻线限速160 km/h的命令已下达，允许下车检查。 调度	停车，通知调度。调度回复："邻线限速 160 km/h 的命令已下达，允许下车检查。"
4		 列车长收到 列车长	通知列车长，列车长回复："列车长收到。"
5		 机械师收到 机械师	司机通知机械师下车检查，机械师回复："机械师收到。"
6		 检查完毕，设备无异常。切除"轴温预警，限速 200 km/h"限速条件，恢复正常运行。 机械师	机械师下车检查，检查后通知司机："检查完毕，设备无异常。切除'轴温预警，限速 200 km/h'限速条件，恢复正常运行。"

续表

序号	作业项目	图示	处理过程
7	轴温预警级（1 级）		司机在 HMI 屏上切除“轴温预警，限速 200 km/h”限速条件
8			动车，通知调度，调度回复：“邻线限速已恢复。”

8. 轴温预警级（2 级）故障应急处置（见表 1–41）

表 1–41　轴温预警级（2 级）故障应急处置作业指导

序号	作业项目	图示	处理过程
故障现象		HMI 屏自动弹出故障画面，并显示相应诊断代码	
1	轴温预警级（2 级）	—	停车，通知机械师
2			机械师回复：“申请下车检查。”
3			通知调度，调度回复：“邻线限速 160 km/h 的命令已下达，允许下车检查。”

续表

序号	作业项目	图示	处理过程
4	轴温预警级（2级）		通知列车长，列车长回复：“列车长收到。”
5			司机通知机械师下车检查，机械师回复：“机械师收到。”
6			机械师下车检查，检查后回复：“检查完毕，设备无异常。切除‘轴温报警，限速140 km/h’限速条件，恢复正常运行。”
7		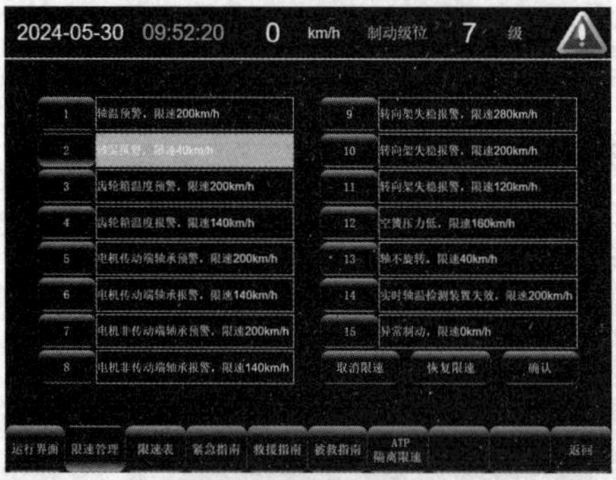	司机在HMI屏上切除“轴温报警，限速140 km/h”限速条件
8			动车，通知调度，调度回复：“邻线限速已恢复。”

9. 齿轮箱温度预警级（1 级）故障应急处置（见表 1–42）

表 1–42　齿轮箱温度预警级（1 级）故障应急处置作业指导

序号	作业项目	图示	处理过程
故障现象		HMI 屏自动弹出故障画面，并显示相应诊断代码	
1	齿轮箱温度预警级（1 级）	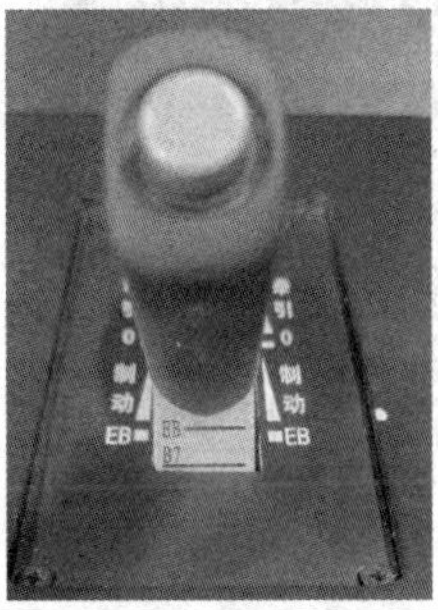	司机用司控器施加最大常用制动（故障触发时若车速未超过 200 km/h，不需要施加最大制动），并通知机械师
2			机械师回复："车辆有异常振动、异音，立即停车并申请下车检查。"
3			停车，通知调度。调度回复："邻线限速 160 km/h 的命令已下达，允许下车检查。"
4			通知列车长，列车长回复："列车长收到。"
5			机械师下车检查，检查后回复："检查完毕，设备无异常。切除'齿轮箱温度预警，限速 200 km/h'限速条件，恢复正常运行。"

续表

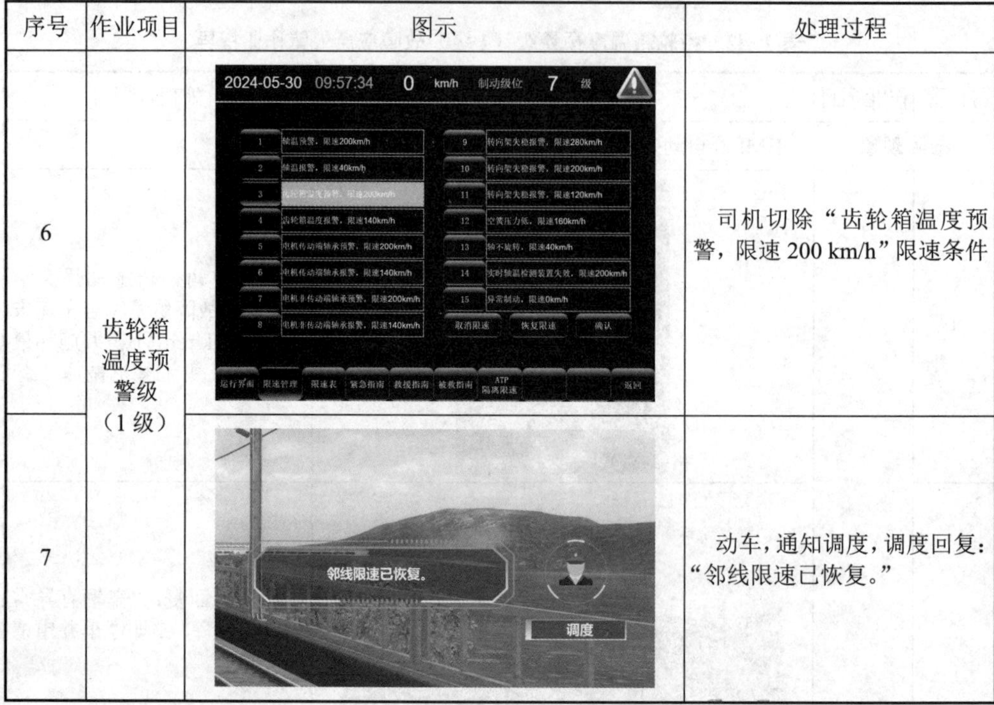

序号	作业项目	图示	处理过程
6	齿轮箱温度预警级（1 级）		司机切除“齿轮箱温度预警，限速 200 km/h”限速条件
7			动车，通知调度，调度回复：“邻线限速已恢复。”

10. 齿轮箱温度预警级（2 级）故障应急处置（见表 1–43）

表 1–43　齿轮箱温度预警级（2 级）故障应急处置作业指导

序号	作业项目	图示	处理过程
故障现象		HMI 屏自动弹出故障画面，并显示相应诊断代码	
1	齿轮箱温度预警级（2 级）	—	司机停车，通知机械师
2		申请下车检查。 机械师	机械师回复：“申请下车检查。”
3		邻线限速160 km/h的命令已下达，允许下车检查。 调度	司机通知调度，调度回复：“邻线限速 160 km/h 的命令已下达，允许下车检查。”

续表

<table>
<tr><th>序号</th><th>作业项目</th><th>图示</th><th>处理过程</th></tr>
<tr><td>4</td><td rowspan="5">齿轮箱温度预警级（2 级）</td><td>
</td><td>司机通知列车长，列车长回复：“列车长收到。”</td></tr>
<tr><td>5</td><td>
</td><td>司机通知机械师允许下车检查，机械师回复：“机械师收到。”</td></tr>
<tr><td>6</td><td>
</td><td>机械师下车检查，检查后回复：“检查完毕，设备无异常。切除‘齿轮箱温度报警，限速 140 km/h’限速条件，恢复正常运行。”</td></tr>
<tr><td>7</td><td>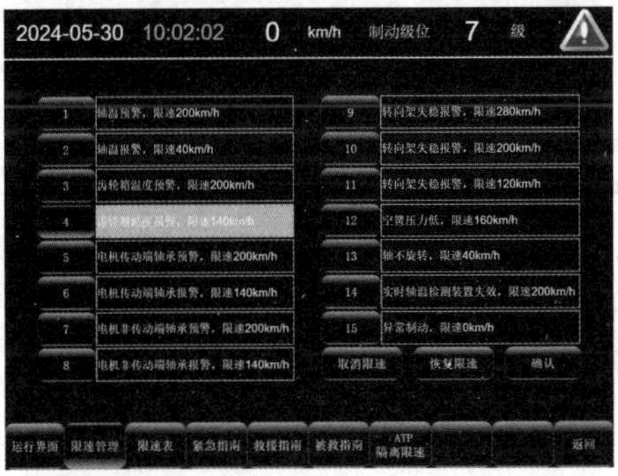
</td><td>司机切除“齿轮箱温度报警，限速 140 km/h”限速条件</td></tr>
<tr><td>8</td><td>
</td><td>司机动车，通知调度，调度回复：“邻线限速已恢复。”</td></tr>
</table>

11. 转向架横向加速度报警故障应急处置（见表 1–44）

表 1–44　转向架横向加速度报警故障应急处置

序号	作业项目	图示	处理过程
故障现象		（1）动车组自动施加常用制动 B7 降速运行。报警时，若动车组速度大于 200 km/h，则自动限速至 200 km/h；若动车组速度小于或等于 200 km/h 且大于 120 km/h，则自动限速至 120 km/h。 （2）HMI 屏弹出故障提示，并伴有声音报警及相关轴位故障诊断代码	
1	转向架横向加速度报警故障		司机通知机械师，机械师回复：“断合故障车厢‘转向架失稳检测控制电源’断路器。”
2			机械师断合“转向架失稳检测控制电源”断路器
3		—	维持正常运行

1.4.4　考核评价

考核点及评价标准如表 1–45 所示，考核评价表如表 1–46 所示。

表 1–45　考核点及评价标准

学习任务	考核点	建议考核方式	评价标准		
			优（90 分）	良（80 分）	及格（60 分）
CR400AF 型动车组转向架及其辅助装置应急处置	1. 掌握 CR400AF 型动车组转向架及其辅助装置应急处置的操作方法	在线评价+软件评价+教师评价+学生互评	5 个考核点合格	4 个考核点合格	3 个考核点合格
	2. 能够进行 CR400AF 型动车组转向架及其辅助装置应急处置的计算机模拟操作				
	3. 能够进行 CR400AF 型动车组转向架及其辅助装置应急处置的驾驶台实操				
	4. 能够正确与调度和机械师联控				
	5. 能够准确进行呼唤应答				

表 1–46　考核评价表

实训项目：CR400AF 型动车组转向架及其辅助装置应急处置									
班级：				姓名：					
评价内容	评分标准	考核方式	分值	自评	互评	软件评分	教师评分	得分
素质	1. 能够与团队成员合作，合理沟通，接受任务，协作他人完成工作任务； 2. 有集体意识和社会责任心； 3. 遵章守纪	过程考核	30					
知识	1. 掌握 CR400AF 型动车组转向架及其辅助装置应急处置的基本流程； 2. 掌握 CR400AF 型动车组转向架及其辅助装置应急处置的操作方法； 3. 能够正确与调度和机械师联控； 4. 能够准确进行呼唤应答	现场操作	40					
能力	1. 能够按照操作规范，考虑环保及文明施工措施，安全完成工作任务； 2. 遵守 7S 管理要求； 3. 具有查阅各类教学资源的能力； 4. 具有制定完成任务或项目的方案的能力	过程考核	30					
总分			100					

实训项目 1.5　CR400AF 型动车组主供电系统应急处置

1.5.1　实训目的

通过本实训项目的开展，使学生了解 CR400AF 型动车组主供电系统应急作业的处理流程，能够根据实际情况判断故障类型，并独立完成 CR400AF 型动车组主供电系统应急作业，提高学生针对行车过程中出现的主供电系统的故障提示信息，按照行车组织的有关规章对故障进行应急处置的能力。

1.5.2　实训设备

本实训所需作业设备如表 1-47 所示。

表 1-47　CR400AF 型动车组主供电系统应急处置作业设备

名称	型号	数量	备注
动车组模拟驾驶台	CR400AF	3	
电气仿真柜	—	3	

1.5.3　实训内容

1. 受电弓控制故障应急处置（见表 1-48）

表 1-48　受电弓控制故障应急处置作业指导

序号	作业项目	图示	处理过程
故障现象		列车运行途中受电弓自动降下	
1	受电弓控制故障	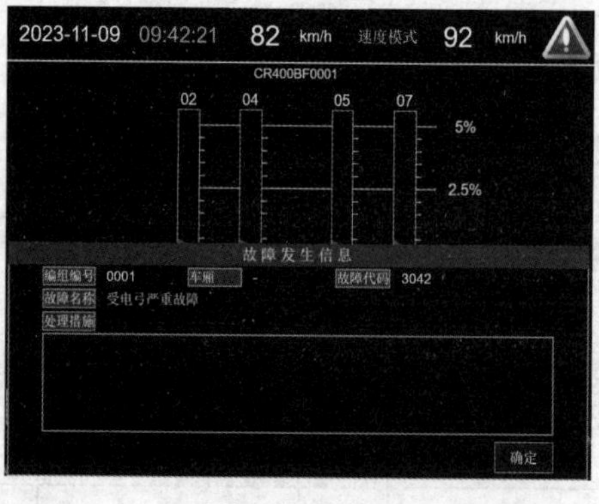	受电弓降下后，司机操作常用制动限速 200 km/h 以下，并通知机械师

续表

序号	作业项目	图示	处理过程
2	受电弓 控制故障	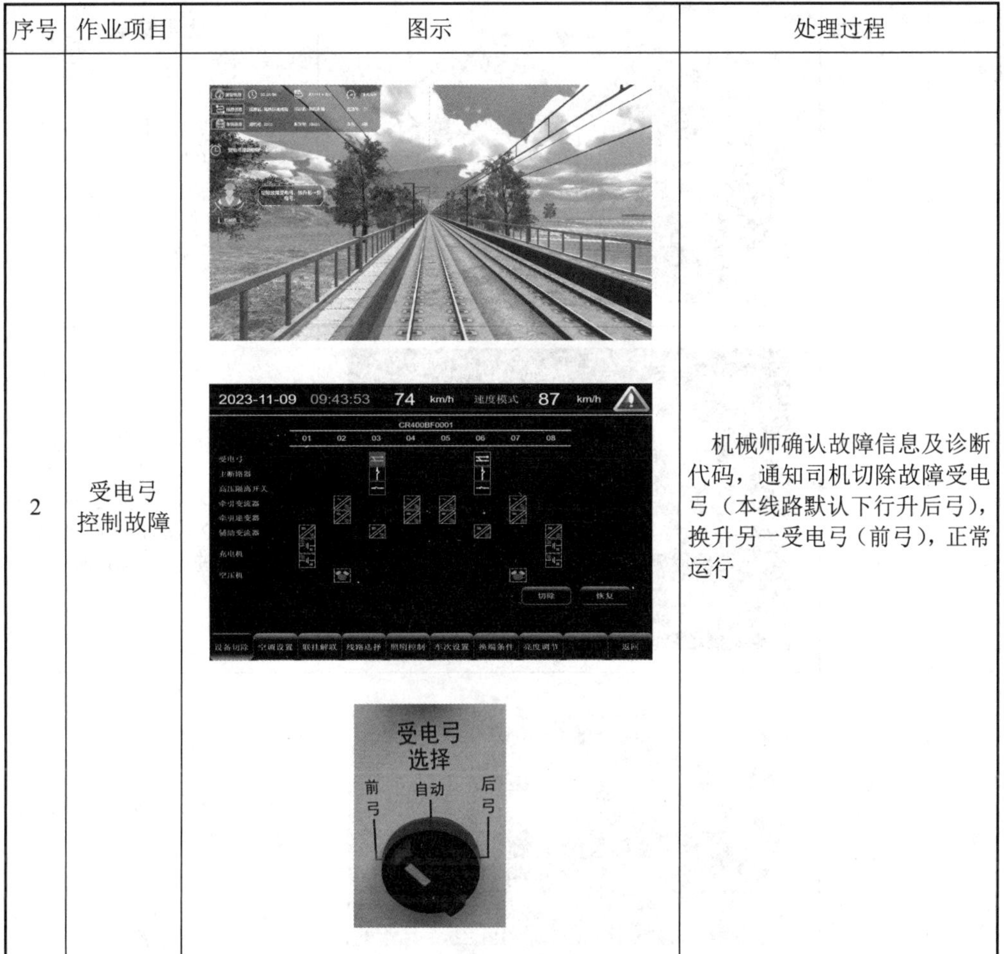	机械师确认故障信息及诊断代码，通知司机切除故障受电弓（本线路默认下行升后弓），换升另一受电弓（前弓），正常运行

2. 受电弓机械故障应急处置（见表 1–49）

表 1–49　受电弓机械故障应急处置作业指导

序号	作业项目	图示	处理过程
故障现象		（1）受电弓自动降下或挂有异物。 （2）HMI 屏报受电弓严重故障（3042），同时报受电弓自动紧急降弓（3000）	
1	受电弓 机械故障	—	停车（2 min 内未停车失格）
2		申请下车检查受电弓状态 机械师	通知机械师，机械师回复：“申请下车检查受电弓状态。”

续表

序号	作业项目	图示	处理过程
3			呼叫调度，调度回复：“邻线限速 160 km/h 的命令已下达，本线供电臂内的接触网已停电，准许机械师下车检查并进行登顶作业。”
4			下发调令：“×××次，××站至××站间下行线×××米至×××米接触网已停电，自接令时起，准许采取安全措施后进行登顶作业。”
5	受电弓机械故障		呼叫列车长，列车长回复：“列车长收到。”
6			司机通知机械师下车检查，机械师回复：“机械师收到。”
7			下车检查后机械师回复：“受电弓无明显异常，切除故障弓后换弓限速 160 km/h 运行至前方站做进一步检查。”

续表

序号	作业项目	图示	处理过程
8	受电弓机械故障		呼叫调度，调度回复："调度明白，现已办理接触网送电手续，取消临时限速，司机可以恢复正常运行。"
9		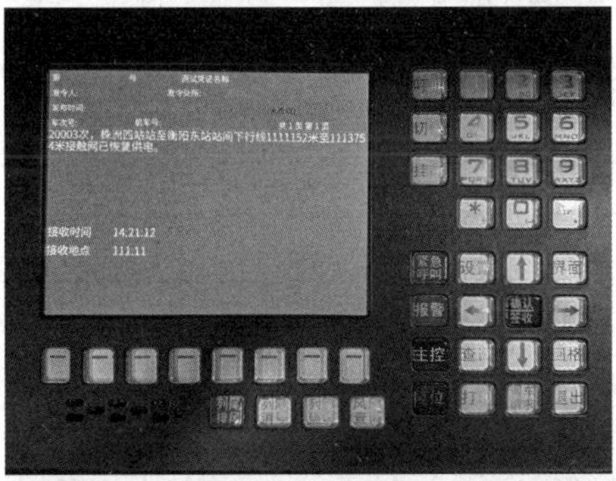	下发调令："×××次，××站至××站间下行线×××米至×××米接触网已恢复供电。"
10		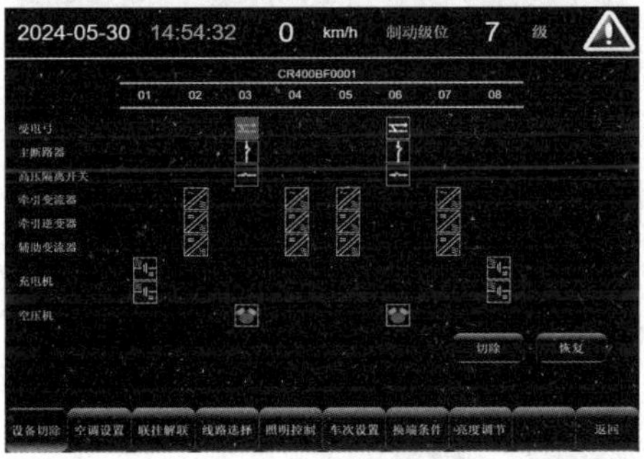	回复调度："切除故障弓，升正常弓，维持正常运行。"

3. 受电弓升弓位置异常故障应急处置（见表 1–50）

表 1–50　受电弓升弓位置异常故障应急处置作业指导

序号	作业项目	图示	处理过程
故障现象		HMI 屏报受电弓升弓位置异常（3044），同时 VCB 自动断开、受电弓自动降下	
1	受电弓升弓位置异常故障		通知机械师，机械师回复："限速 200 km/h 运行后尝试重新升弓，若故障消失则继续正常运行。"

续表

序号	作业项目	图示	处理过程
2	受电弓升弓位置异常故障	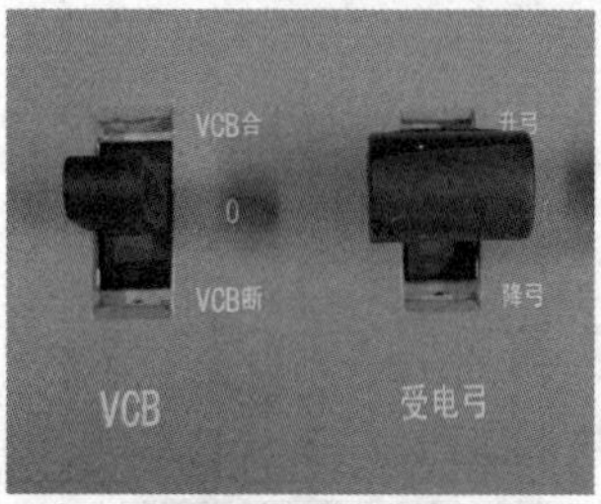 VCB合 0 VCB断 升弓 降弓 VCB 受电弓	升弓，合主断，维持正常运行

4. **紧急断电环路断开故障应急处置**（见表 1–51）

表 1–51　紧急断电环路断开故障应急处置作业指导

序号	作业项目	图示	处理过程
故障现象		HMI 屏报警，弹出紧急断电环路断开（3002）故障，VCB 自动断开，受电弓自动降下	
1	紧急断电环路断开故障	 操作紧急断电旁路开关至红点位后，尝试升弓、合主断，并维持运行。 机械师	通知机械师，机械师回复："操作紧急断电环路旁路旋钮至红点位后，尝试升弓、合主断，并维持运行。"
2		 紧急断电环路旁路 EOPDCS	将紧急断电环路旁路旋钮旋至红点位
3		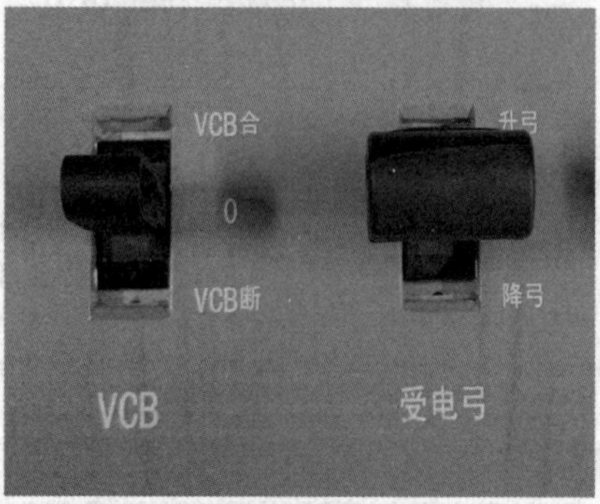 VCB合 0 VCB断 升弓 降弓 VCB 受电弓	升弓，合主断，维持正常运行

5. 网侧过流故障应急处置（见表 1–52）

表 1–52　网侧过流故障应急处置作业指导

序号	作业项目	图示	处理过程
故障现象		运行过程中 VCB 自动断开，同时报出网侧电流过流故障（3001）	
1	网侧过流故障		停车，通知机械师，机械师回复："申请下车检查受电弓状态。"
2			呼叫调度，调度回复："邻线限速 160 km/h 的命令已下达，本线供电臂内的接触网已停电，准许机械师下车检查并进行登顶作业。"
3		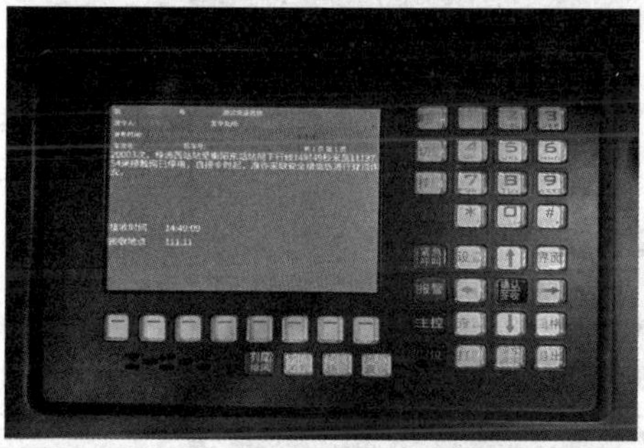	下发调令："×××次，×××站至×××站间下行线×××米至×××米接触网已停电，自接令时起，准许采取安全措施后进行登顶作业。"
4			呼叫列车长，列车长回复："列车长收到。"
5			司机通知机械师下车检查，机械师回复："机械师收到。"

续表

序号	作业项目	图示	处理过程
6	网侧过流故障		机械师下车检查，检查后回复：“受电弓无明显异常，切除故障单元的高压隔离开关，降下故障单元受电弓并进行切除。”
7			呼叫调度，调度回复：“调度明白，现已办理接触网送电手续，取消临时限速，司机可以恢复正常运行。”
8		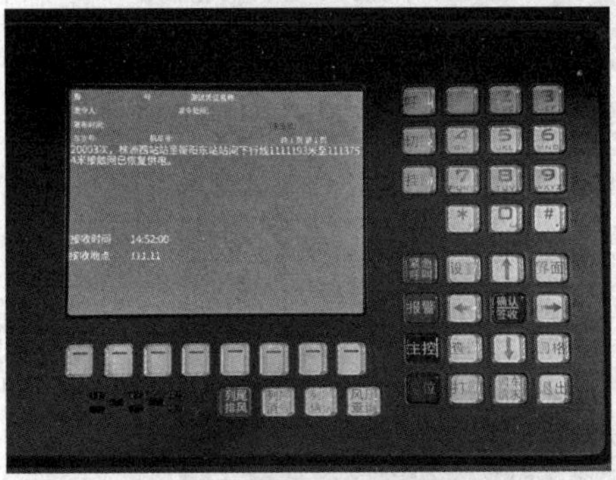	下发调令：“×××次，×××站至×××站间下行线×××米至×××米接触网已恢复供电。”
9		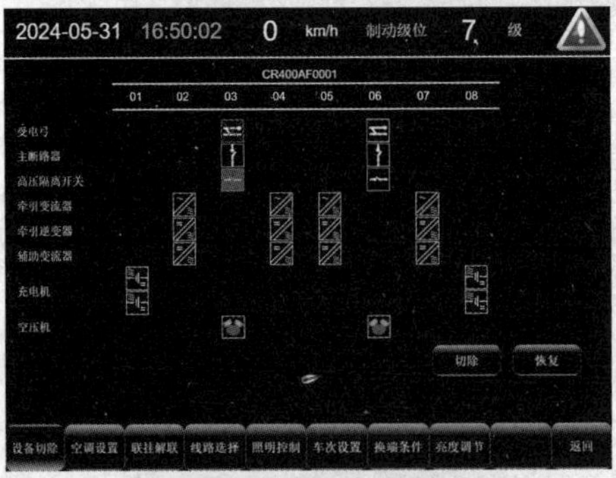	切除故障单元的高压隔离开关，降下故障受电弓，切除故障受电弓
10		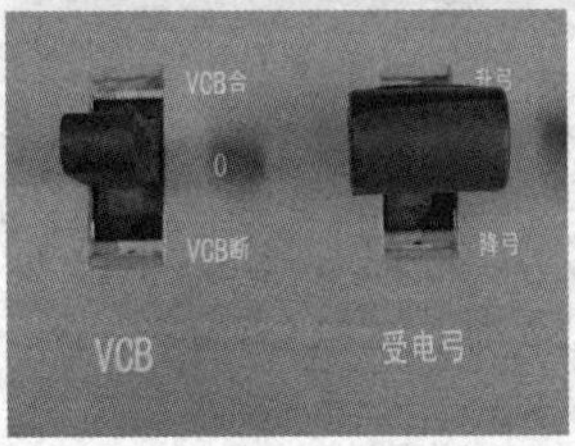	换升正常受电弓，闭合主断路器，维持正常运行

6. 网压异常故障应急处置（见表 1–53）

表 1–53　网压异常故障应急处置作业指导

序号	作业项目	图示	处理过程
故障现象		HMI 屏显示故障单元牵引变流器无法牵引和再生制动，VCB 自动断开，报出网压超过 32 kV（3130）	
1	网压异常故障	2024-04-05 15:41:31 74 km/h 速度模式 90 km/h 0001 - 3130 1 网压异常 2024/4/5 15:40:55 2024/4/5 15:41:15	当 HMI 屏报出以上故障提示，VCB 自动断开时，司机操作常用制动限速 200 km/h 以下，并通知机械师
2		检查网压状态是否正常 机械师	机械师确认诊断代码后，通知司机通过 HMI 屏确认网压状态是否正常。 （1）若无网压，立即停车； （2）若网压恢复正常，司机重新闭合 VCB，维持正常运行； （3）若网压始终不在正常范围内，则报告列车调度
3		受电弓选择 前弓 自动 后弓	若列车调度反馈该区段网压正常，而列车故障始终存在，司机操作常用制动降速至 200 km/h 以下，换弓后维持运行

7. 牵引变压器故障应急处置（见表 1–54）

表 1–54　牵引变压器故障应急处置作业指导

序号	作业项目	图示	处理过程
故障现象		故障触发时，故障单元无牵引和再生制动，VCB 可能断开，并报出以下一个或多个故障	
1	牵引变压器故障	2024-04-05 15:54:52 77 km/h 速度模式 77 km/h CR400AF0001 故障发生信息 编组编号 0001 车厢 6 故障代码 3245 故障名称 主变压器油泵停止工作 处理措施 确定	司机发现 HMI 屏报出以上故障，故障单元牵引和再生制动丢失，通知机械师

续表

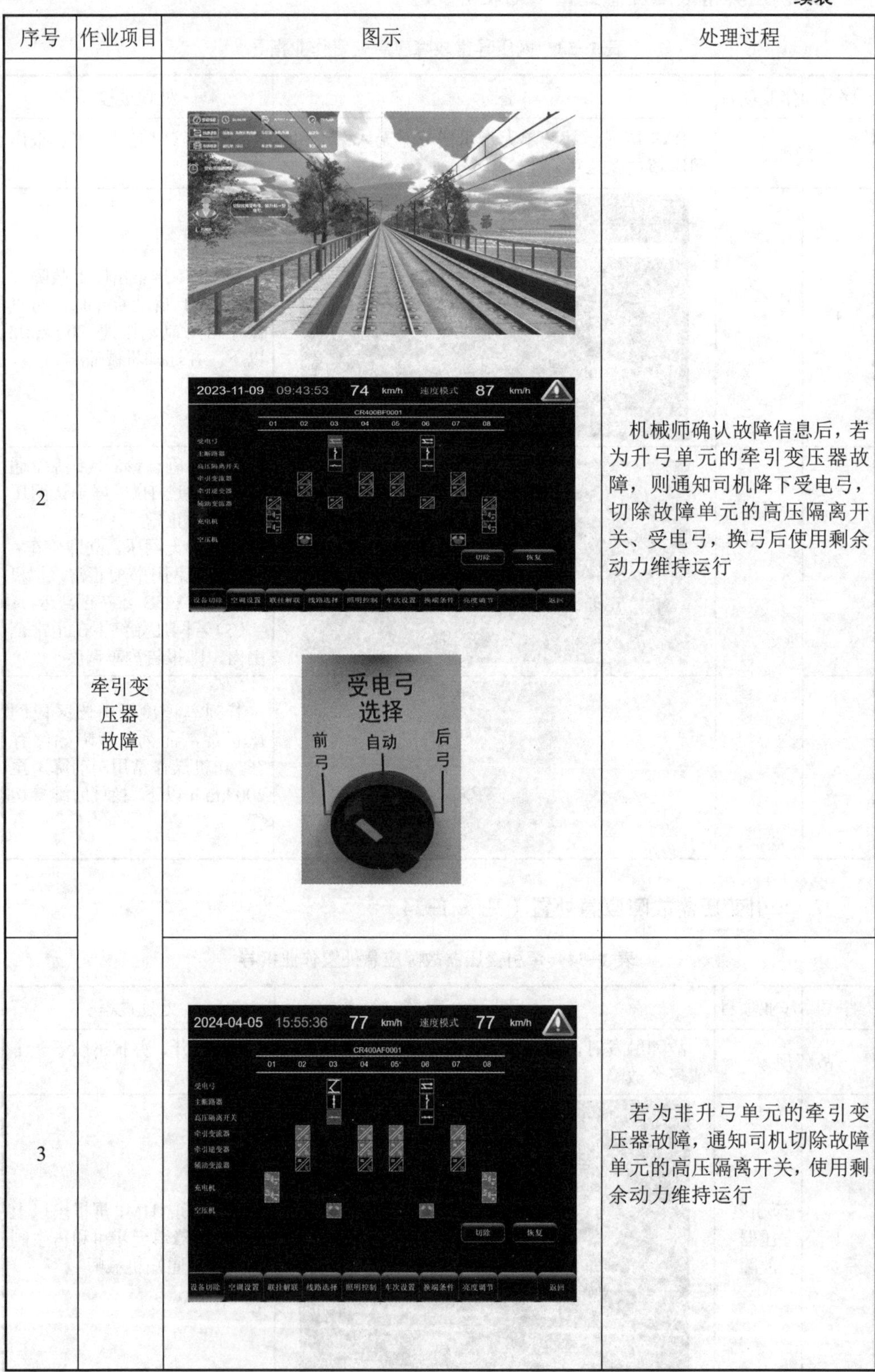

序号	作业项目	图示	处理过程
2	牵引变压器故障		机械师确认故障信息后，若为升弓单元的牵引变压器故障，则通知司机降下受电弓，切除故障单元的高压隔离开关、受电弓，换弓后使用剩余动力维持运行
3			若为非升弓单元的牵引变压器故障，通知司机切除故障单元的高压隔离开关，使用剩余动力维持运行

1.5.4　考核评价

考核点及评价标准如表 1–55 所示，考核评价表如表 1–56 所示。

表 1–55　考核点及评价标准

学习任务	考核点	建议考核方式	评价标准		
			优（90 分）	良（80 分）	及格（60 分）
CR400AF 型动车组主供电系统应急处置	1. 掌握 CR400AF 型动车组主供电系统应急处置的操作方法	在线评价 + 软件评价 + 教师评价 + 学生互评	5 个考核点合格	4 个考核点合格	3 个考核点合格
	2. 能够进行 CR400AF 型动车组主供电系统应急处置的计算机模拟操作				
	3. 能够进行 CR400AF 型动车组主供电系统应急处置的驾驶台实操				
	4. 能够正确与调度和机械师联控				
	5. 能够准确进行呼唤应答				

表 1–56　考核评价表

实训项目：CR400AF 型动车组主供电系统应急处置								
班级：				姓名：				
评价内容	评分标准	考核方式	分值	自评	互评	软件评分	教师评分	得分
素质	1. 能够与团队成员合作，合理沟通，接受任务，协作他人完成工作任务； 2. 有集体意识和社会责任心； 3. 遵章守纪	过程考核	30					
知识	1. 掌握 CR400AF 型动车组主供电系统的故障判断方法； 2. 掌握 CR400AF 型动车组主供电系统故障处理流程； 3. 能够正确与调度和机械师联控； 4. 能够准确进行呼唤应答	现场操作	40					
能力	1. 能够按照操作规范，考虑环保及文明施工措施，安全完成工作任务； 2. 遵守 7S 管理要求； 3. 具有查阅各类教学资源的能力； 4. 具有制定完成任务或项目的方案的能力	过程考核	30					
总分			100					

实训项目 1.6　CR400AF 型动车组牵引系统应急处置

1.6.1　实训目的

通过本实训项目的开展，使学生了解 CR400AF 型动车组牵引系统应急作业的处理流程，能够根据实际情况判断故障类型，并独立完成 CR400AF 型动车组牵引系统应急作业，提高学生针对行车过程中出现的牵引系统的故障提示信息，按照行车组织的有关规章对故障进行应急处置的能力。

1.6.2　实训设备

本实训所需作业设备如表 1–57 所示。

表 1–57　CR400AF 型动车组牵引系统应急处置作业设备

名称	型号	数量	备注
动车组模拟驾驶台	CR400AF	3	
电气仿真柜	—	3	

1.6.3　实训内容

1. VCB 未断开的牵引丢失（需人工复位）故障应急处置（见表 1–58）

表 1–58　VCB 未断开的牵引丢失（需人工复位）故障应急处置作业指导

序号	作业项目	图示	处理过程
故障现象		故障车辆牵引和再生制动丢失	
1	VCB 未断开的牵引丢失（需人工复位）故障		通知机械师，机械师回复：“进行牵引辅助复位操作。”
2			进行牵引复位操作（按压“复位”按钮 3 s）
3		—	维持正常运行

2. VCB 自动断开的牵引丢失（变流器内部）故障应急处置（见表 1–59）

表 1–59　VCB 自动断开的牵引丢失（变流器内部）故障应急处置作业指导

序号	作业项目	图示	处理过程
故障现象		故障车辆牵引和再生制动丢失，VCB 断开	
1	VCB 自动断开的牵引丢失（变流器内部）故障		通知机械师，机械师回复："进行牵引辅助复位操作。"
2		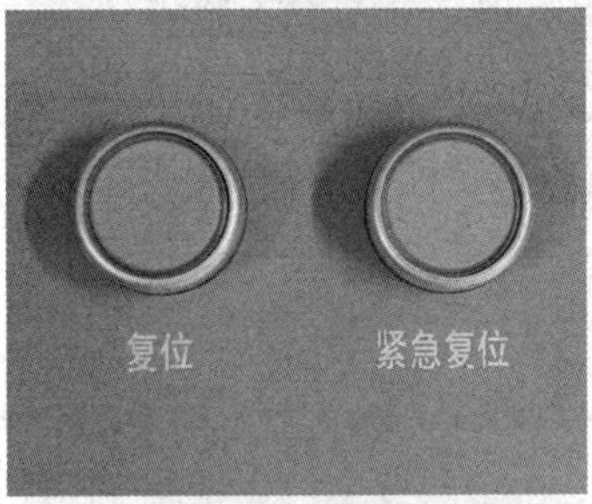 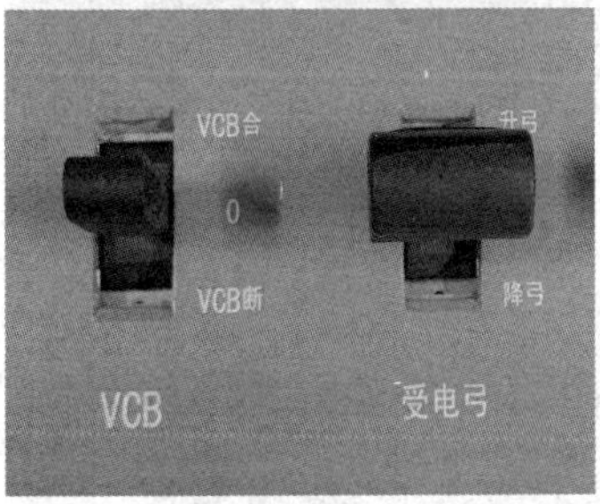	进行牵引复位操作（按压"复位"按钮 3 s），闭合主断路器 VCB
3		—	维持正常运行

3. VCB 自动断开的牵引丢失故障应急处置（见表 1–60）

表 1–60　VCB 自动断开的牵引丢失故障应急处置作业指导

序号	作业项目	图示	处理过程
故障现象		故障车辆牵引丢失，VCB 断开	
1	VCB 自动断开的牵引丢失故障		降弓，通知机械师，机械师回复："在 HMI 屏上切除故障受电弓、VCB、高压隔离开关，换弓维持运行至前方站停车，下车检查。"

续表

序号	作业项目	图示	处理过程
2	VCB 自动断开的牵引丢失故障	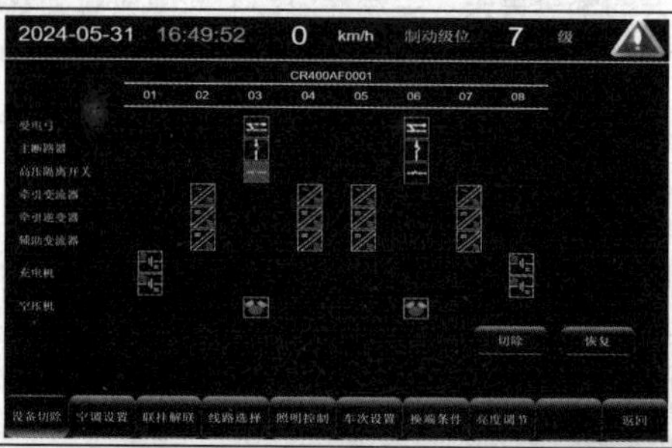	切除故障受电弓，切除VCB，切除高压隔离开关
3			换升另一受电弓，呼叫调度，调度回复：“×××次，允许前方站停车检查。”
4			呼叫列车长，列车长回复：“列车长收到。”
5			停车（下一站），呼叫调度。调度回复：“邻线限速160 km/h的命令已下达，准许机械师下车检查。”
6			机械师检查后回复：“未检测到异常，继续运行。”
7			动车，呼叫调度，调度回复：“邻线限速已恢复。”

4. VCB 未断开的牵引丢失（自动复位）故障应急处置（见表 1–61）

表 1–61 VCB 未断开的牵引丢失（自动复位）故障应急处置作业指导

序号	作业项目	图示	处理过程
故障现象		故障车辆牵引和再生制动丢失	
1	VCB 未断开的牵引丢失（自动复位）故障		通知机械师，机械师回复："维持运行，若运行途中故障消失，则恢复正常运行。"

5. 牵引变流器网络通信异常故障应急处置（见表 1–62）

表 1–62 牵引变流器网络通信异常故障应急处置作业指导

序号	作业项目	图示	处理过程
故障现象		故障车辆牵引和再生制动丢失，网络拓扑界面 TCU 图标变为红色，当前故障页面报出"牵引控制单元诊断网络通信异常"	
1	牵引变流器网络通信异常	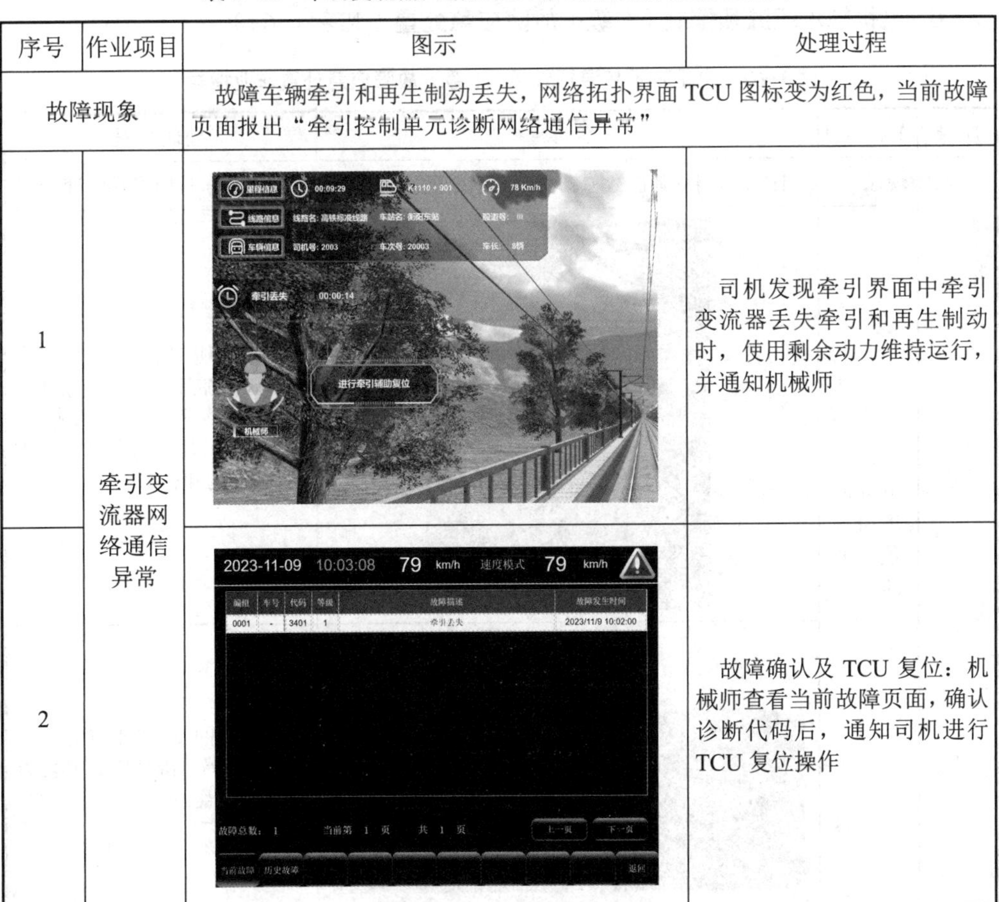	司机发现牵引界面中牵引变流器丢失牵引和再生制动时，使用剩余动力维持运行，并通知机械师
2			故障确认及 TCU 复位：机械师查看当前故障页面，确认诊断代码后，通知司机进行 TCU 复位操作

续表

序号	作业项目	图示	处理过程
3	牵引变流器网络通信异常	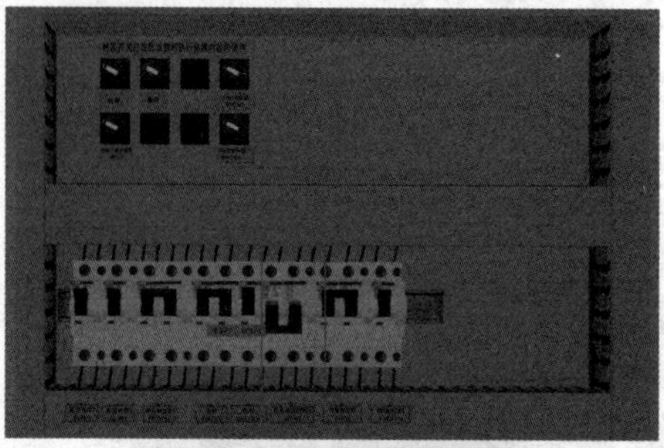 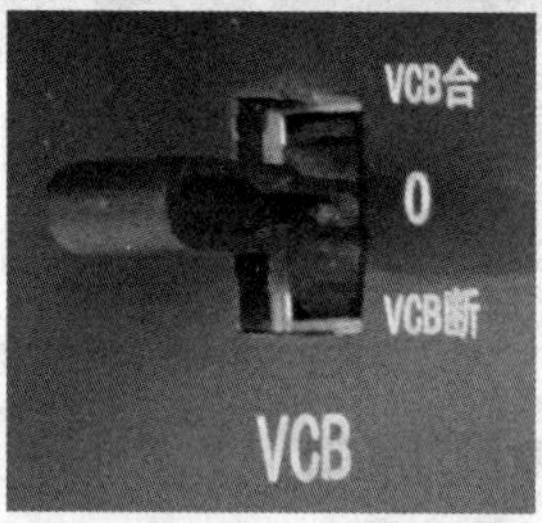	切除故障牵引变流器，若故障消除，通知司机正常运行。若故障未消除，通知司机切除故障车直流柜故障牵引变流器，闭合 VCB，使用剩余动力维持运行

6. 电机轴承超温预警级（1 级）故障应急处置（见表 1-63）

表 1-63　电机轴承超温预警级（1 级）故障应急处置作业指导

序号	作业项目	图示	处理过程
故障现象		HMI 屏自动弹出故障画面，提示电机轴承超温预警，HMI 屏同时出现限速标识	
1	电机轴承超温预警级（1 级）故障		司机发现 HMI 屏报出以上故障，施加最大常用制动（若故障触发时车速未超过 200 km/h，则不需要施加最大制动），通知机械师
2			机械师回复："车辆无异常振动、异音，维持限速到前方站下车检查。"

续表

序号	作业项目	图示	处理过程
3	电机轴承超温预警级（1 级）故障		通知调度，调度回复：“×××次，前方站停车后下车检查，行调收到。”
4			通知列车长，列车长回复：“列车长收到。”
5			到下一站停车，通知调度。调度回复：“邻线限速 160 km/h 的命令已下达，允许下车检查。”
6			司机通知机械师下车检查，机械师回复：“机械师收到。”
7			机械师下车检查后回复：“检查完毕，设备无异常，切除‘电机传动端轴承预警，限速 200 km/h’限速条件后，恢复正常运行。”

续表

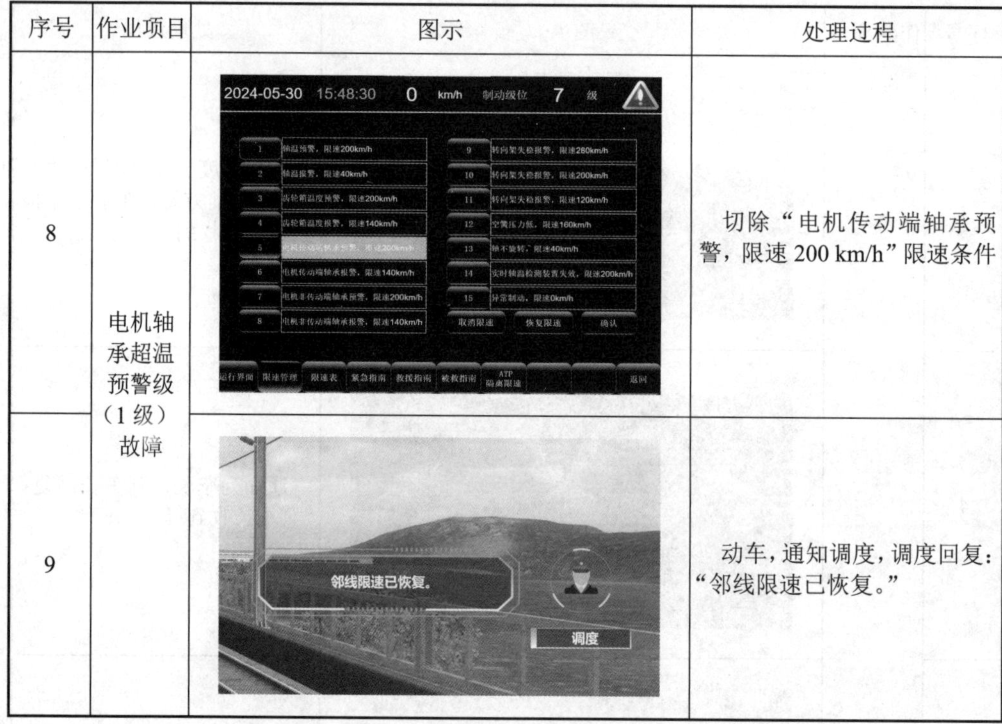

序号	作业项目	图示	处理过程
8	电机轴承超温预警级（1级）故障		切除“电机传动端轴承预警，限速 200 km/h”限速条件
9			动车，通知调度，调度回复：“邻线限速已恢复。”

7. 电机轴承超温预警级（2级）故障应急处置（见表1–64）

表1–64　电机轴承超温预警级（2级）故障应急处置作业指导

序号	作业项目	图示	处理过程
故障现象		HMI 自动弹出故障画面，提示电机轴承超温报警，HMI 屏同时出现限速标识	
1	电机轴承超温预警级（2级）故障	—	停车，通知机械师
2			机械师回复：“申请下车检查。”
3			通知调度，调度回复：“邻线限速 160 km/h 的命令已下达，允许下车检查。”

续表

序号	作业项目	图示	处理过程
4	电机轴承超温预警级（2 级）故障		通知列车长，列车长回复："列车长收到。"
5			司机通知机械师下车检查，机械师回复："机械师收到。"
6			机械师下车检查后回复："设备无异常，切除'电机传动端轴承报警，限速 140 km/h'或'电机非传动端轴承报警，限速 140 km/h'限速条件后，正常运行。"
7			切除"电机传动端轴承报警，限速 140 km/h"限速条件
8			动车，通知调度，调度回复："邻线限速已恢复。"

1.6.4 考核评价

考核点及评价标准如表 1–65 所示，考核评价表如表 1–66 所示。

表 1–65 考核点及评价标准

<table>
<tr><th rowspan="2">学习任务</th><th rowspan="2">考核点</th><th rowspan="2">建议考核方式</th><th colspan="3">评价标准</th></tr>
<tr><th>优
（90 分）</th><th>良
（80 分）</th><th>及格
（60 分）</th></tr>
<tr><td rowspan="5">CR400AF 型动车组牵引系统应急处置</td><td>1. 掌握 CR400AF 型动车组牵引系统应急处置的操作方法</td><td rowspan="5">在线评价
+
软件评价
+
教师评价
+
学生互评</td><td rowspan="5">5 个考核点合格</td><td rowspan="5">4 个考核点合格</td><td rowspan="5">3 个考核点合格</td></tr>
<tr><td>2. 能够进行 CR400AF 型动车组牵引系统应急处置的计算机模拟操作</td></tr>
<tr><td>3. 能够进行 CR400AF 型动车组牵引系统应急处置的驾驶台实操</td></tr>
<tr><td>4. 能够正确与调度和机械师联控</td></tr>
<tr><td>5. 能够准确进行呼唤应答</td></tr>
</table>

表 1–66 考核评价表

<table>
<tr><td colspan="9">实训项目：CR400AF 型动车组牵引系统应急处置</td></tr>
<tr><td colspan="4">班级：</td><td colspan="5">姓名：</td></tr>
<tr><th>评价内容</th><th>评分标准</th><th>考核方式</th><th>分值</th><th>自评</th><th>互评</th><th>软件评分</th><th>教师评分</th><th>得分</th></tr>
<tr><td>素质</td><td>1. 能够与团队成员合作，合理沟通，接受任务，协作他人完成工作任务；
2. 有集体意识和社会责任心；
3. 遵章守纪</td><td>过程考核</td><td>30</td><td></td><td></td><td></td><td></td><td></td></tr>
<tr><td>知识</td><td>1. 掌握 CR400AF 型动车组牵引系统故障判断方法；
2. 掌握 CR400AF 型动车组牵引系统故障处理流程；
3. 能够正确与调度和机械师联控；
4. 能够准确进行呼唤应答</td><td>现场操作</td><td>40</td><td></td><td></td><td></td><td></td><td></td></tr>
<tr><td>能力</td><td>1. 能够按照操作规范，考虑环保及文明施工措施，安全完成工作任务；
2. 遵守 7S 管理要求；
3. 具有查阅各类教学资源的能力；
4. 具有制定完成任务或项目的方案的能力</td><td>过程考核</td><td>30</td><td></td><td></td><td></td><td></td><td></td></tr>
<tr><td colspan="3">总分</td><td>100</td><td></td><td></td><td></td><td></td><td></td></tr>
</table>

实训项目 1.7　CR400AF 型动车组制动供风系统应急处置

1.7.1　实训目的

通过本实训项目的开展，使学生了解 CR400AF 型动车组制动供风系统应急作业的处理流程，能够根据实际情况判断故障类型，并独立完成 CR400AF 型动车组制动供风系统应急作业，提高学生对制动供风系统故障的应急处置能力。

1.7.2　实训设备

本实训所需作业设备如表 1-67 所示。

表 1-67　CR400AF 型动车组制动供风系统故障应急处置作业设备

名称	型号	数量	备注
动车组模拟驾驶台	CR400AF	3	
电气仿真柜	—	3	

1.7.3　实训内容

1. 总风压力降低故障应急处置（见表 1-68）

表 1-68　总风压力降低故障应急处置作业指导

序号	作业项目	图示	处理过程
故障现象		总风压力下降到 600 kPa 以下时，列车自动切除牵引；HMI 屏报出总风压力过低（5224）故障	
1	总风压力降低故障		出现以上故障信息后，通知机械师。机械师回复：“总风压力大于 750 kPa，旁路故障压力开关后维持运行。”
2			旁路故障压力开关
3		—	维持动车组正常运行

2. 高低压切换故障应急处置（见表 1–69）

表 1–69　高低压切换故障应急处置作业指导

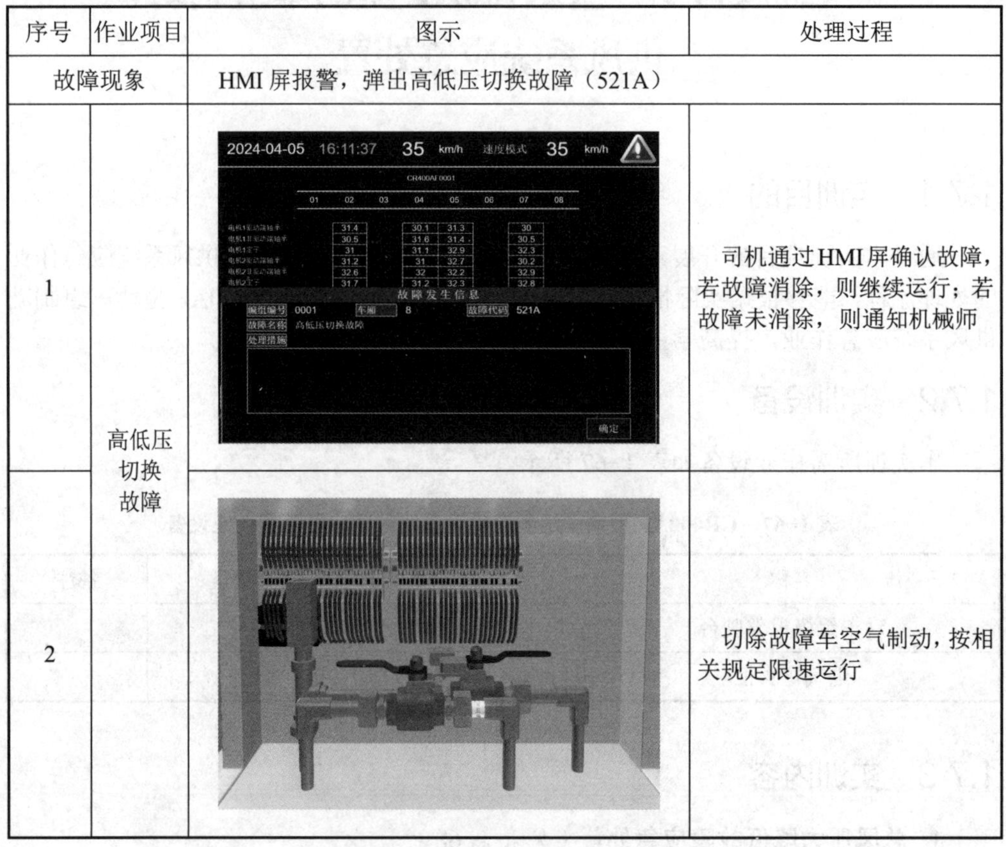

序号	作业项目	图示	处理过程
故障现象		HMI 屏报警，弹出高低压切换故障（521A）	
1	高低压切换故障		司机通过 HMI 屏确认故障，若故障消除，则继续运行；若故障未消除，则通知机械师
2			切除故障车空气制动，按相关规定限速运行

3. 空气制动可用性丢失故障应急处置（见表 1–70）

表 1–70　空气制动可用性丢失故障应急处置作业指导

序号	作业项目	图示	处理过程
故障现象		HMI 屏显示车辆制动可用性丢失故障	
1	空气制动可用性丢失故障		查看 HMI 屏当前故障信息界面

续表

序号	作业项目	图示	处理过程
2	空气制动可用性丢失故障		停车，通知机械师处理，机械师回复：“机械师收到。”
3			通知调度，调度回复：“调度收到。”
4			通知列车长，列车长回复：“列车长收到。”
5			进行直通制动试验、紧急制动 UB 试验、紧急制动 EB 试验/EB 转 UB 试验
6		—	试验通过后，维持正常运行

4. 常用制动不缓解故障应急处置（见表 1-71）

表 1-71　常用制动不缓解故障应急处置作业指导

序号	作业项目	图示	处理过程
故障现象		常用制动不缓解	
1	常用制动不缓解故障		停车，通知机械师、调度、列车长
2			机械师回复：“进行 BCU 复位操作。”
3		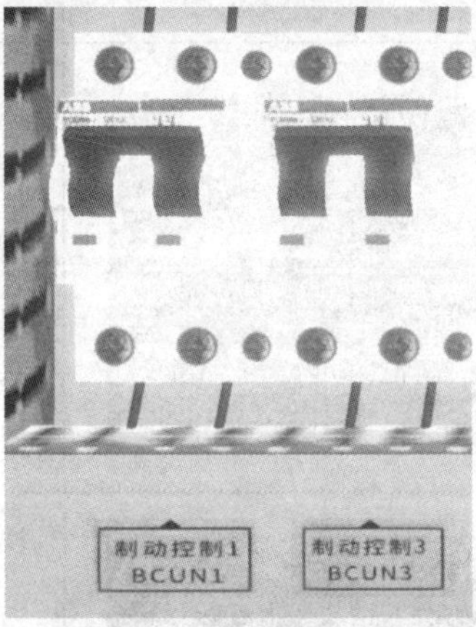	施加停放制动，断开制动控制断路器 3、制动控制断路器 1
4			10 s 后，闭合制动控制断路器 3、制动控制断路器 1
5		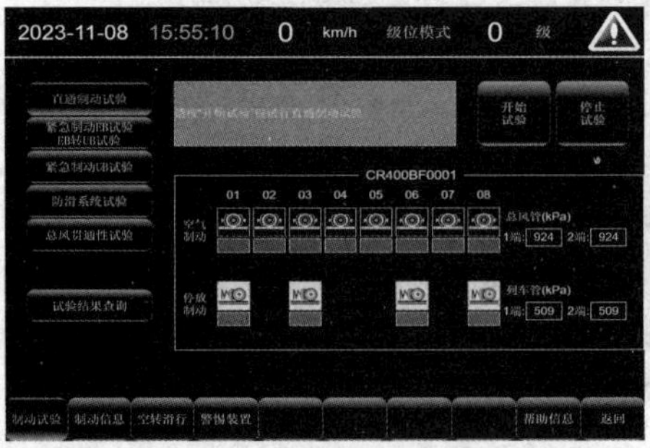	进行直通制动试验、紧急制动 UB 试验、紧急制动 EB 试验/EB 转 UB 试验
6		—	试验通过后，维持正常运行

5. 紧急制动 EB 不缓解故障应急处置（见表 1–72）

表 1–72　紧急制动 EB 不缓解故障应急处置作业指导

序号	作业项目	图示	处理过程
故障现象		紧急制动 EB 不缓解，警惕装置报警，动车组自动施加紧急制动停车	
1	紧急制动 EB 不缓解故障	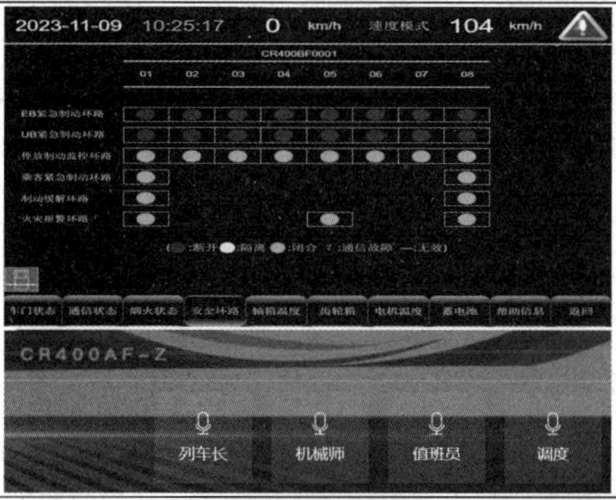	停车后，司机通过 HMI 屏安全环路页面确认 EB 紧急制动环路是否断开。若断开，司机将司控器手柄置于 B7 位，通知机械师，并报告调度
2			机械师确认 HMI 屏是否报出诊断代码。若报出诊断代码 604E，则通知司机操作紧急复位。复位后若紧急制动 EB 缓解，则可继续运行；若紧急制动 EB 不缓解，机械师将司机室右边柜转换开关盘 1 内“司机警惕装置旁路”开关置于旁路位，通知司机操作紧急复位，缓解紧急制动 EB，继续运行

6. 紧急制动 UB 不缓解故障应急处置（见表 1–73）

表 1–73　紧急制动 UB 不缓解故障应急处置作业指导

序号	作业项目	图示	处理过程
故障现象		紧急制动 UB 不缓解，警惕装置报警，动车组自动施加紧急制动停车	
1	紧急制动 UB 不缓解故障	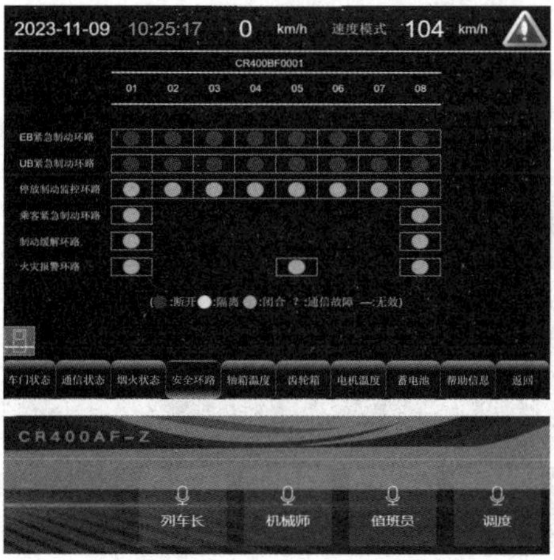	**停车处理：** 停车后，司机通过 HMI 屏安全环路页面确认 UB 紧急制动环路是否断开，若断开则将司控器手柄置于 B7 位，通知机械师、列车长，并报告调度

续表

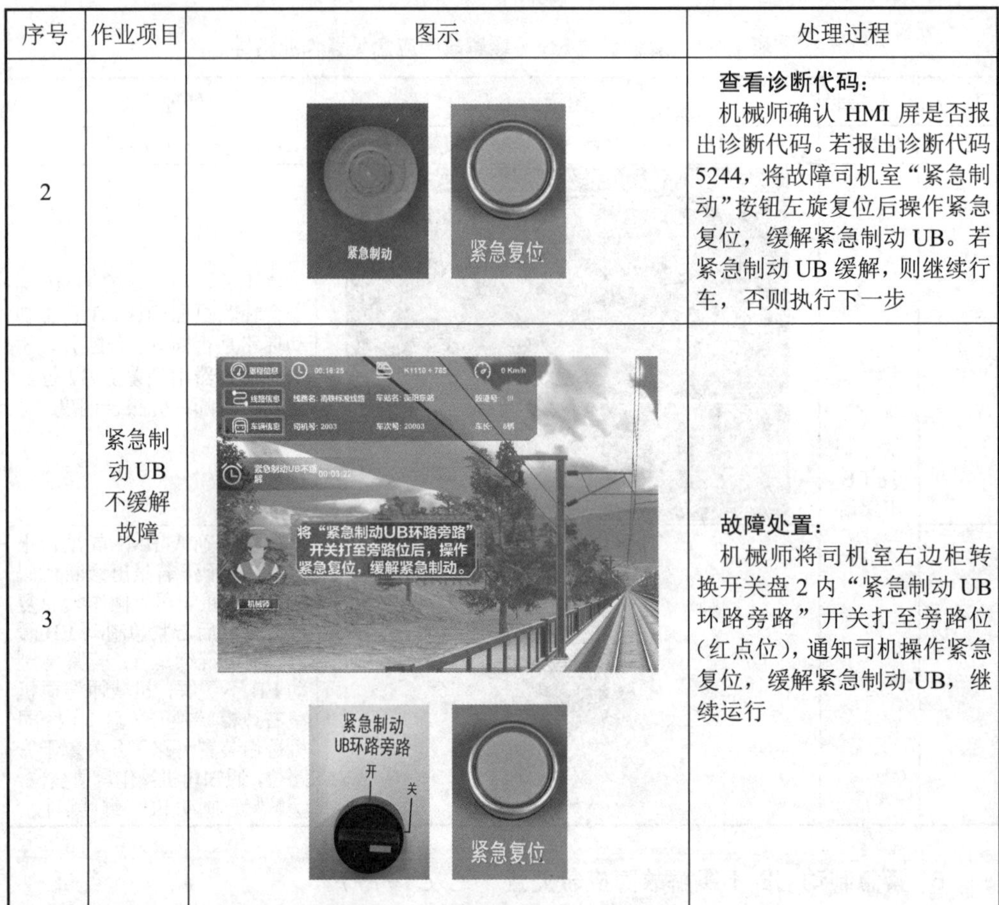

序号	作业项目	图示	处理过程
2	紧急制动UB不缓解故障	紧急制动　紧急复位	**查看诊断代码：** 机械师确认 HMI 屏是否报出诊断代码。若报出诊断代码 5244，将故障司机室“紧急制动”按钮左旋复位后操作紧急复位，缓解紧急制动 UB。若紧急制动 UB 缓解，则继续行车，否则执行下一步
3		将“紧急制动UB环路旁路”开关打至旁路位后，操作紧急复位，缓解紧急制动。 紧急制动UB环路旁路 开 关　紧急复位	**故障处置：** 机械师将司机室右边柜转换开关盘 2 内“紧急制动 UB 环路旁路”开关打至旁路位（红点位），通知司机操作紧急复位，缓解紧急制动 UB，继续运行

7. 摩擦制动施加故障应急处置（见表 1–74）

表 1–74　摩擦制动施加故障应急处置作业指导

序号	作业项目	图示	处理过程
故障现象		HMI 屏上显示诊断代码为 520D，摩擦制动施加故障	
1	摩擦制动施加故障	2024-01-22 16:45:27 84 km/h 制动级位 7 级 CR400AF0001 电制动 故障发生信息 编组编号 0001 车厢 5 故障代码 520D 故障名称 摩擦制动施加故障 处理措施 确定	司机再次将司控器手柄置于制动位，确认制动是否施加： （1）若制动施加，故障消除，则维持运行； （2）若制动未施加，故障未消除，则通知机械师通过 HMI 屏确认故障车位置，按相关规定运行到前方车站进行下一步处理

续表

<table>
<tr><th>序号</th><th>作业项目</th><th>图示</th><th>处理过程</th></tr>
<tr><td>2</td><td rowspan="2">摩擦制动施加故障</td><td>
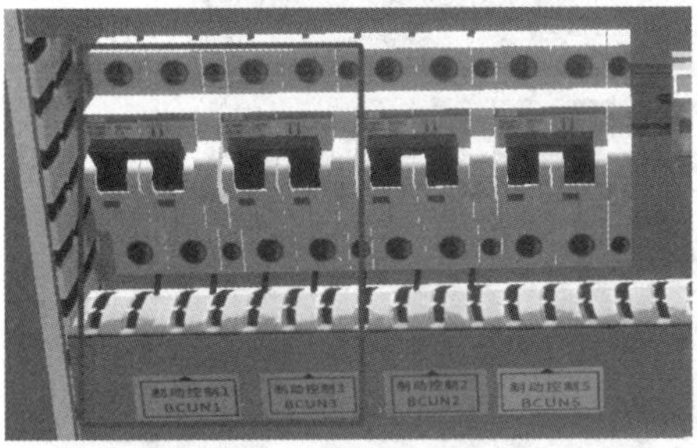</td><td>到站停车后，司机将司控器手柄置于 B7 位，机械师对故障车 BCU 进行复位。若故障消除，则正常行车；若故障未消除，则进行下一步处理</td></tr>
<tr><td>3</td><td></td><td>机械师切除故障车辆空气制动，按相关规定限速运行</td></tr>
</table>

8. 摩擦制动缓解故障应急处置（见表 1–75）

表 1–75　摩擦制动缓解故障应急处置作业指导

<table>
<tr><th>序号</th><th>作业项目</th><th>图示</th><th>处理过程</th></tr>
<tr><td colspan="2">故障现象</td><td colspan="2">HMI 屏上显示诊断代码为 520E，摩擦制动缓解故障</td></tr>
<tr><td>1</td><td>摩擦制动缓解故障</td><td>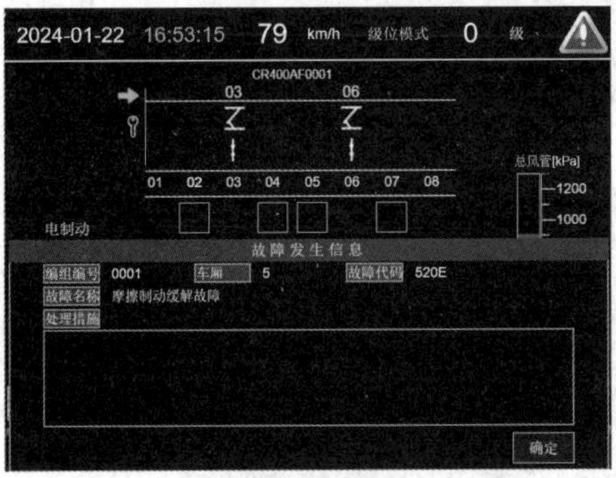
</td><td>司机再次将司控器手柄置于缓解位，确认制动是否缓解：
（1）若制动缓解，故障消除，则维持运行；
（2）若制动不缓解，故障未消除，则司机施加 B7 级制动停车，并通知机械师通过 HMI 屏确认故障车位置</td></tr>
</table>

续表

序号	作业项目	图示	处理过程
2	摩擦制动缓解故障	 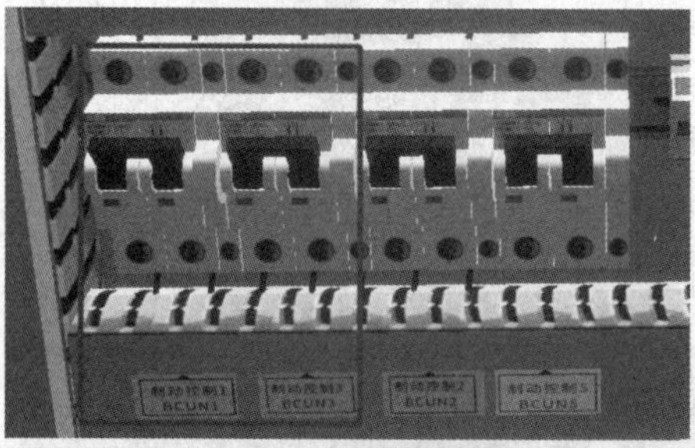	停车后，司机将司控器手柄置于 B7 位，机械师对故障车 BCU 进行复位。若故障消除则正常行车；若故障未消除，则进行下一步处理
3			机械师切除故障车辆空气制动，按相关规定限速运行

9. **防滑阀故障应急处置**（见表 1–76）

表 1–76 防滑阀故障应急处置作业指导

序号	作业项目	图示	处理过程
故障现象		HMI 屏弹出“X 轴防滑阀故障”信息提示，代码为 5215	
1	防滑阀故障	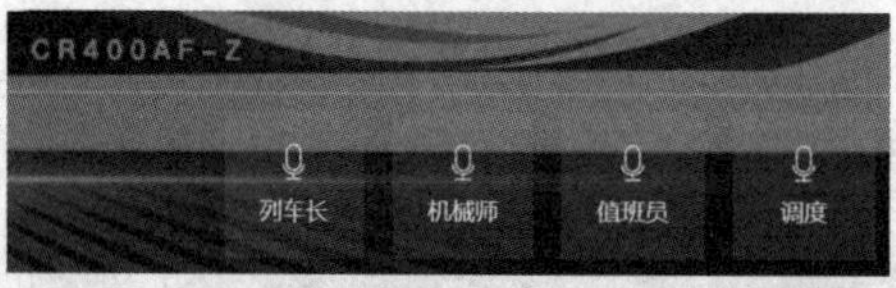	出现以上故障后，通知机械师、调度、列车长
2			停车（下一站），呼叫调度。调度回复：“邻线限速 160 km/h 的命令已下达，准许机械师下车检查。”

续表

<table>
<tr><th>序号</th><th>作业项目</th><th>图示</th><th>处理过程</th></tr>
<tr><td>3</td><td rowspan="5">防滑阀故障</td><td>
</td><td>司机通知机械师下车检查，机械师回复：“机械师收到。”</td></tr>
<tr><td>4</td><td>
</td><td>机械师下车检查后回复：“车轮踏面检查无异常，通过HMI屏确认故障是否自动消除，若未消除，切除故障车空气制动。”</td></tr>
<tr><td>5</td><td>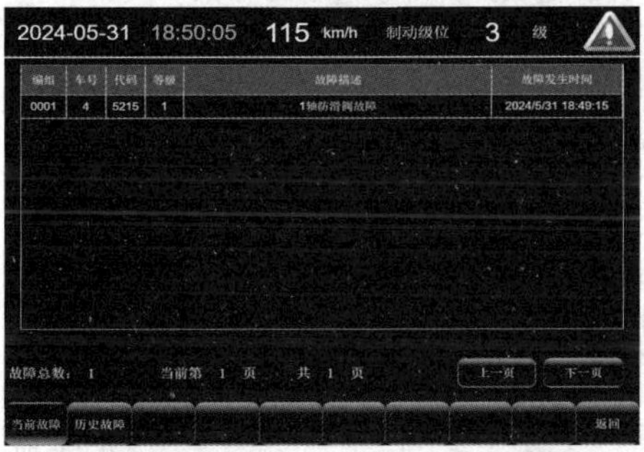
</td><td>查看当前故障页面，关闭故障车制动缸隔离塞门</td></tr>
<tr><td>6</td><td>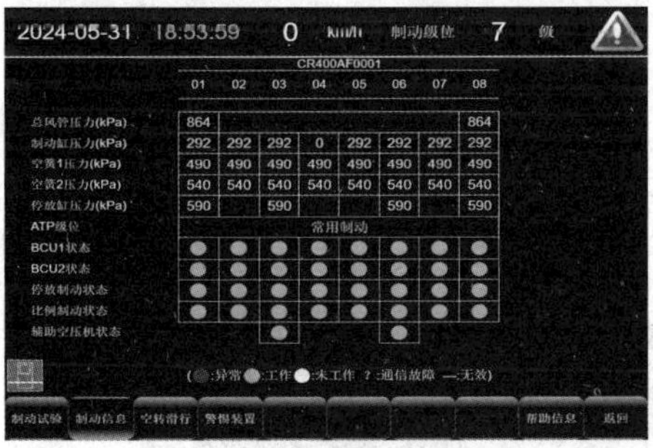
</td><td>查看制动界面中的制动信息页面</td></tr>
<tr><td>7</td><td>
</td><td>动车，呼叫调度，调度回复：“邻线限速已恢复。”</td></tr>
</table>

10. 静止状态下停放制动不缓解故障应急处置（见表 1–77）

表 1–77　静止状态下停放制动不缓解故障应急处置作业指导

序号	作业项目	图示	处理过程
故障现象		列车静止时，司机操作停放制动缓解按钮后，车辆停放制动未缓解	
1	静止状态下停放制动不缓解故障	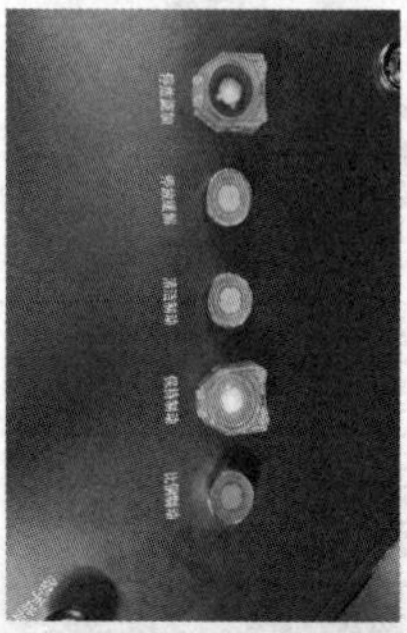	施加停放制动，缓解停放制动，若不缓解则通知机械师
2			机械师回复："停放缸压力大于 480 kPa 且停放制动仍不缓解，对故障车进行 BCU 复位操作。"
3		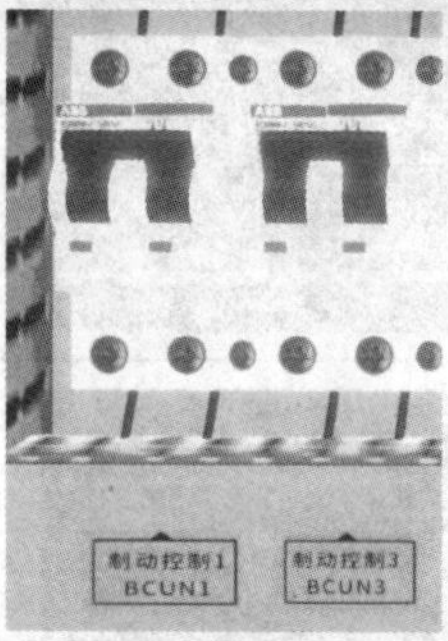	施加停放制动，断开制动控制断路器 3、制动控制断路器 1
4		—	10 s 后，闭合制动控制断路器 3、制动控制断路器 1
5		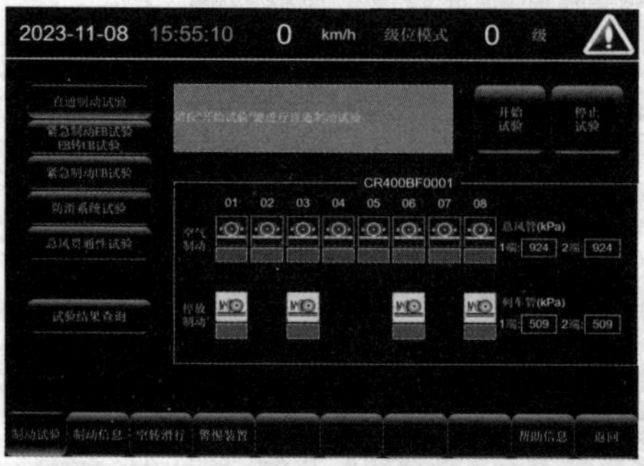	进行直通制动试验、紧急制动 UB 试验、紧急制动 EB 试验/EB 转 UB 试验
6		—	试验通过后，维持正常运行

1.7.4　考核评价

考核点及评价标准如表 1–78 所示，考核评价表如表 1–79 所示。

表 1–78　考核点及评价标准

学习任务	考核点	建议考核方式	评价标准		
			优（90 分）	良（80 分）	及格（60 分）
CR400AF 型动车组制动供风系统应急处置	1. 掌握 CR400AF 型动车组制动供风系统应急处置的操作方法	在线评价 + 软件评价 + 教师评价 + 学生互评	5 个考核点合格	4 个考核点合格	3 个考核点合格
	2. 能够进行 CR400AF 型动车组制动供风系统应急处置的计算机模拟操作				
	3. 能够进行 CR400AF 型动车组制动供风系统应急处置的驾驶台实操				
	4. 能够正确与调度和机械师联控				
	5. 能够准确进行呼唤应答				

表 1–79　考核评价表

实训项目：CR400AF 型动车组制动供风系统应急处置								
班级：				姓名：				
评价内容	评分标准	考核方式	分值	自评	互评	软件评分	教师评分	得分
素质	1. 能够与团队成员合作，合理沟通，接受任务，协作他人完成工作任务； 2. 有集体意识和社会责任心； 3. 遵章守纪	过程考核	30					
知识	1. 掌握 CR400AF 型动车组制动供风系统的故障判断方法； 2. 掌握 CR400AF 型动车组制动供风系统故障处理流程； 3. 能够正确与调度和机械师联控； 4. 能够准确进行呼唤应答	现场操作	40					
能力	1. 能够按照操作规范，考虑环保及文明施工措施，安全完成工作任务； 2. 遵守 7S 管理要求； 3. 具有查阅各类教学资源的能力； 4. 具有制定完成任务或项目的方案的能力	过程考核	30					
总分			100					

实训项目 1.8 CR400AF 型动车组网络及辅助监控系统应急处置

1.8.1 实训目的

通过本实训项目的开展，使学生了解 CR400AF 型动车组网络及辅助监控系统应急作业的处理流程，能够根据实际情况判断故障类型，并独立完成 CR400AF 型动车组网络及辅助监控系统应急作业，提高学生针对运行中显示的网络及辅助监控系统的故障信息进行应急处置的能力。

1.8.2 实训设备

本实训所需作业设备如表 1-80 所示。

表 1-80 CR400AF 型动车组网络及辅助监控系统故障应急处置作业设备

名称	型号	数量	备注
动车组模拟驾驶台	CR400AF	3	
电气仿真柜	—	3	

1.8.3 实训内容

1. 同一牵引单元两个 CCU 失效故障应急处置（见表 1-81）

表 1-81 同一牵引单元两个 CCU 失效故障应急处置作业指导

序号	作业项目	图示	处理过程
故障现象		同一牵引单元两个 CCU 失效： 主控端牵引单元两个 CCU 均失效时，触发紧急制动 EB，主断路器断开，受电弓降下，HMI 屏设备状态显示“？”。 非主控端牵引单元两个 CCU 均失效时，主控端 HMI 屏上显示故障，CCU 单元设备状态显示“？”。	
1	同一牵引单元两个 CCU 失效故障	2024-01-22 17:00:44 20 km/h 制动级位 5 级 CR400AF 0001 故障发生信息 编组编号 0001 车厢 8 故障代码 6240 故障名称 两个CCU失效 处理措施 确定	主控端两个 CCU 均失效时，动车组自动施加紧急制动停车。 非主控端两个 CCU 均失效时，司机施加常用制动停车

续表

序号	作业项目	图示	处理过程
2	同一牵引单元两个 CCU 失效故障	—	机械师通过 HMI 屏确认故障状态，进行 CCU 复位操作。 （1）若故障消除，则正常运行； （2）若故障未消除，通知司机进行蓄电池断电复位操作，若故障消除，则正常运行

2. 模拟量、数字量输入输出设备故障应急处置（见表 1–82）

表 1–82　模拟量、数字量输入输出设备故障应急处置作业指导

<table>
<tr><th>序号</th><th>作业项目</th><th>图示</th><th>处理过程</th></tr>
<tr><td colspan="2">故障现象</td><td colspan="2">HMI 屏报数字量输入设备、数字量输入输出设备、模拟量输入输出设备模块通信故障：
（1）低压数字量输入设备 MVB 通信故障（6040、6041）；
（2）数字量输入输出设备 MVB 通信故障（6242～6246）；
（3）数字量输入设备 MVB 通信故障（6247～624D）；
（4）模拟量输入输出设备 MVB 通信故障（624E）</td></tr>
<tr><td>1</td><td rowspan="2">模拟量、数字量输入输出设备</td><td> 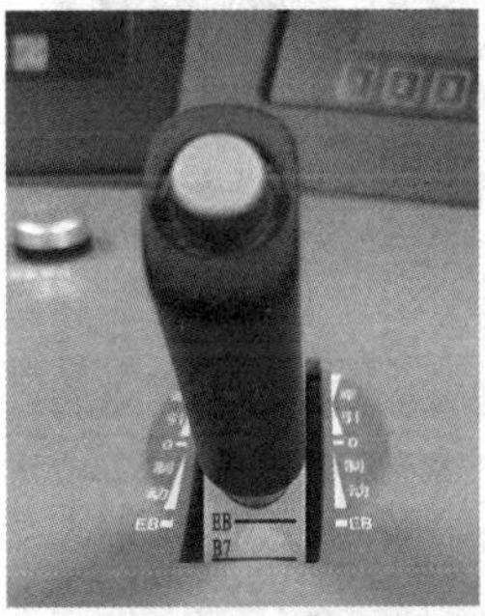 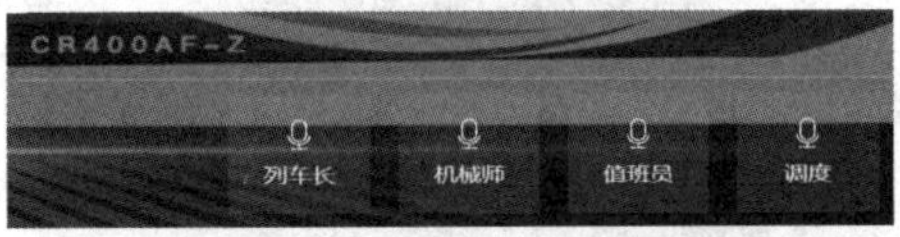</td><td>司机确认动车组供电、牵引、制动等功能是否正常。若功能正常，则继续运行；若功能异常，司机施加最大常用制动停车，并通知机械师</td></tr>
<tr><td>2</td><td></td><td>机械师通过 HMI 屏当前故障页面或通信拓扑页面确认故障输入输出模块位置</td></tr>
</table>

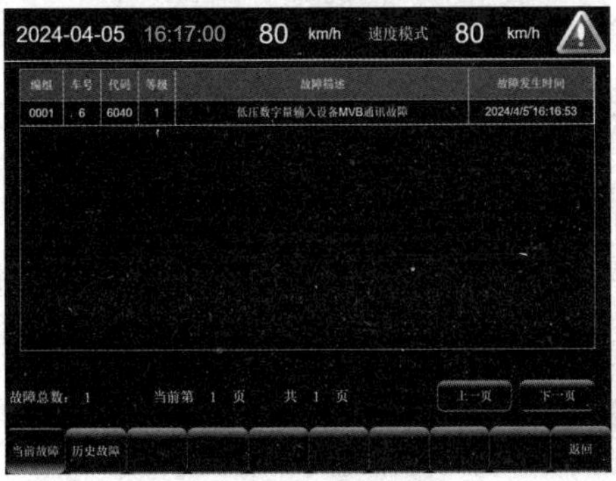

续表

序号	作业项目	图示	处理过程
3	模拟量、数字量输入输出设备		机械师到故障车，将控制柜和直流柜内故障模块电源断路器“网络系统控制×”断开，10 s 后重新闭合。若故障消除，则正常运行；若故障未消除，则维持运行

3. HMI 屏黑屏故障应急处置（见表 1-83）

表 1-83　HMI 屏黑屏故障应急处置作业指导

序号	作业项目	图示	处理过程
故障现象		同司机室两个 HMI 屏均黑屏	
1	HMI 屏黑屏故障	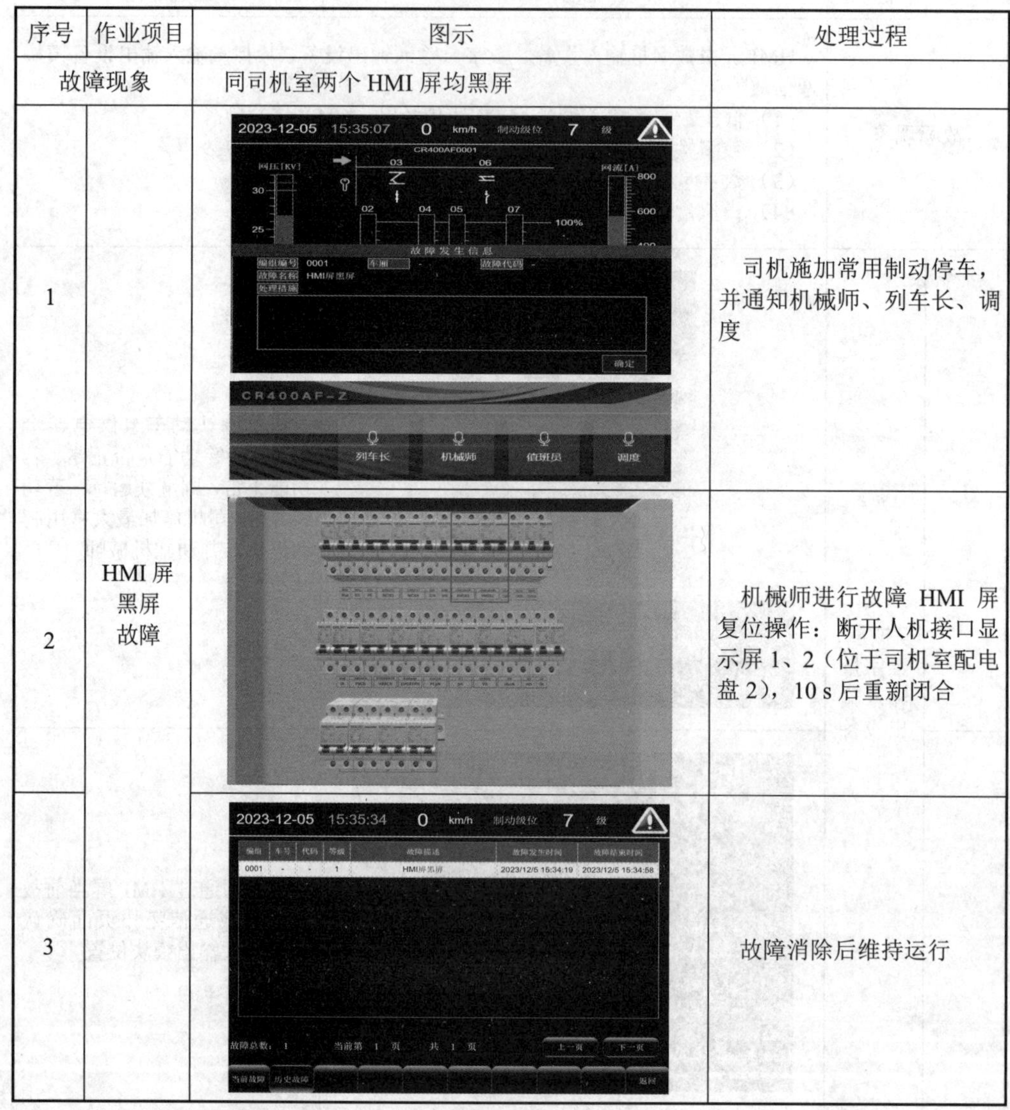	司机施加常用制动停车，并通知机械师、列车长、调度
2			机械师进行故障 HMI 屏复位操作：断开人机接口显示屏 1、2（位于司机室配电盘 2），10 s 后重新闭合
3			故障消除后维持运行

4. 停放制动监控环路断开故障应急处置（见表 1–84）

表 1–84　停放制动监控环路断开故障应急处置作业指导

<table>
<tr><th>序号</th><th>作业项目</th><th>图示</th><th>处理过程</th></tr>
<tr><td colspan="2">故障现象</td><td colspan="2">HMI 屏报警，弹出停放制动监控环路断开（6053）故障，环路状态页面显示环路断开，自动触发紧急制动 EB</td></tr>
<tr><td>1</td><td rowspan="4">停放制动监控环路断开故障</td><td>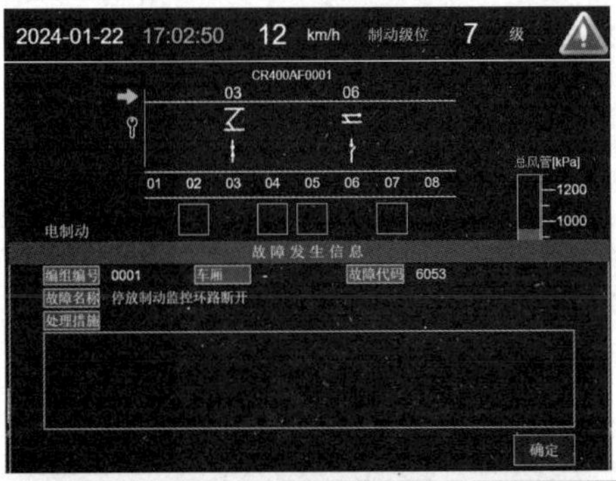
</td><td>HMI 屏弹出以上故障后，动车组自动施加紧急制动停车，司机通知机械师</td></tr>
<tr><td>2</td><td>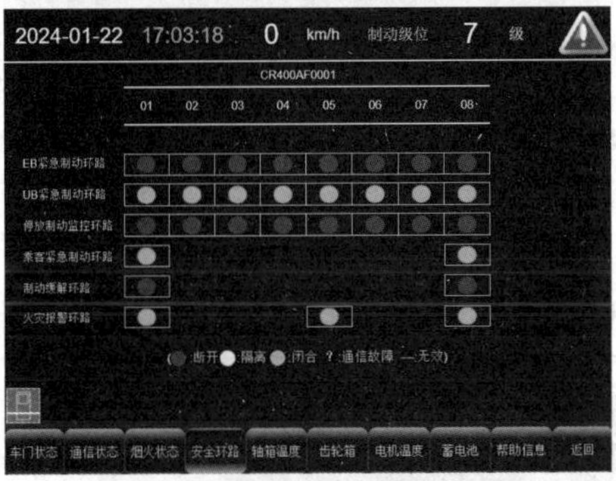
</td><td>机械师在 HMI 屏环路状态页面检查停放制动监控环路是否断开，通过制动界面确认停放制动是否异常施加</td></tr>
<tr><td>3</td><td>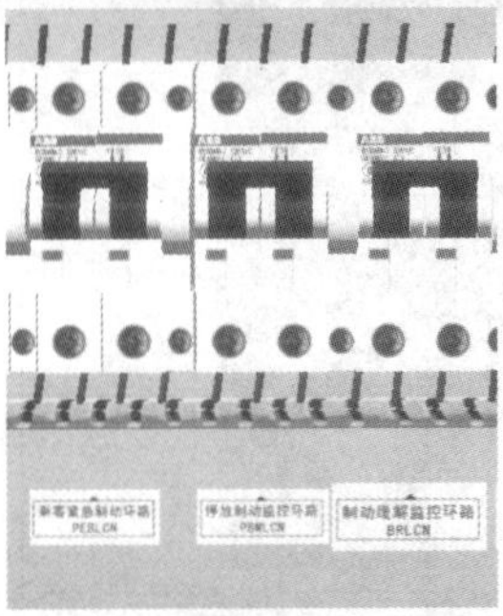</td><td>若报出停放制动监控环路空开断开故障，机械师在主控车控制柜检查“停放制动监控环路”断路器是否断开，若断开则将其闭合；若闭合，则将其断开，10 s 后再闭合</td></tr>
<tr><td>4</td><td>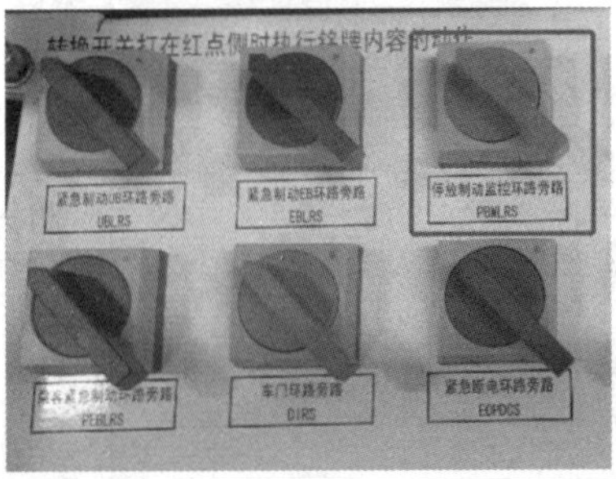
</td><td>机械师在非主控车司机室右边柜转换开关盘 2 上将“停放制动监控环路旁路”开关旋转至非红点位，故障消除后正常运行</td></tr>
</table>

5. 乘客紧急制动监控环路断开故障应急处置（见表 1–85）

表 1–85　乘客紧急制动监控环路断开故障应急处置作业指导

序号	作业项目	图示	处理过程
故障现象		HMI 屏报警，环路状态页面显示环路断开，列车施加 EB 紧急制动	
1	乘客紧急制动监控环路断开故障		将“乘客紧急制动环路旁路”旋钮打至旁路位，维持运行

6. 烟火报警故障应急处置（见表 1–86）

表 1–86　烟火报警故障应急处置作业指导

序号	作业项目	图示	处理过程
故障现象		司机室 HMI 屏进行声光报警，诊断代码中含有报警位置，如客室、各配电柜、观光区、ATP 柜、司机室、卫生间等，司机室操纵台烟火报警器闪亮	
1	烟火报警故障		施加最大常用制动，查看当前故障页面
2			呼叫机械师、列车长。 机械师回复：“系统误报，复位烟火报警装置后，恢复正常运行。”

续表

序号	作业项目	图示	处理过程
3	烟火报警故障	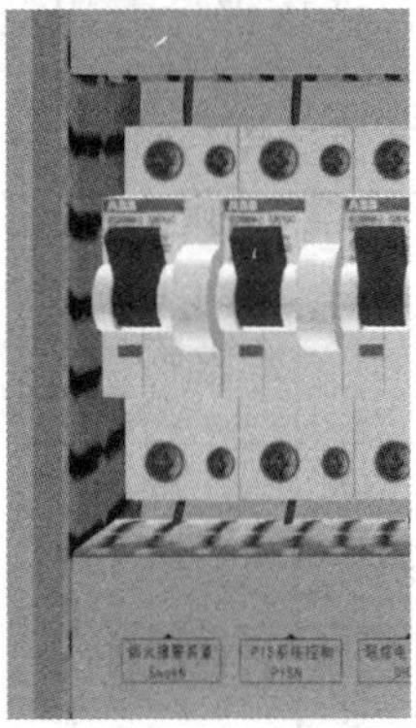	复位烟火报警装置

7. 火警主机通信故障应急处置（见表 1-87）

表 1-87　火警主机通信故障应急处置作业指导

序号	作业项目	图示	处理过程
故障现象		HMI 出现“火警主机通信故障”信息，代码为 D20A	
1	火警主机通信故障	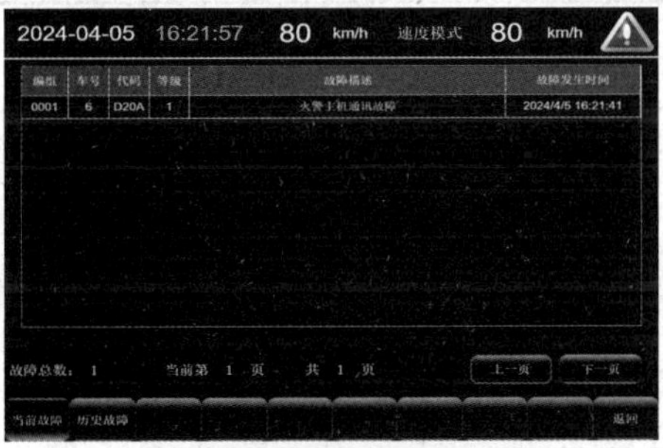	机械师点按 HMI 屏进入当前故障、网络拓扑页面，查看是否存在火警主机通信故障、烟火报警装置是否变红
2			将故障车控制柜中的“烟火报警装置”断路器断开 10 s 后再投入
3		—	若故障消除，则正常运行；若故障未消除，则维持运行。运行中机械师需重点关注烟火报警控制器故障车厢是否出现火情

1.8.4 考核评价

考核点及评价标准如表 1–88 所示，考核评价表如表 1–89 所示。

表 1–88 考核点及评价标准

学习任务	考核点	建议考核方式	评价标准		
			优（90 分）	良（80 分）	及格（60 分）
CR400AF 型动车组网络及辅助监控系统应急处置	1. 掌握 CR400AF 型动车组网络及辅助监控系统应急处置的操作方法	在线评价 + 软件评价 + 教师评价 + 学生互评	5 个考核点合格	4 个考核点合格	3 个考核点合格
	2. 能够进行 CR400AF 型动车组网络及辅助监控系统应急处置的计算机模拟操作				
	3. 能够进行 CR400AF 型动车组网络及辅助监控系统应急处置的驾驶台实操				
	4. 能够正确与调度和机械师联控				
	5. 能够准确进行呼唤应答				

表 1–89 考核评价表

实训项目：CR400AF 型动车组网络及辅助监控系统应急处置								
班级：				姓名：				
评价内容	评分标准	考核方式	分值	自评	互评	软件评分	教师评分	得分
素质	1. 能够与团队成员合作，合理沟通，接受任务，协作他人完成工作任务； 2. 有集体意识和社会责任心； 3. 遵章守纪	过程考核	30					
知识	1. 掌握 CR400AF 型动车组网络及辅助监控系统的故障判断方法； 2. 掌握 CR400AF 型动车组网络及辅助监控系统故障处理流程； 3. 能够正确与调度和机械师联控； 4. 能够准确进行呼唤应答	现场操作	40					
能力	1. 能够按照操作规范，考虑环保及文明施工措施，安全完成工作任务； 2. 遵守 7S 管理要求； 3. 具有查阅各类教学资源的能力； 4. 具有制定完成任务或项目的方案的能力	过程考核	30					
总分			100					

实训项目 1.9　CR400AF 型动车组辅助设备应急处置

1.9.1　实训目的

通过本实训项目的开展，使学生了解 CR400AF 型动车组辅助设备应急作业的处理流程，能够根据实际情况判断故障类型，并独立完成 CR400AF 型动车组辅助设备应急作业，提高学生对辅助设备故障的应急处置能力。

1.9.2　实训设备

本实训所需作业设备如表 1–90 所示。

表 1–90　CR400AF 型动车组辅助设备应急处置作业设备

名称	型号	数量	备注
动车组模拟驾驶台	CR400AF	3	
电气仿真柜	—	3	

1.9.3　实训内容

1. 辅助变流器不工作故障应急处置（见表 1–91）

表 1–91　辅助变流器不工作故障应急处置作业指导

<table>
<tr><th>序号</th><th>作业项目</th><th>图示</th><th>处理过程</th></tr>
<tr><td colspan="2">故障现象</td><td colspan="2">牵引界面辅助变流器图标变成黄色或红色</td></tr>
<tr><td>1</td><td rowspan="3">辅助变流器不工作故障</td><td></td><td>出现以上故障信息后，通知机械师，机械师回复：“进行牵引辅助复位操作。”</td></tr>
<tr><td>2</td><td></td><td>进行牵引辅助复位操作，按压“复位”按钮 3 s 以上</td></tr>
<tr><td>3</td><td>—</td><td>维持正常运行</td></tr>
</table>

2. 全列无直流电故障应急处置（见表 1-92）

表 1-92　全列无直流电故障应急处置作业指导

序号	作业项目	图示	处理过程
故障现象		（1）当投入主控钥匙并操作蓄电池开关至“开”位后，蓄电池无输出。 （2）蓄电池上电后，升弓供电过程中蓄电池停止直流电输出，动车组司机室操纵台显示器断电，客室全列照明无电。 （3）动车组自动施加紧急制动停车	
1	全列无直流电故障		司机发现故障后，通知机械师确认故障
2		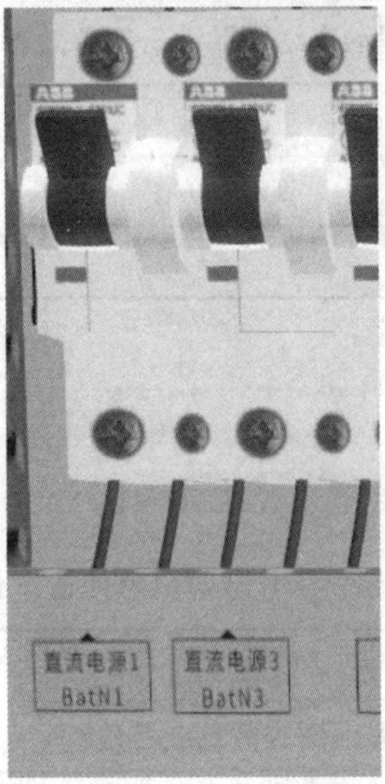	机械师检查各车直流柜“直流电源 1”“直流电源 2”“直流电源 3”断路器状态，确认是否断开，若断开则将其闭合
3		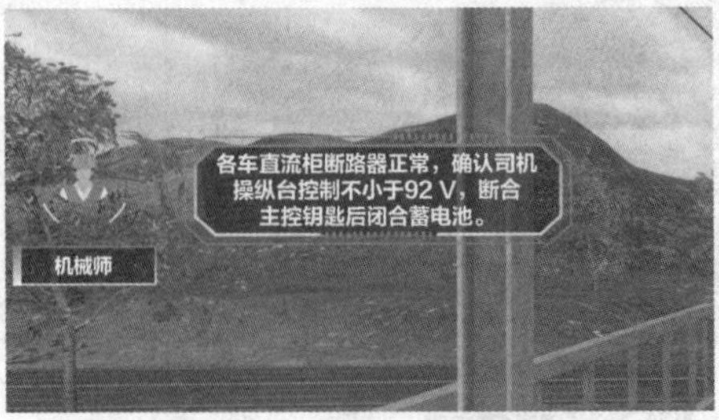	若各直流电源断路器正常，机械师通知司机检查确认司机操纵台上控制电压是否不小于 92 V，若不低于 92 V，则主控钥匙退出再占用，重新操作蓄电池开关并保持 3 s 以上（低于 92 V 时非必要则禁止操作），然后立即进行升弓、闭合 VCB 操作。 **注意**：该过程仅允许操作一次
4		—	若故障消除，则维持运行；若故障未消除，请求救援

3. 充电机不工作故障应急处置（见表 1–93）

表 1–93　充电机不工作故障应急处置作业指导

序号	作业项目	图示	处理过程
故障现象		牵引界面充电机图标变成黄色或红色，当前故障界面报“充电机输入电压过低”故障，代码为 4420	
1	充电机不工作故障	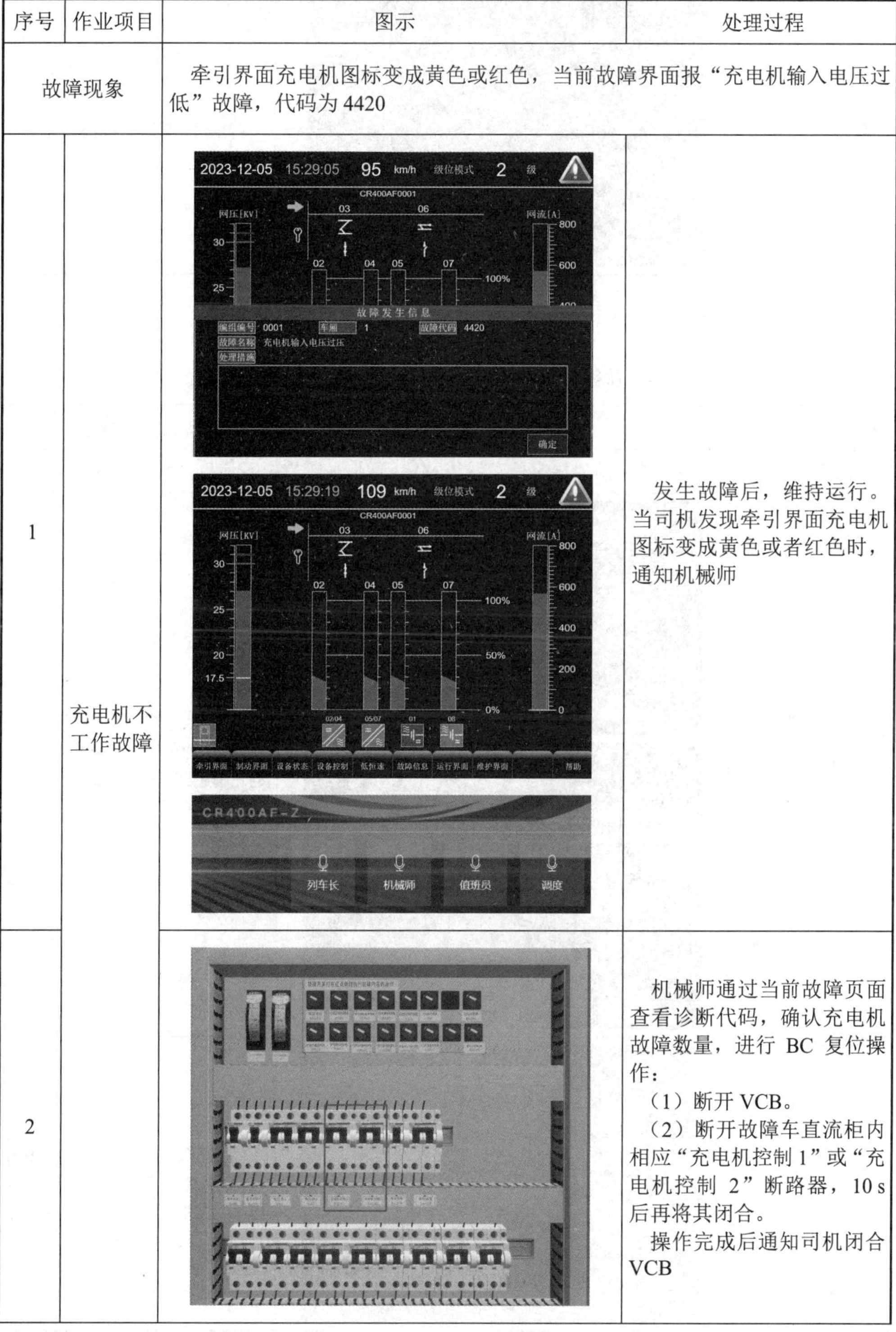	发生故障后，维持运行。当司机发现牵引界面充电机图标变成黄色或者红色时，通知机械师
2			机械师通过当前故障页面查看诊断代码，确认充电机故障数量，进行 BC 复位操作： （1）断开 VCB。 （2）断开故障车直流柜内相应“充电机控制 1”或“充电机控制 2”断路器，10 s 后再将其闭合。 操作完成后通知司机闭合 VCB

续表

序号	作业项目	图示	处理过程
3	充电机不工作故障		故障消除后正常运行

4. 旅客信息系统 MVB 通信故障应急处置（见表 1–94）

表 1–94　旅客信息系统 MVB 通信故障应急处置作业指导

序号	作业项目	图示	处理过程
故障现象		HMI 屏弹出“旅客信息系统 MVB 通信故障”提示信息，代码为 6211	
1	旅客信息系统MVB通信故障	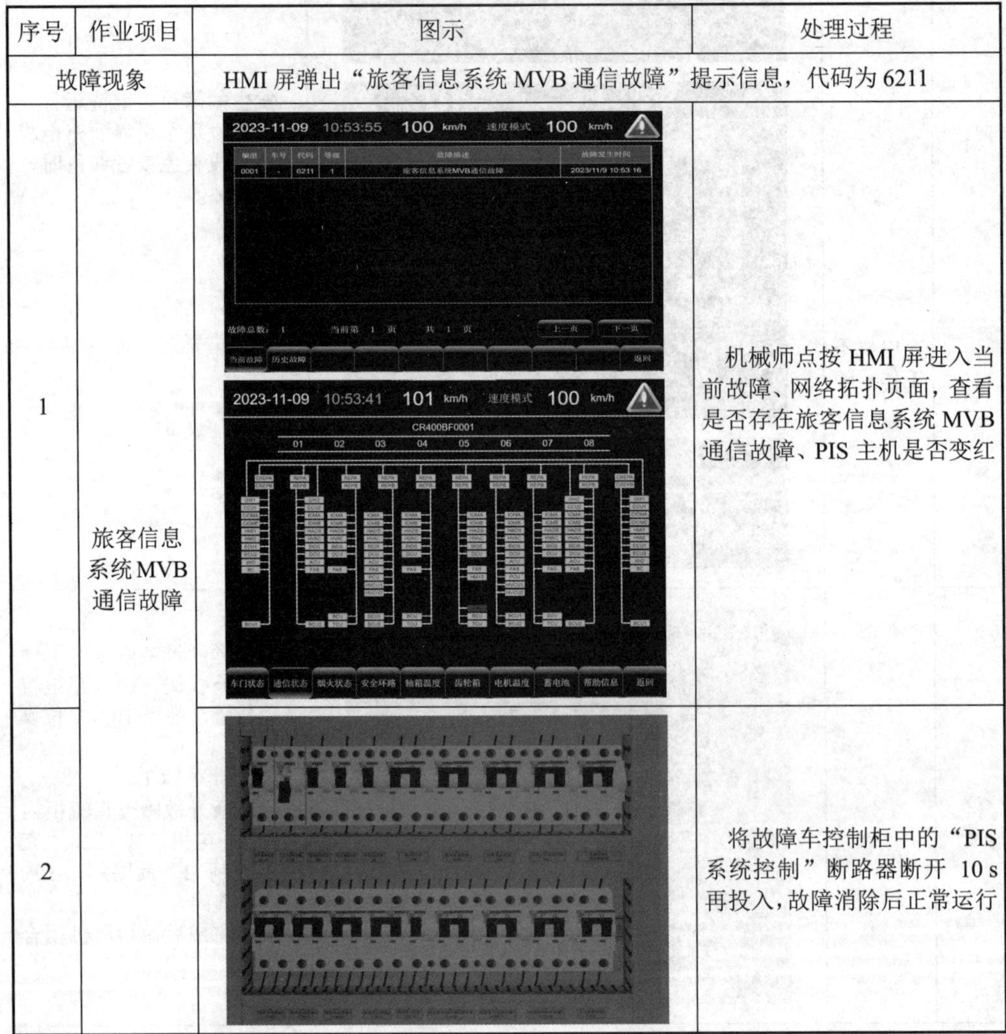	机械师点按 HMI 屏进入当前故障、网络拓扑页面，查看是否存在旅客信息系统 MVB 通信故障、PIS 主机是否变红
2			将故障车控制柜中的“PIS 系统控制”断路器断开 10 s 再投入，故障消除后正常运行

5. 信息显示器故障应急处置（见表 1–95）

表 1–95　信息显示器故障应急处置作业指导

<table>
<tr><th>序号</th><th>作业项目</th><th>图示</th><th>处理过程</th></tr>
<tr><td colspan="2">故障现象</td><td colspan="2">车内、车外信息显示器无显示</td></tr>
<tr><td>1</td><td rowspan="2">信息显示器故障</td><td> ×车信息显示器无显示，尝试断合故障车的“信息显示控制”断路器。若故障恢复，则继续运行。
机械师</td><td>出现以上故障后，机械师通知：“×车信息显示器无显示，尝试断合故障车的‘信息显示控制’断路器。若故障恢复，则继续运行。”</td></tr>
<tr><td>2</td><td> 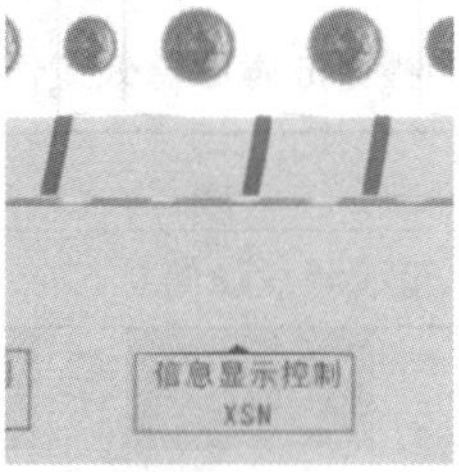信息显示控制
XSN</td><td>断合故障车控制柜“信息显示控制”断路器 10 s 再投入，故障排除后维持正常运行</td></tr>
</table>

6. 客室空调系统故障应急处置（见表 1–96）

表 1–96　客室空调系统故障应急处置作业指导

<table>
<tr><th>序号</th><th>作业项目</th><th>图示</th><th>处理过程</th></tr>
<tr><td colspan="2">故障出现</td><td colspan="2">HMI 屏弹出客室空调系统故障信息，如空调无法通风，代码为 8201</td></tr>
<tr><td>1</td><td>客室空调系统故障</td><td> 2023-11-09　11:10:59　95 km/h　速度模式　95 km/h
0001　1　8201　1　空调无法通风　2023/11/9 11:10:54 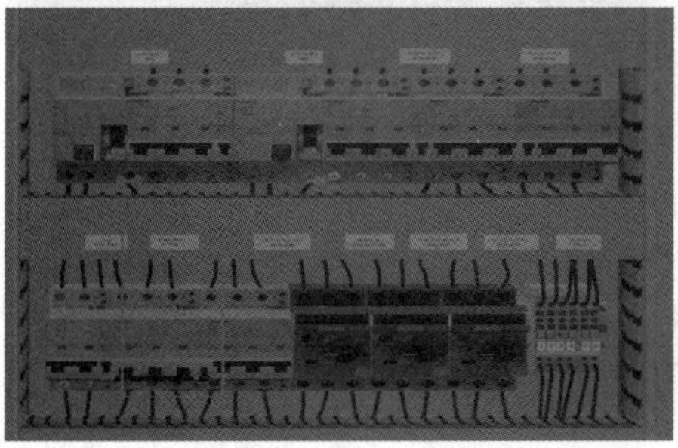</td><td>故障确认：
当机械师在当前故障页面发现客室空调故障时，到故障车交流柜检查空调主供电是否正常，若断路器断开，则将其闭合</td></tr>
</table>

续表

<table>
<tr><th>序号</th><th>作业项目</th><th>图示</th><th>处理过程</th></tr>
<tr><td>2</td><td>客室空调系统故障</td><td>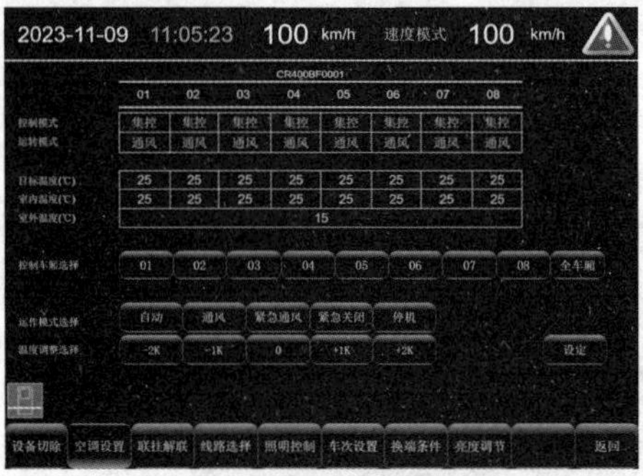</td><td>HMI 屏关闭重启：
在 HMI 屏进入空调设置页面，在页面上关闭故障车的空调，再重新开启故障车空调，若故障消除，则正常运行</td></tr>
</table>

7. 水管路泄漏报警故障应急处置（见表 1–97）

表 1–97　水管路泄漏报警故障应急处置作业指导

<table>
<tr><th>序号</th><th>作业项目</th><th>图示</th><th>处理过程</th></tr>
<tr><td colspan="2">故障现象</td><td colspan="2">机械师室 HMI 屏显示水箱泄漏故障信息</td></tr>
<tr><td>1</td><td rowspan="3">水管路泄漏报警故障</td><td></td><td>发生故障后，机械师通知：“×车发生水箱泄漏，查看 DTC 控制器显示故障代码是否为 03，若是则尝试打开并关闭故障车的水系统复位开关。”</td></tr>
<tr><td>2</td><td>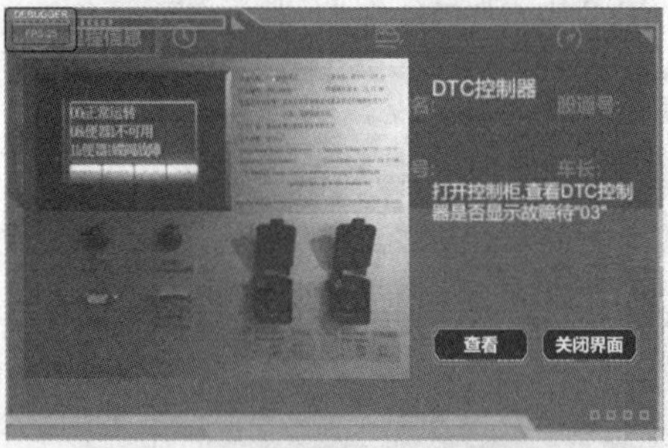</td><td>查看 DTC 控制器</td></tr>
<tr><td>3</td><td>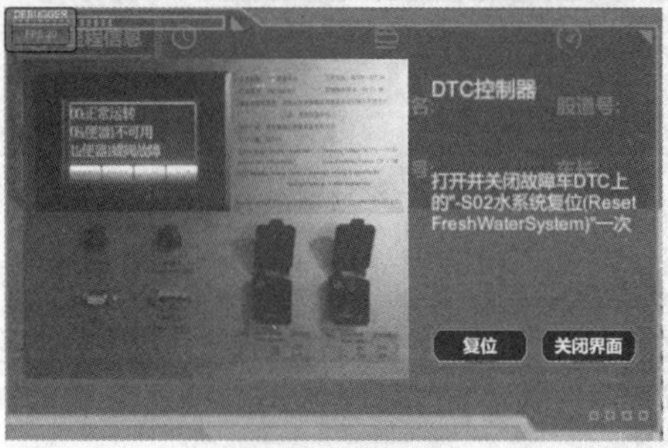</td><td>按下故障车水“复位”开关</td></tr>
</table>

8. 水箱液位 0%故障应急处置（见表 1–98）

表 1–98　水箱液位 0%故障应急处置作业指导

序号	作业项目	图示	处理过程
故障现象		机械师室 HMI 屏显示“水箱液位 0%”报警	
1	水箱液位 0%故障		出现故障后，机械师通知：“×车卫生间水箱缺水，查看 DTC 控制器故障代码是否为 02，若是则关闭‘集便器控制’断路器及温水污物配电盘内‘水泵控制’断路器。”
2		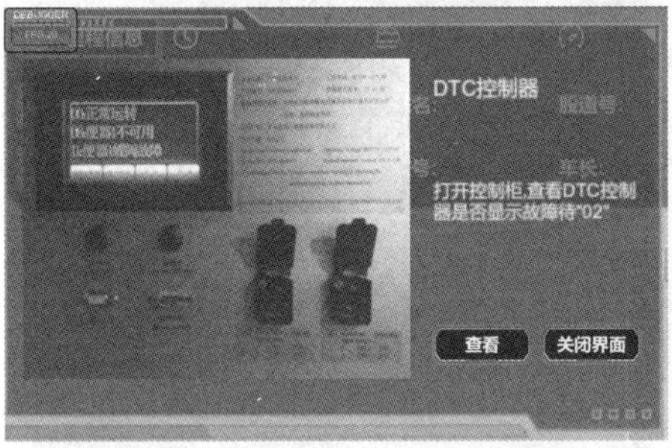	查看 DTC 控制器
3		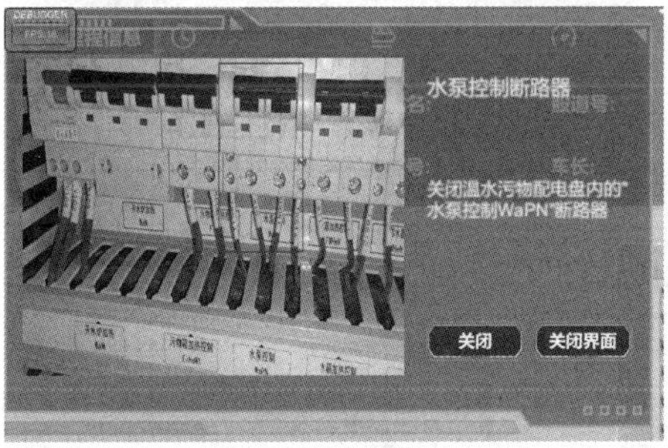	关闭“集便器控制”断路器，关闭“水泵控制”断路器

9. 污物箱 75%故障应急处置（见表 1–99）

表 1–99　污物箱 75%故障应急处置作业指导

序号	作业项目	图示	处理过程
故障现象		（1）机械师室 HMI 屏显示“污物箱 75%”报警； （2）机械师室 HMI 屏显示“污物箱 100%”报警	
1	污物箱 75%故障		故障发生后，机械师通知：“查看故障车 DTC 控制器故障代码是否为 05，若是则操作 DTC‘复位’按钮进行复位操作。”

续表

序号	作业项目	图示	处理过程
2	污物箱75%故障	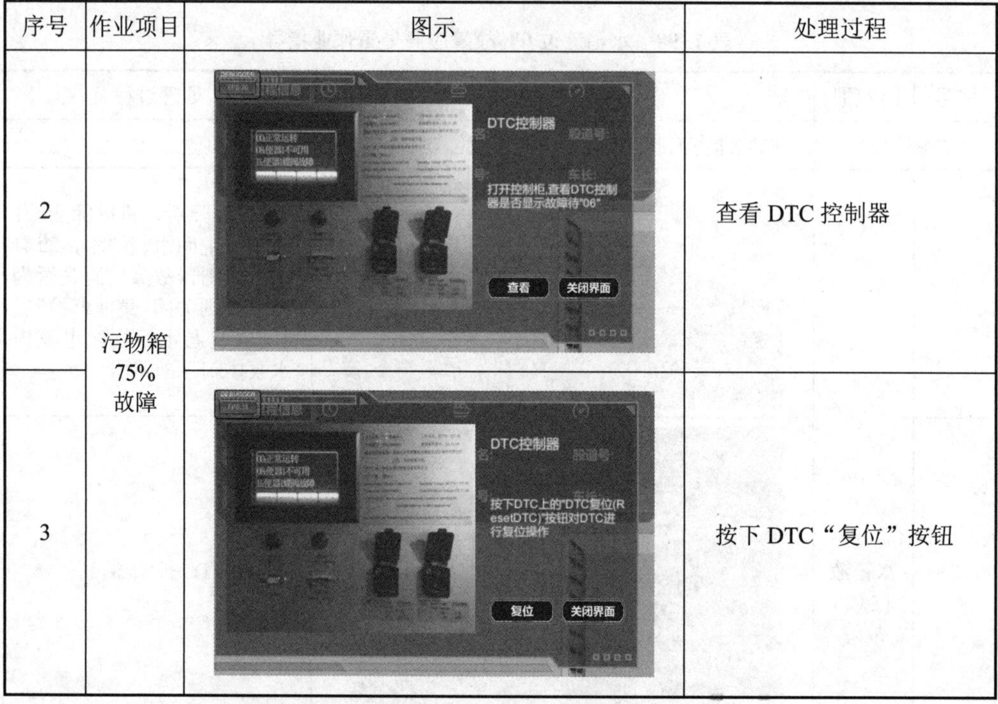	查看 DTC 控制器
3			按下 DTC“复位”按钮

10. 卫生间故障应急处置（见表 1-100）

表 1-100　卫生间故障应急处置作业指导

序号	作业项目	图示	处理过程
故障现象		机械师室 HMI 屏显示卫生间故障	
1	卫生间故障		发生故障后，机械师通知：“×车卫生间故障，请立即操作故障车的 DTC‘复位’按钮进行复位操作。”
2			按下 DTC“复位”按钮

1.9.4　考核评价

考核点及评价标准如表 1-101 所示，考核评价表如表 1-102 所示。

表 1-101　考核点及评价标准

<table>
<tr><th rowspan="2">学习任务</th><th rowspan="2">考核点</th><th rowspan="2">建议考核方式</th><th colspan="3">评价标准</th></tr>
<tr><th>优（90 分）</th><th>良（80 分）</th><th>及格（60 分）</th></tr>
<tr><td rowspan="5">CR400AF 型动车组辅助设备应急处置</td><td>1. 掌握 CR400AF 型动车组辅助设备应急处置的操作方法</td><td rowspan="5">在线评价
+
软件评价
+
教师评价
+
学生互评</td><td rowspan="5">5 个考核点合格</td><td rowspan="5">4 个考核点合格</td><td rowspan="5">3 个考核点合格</td></tr>
<tr><td>2. 能够进行 CR400AF 型动车组辅助设备应急处置的计算机模拟操作</td></tr>
<tr><td>3. 能够进行 CR400AF 型动车组辅助设备应急处置的驾驶台实操</td></tr>
<tr><td>4. 能够正确与调度和机械师联控</td></tr>
<tr><td>5. 能够准确进行呼唤应答</td></tr>
</table>

表 1-102　考核评价表

<table>
<tr><td colspan="10">实训项目：CR400AF 型动车组辅助设备应急处置</td></tr>
<tr><td colspan="4">班级：</td><td colspan="6">姓名：</td></tr>
<tr><td>评价内容</td><td>评分标准</td><td>考核方式</td><td>分值</td><td>自评</td><td>互评</td><td>软件评分</td><td>教师评分</td><td>得分</td></tr>
<tr><td>素质</td><td>1. 能够与团队成员合作，合理沟通，接受任务，协作他人完成工作任务；
2. 有集体意识和社会责任心；
3. 遵章守纪</td><td>过程考核</td><td>30</td><td></td><td></td><td></td><td></td><td></td></tr>
<tr><td>知识</td><td>1. 掌握 CR400AF 型动车组辅助设备的故障判断方法；
2. 掌握 CR400AF 型动车组辅助设备故障处理流程；
3. 能够正确与调度和机械师联控；
4. 能够准确进行呼唤应答</td><td>现场操作</td><td>40</td><td></td><td></td><td></td><td></td><td></td></tr>
<tr><td>能力</td><td>1. 能够按照操作规范，考虑环保及文明施工措施，安全完成工作任务；
2. 遵守 7S 管理要求；
3. 具有查阅各类教学资源的能力；
4. 具有制定完成任务或项目的方案的能力</td><td>过程考核</td><td>30</td><td></td><td></td><td></td><td></td><td></td></tr>
<tr><td colspan="3">总分</td><td>100</td><td></td><td></td><td></td><td></td><td></td></tr>
</table>

实训项目 1.10　CR400AF 型动车组车门及车内设施应急处置

1.10.1　实训目的

通过本实训项目的开展，使学生了解 CR400AF 型动车组车门及车内设施应急作业的处理流程，能够根据实际情况判断故障类型，并独立完成 CR400AF 型动车组车门及车内设施应急作业，提高学生对车门及车内设施故障的应急处置能力。

1.10.2　实训设备

本实训所需作业设备如表 1-103 所示。

表 1-103　CR400AF 型动车组车门及车内设施应急处置作业设备

名称	型号	数量	备注
动车组模拟驾驶台	CR400AF	3	
电气仿真柜	—	3	

1.10.3　实训内容

1. 集控关门时车门未关闭故障应急处置（见表 1-104）

表 1-104　集控关门时车门未关闭故障应急处置作业指导

序号	作业项目	图示	处理过程
故障现象		集控关门时单侧个别车门未关闭，未报故障。 **注意：**按压关门按钮时，需按压到底并保持 1 s 以上	
1	集控关门时车门未关闭故障		发生故障后，司机应再次进行关门操作。如果再次关门仍不成功或者车门报故障，司机应将故障车门的位置立即通知机械师

续表

序号	作业项目	图示	处理过程
2	集控关门时车门未关闭故障		机械师立即前往未关闭车门处查看。首先尝试用本地关门按钮关门。如果未能关闭，则手动关门，对故障车门进行隔离操作。 操作完成后，通知司机确认隔离状态
3			司机在 HMI 屏车门状态页面上确认该门处于隔离状态，关门指示灯亮后正常行车

2. 集控开门时车门未打开故障应急处置（见表 1-105）

表 1-105　集控开门时车门未打开故障应急处置作业指导

序号	作业项目	图示	处理过程
故障现象		执行集控开门操作后，HMI 屏单侧个别车门未打开，未报故障。 **注意：**按压释放、开门按钮时，需按压到底并保持 1 s 以上	
1	集控开门时车门未打开故障		发生故障后，司机应再次进行开门操作。如果再次开门仍不成功或者车门仍故障，司机应将故障车门的位置立即通知机械师

续表

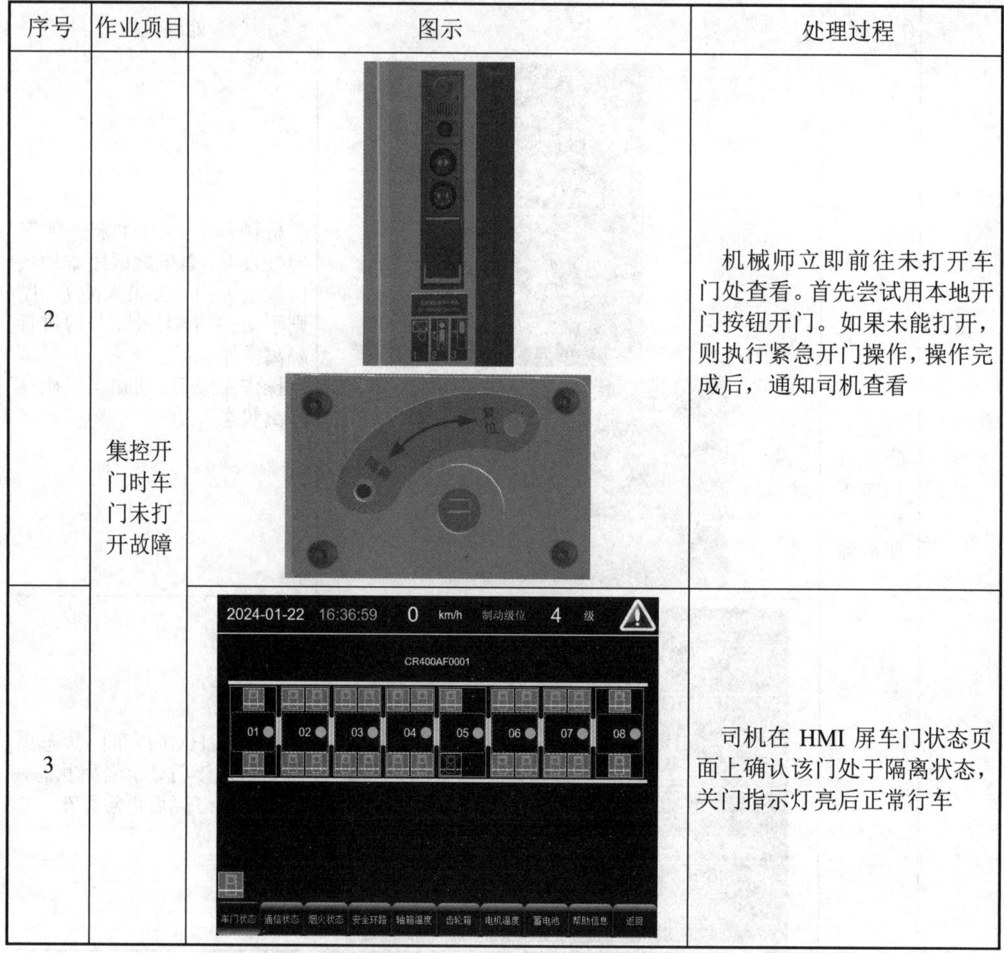

序号	作业项目	图示	处理过程
2	集控开门时车门未打开故障		机械师立即前往未打开车门处查看。首先尝试用本地开门按钮开门。如果未能打开，则执行紧急开门操作，操作完成后，通知司机查看
3			司机在 HMI 屏车门状态页面上确认该门处于隔离状态，关门指示灯亮后正常行车

3. 途中运行报车门故障应急处置（见表 1–106）

表 1–106　途中运行报车门故障应急处置作业指导

序号	作业项目	图示	处理过程
故障现象		集控关门时，单侧个别车门未关闭，未报故障。 **注意：**按压关门按钮时，需按压到底并保持 1 s 以上	
1	途中运行报车门故障	开左门　释放左门　关左门 CR400AF-Z 列车长　机械师　值班员　调度	出现以上故障时，可维持运行，司机应再次进行关门操作。如果再次关门不成功，或者车门报故障，司机应将故障车门的位置立即通知机械师

续表

<table>
<tr><th>序号</th><th>作业项目</th><th>图示</th><th>处理过程</th></tr>
<tr><td>2</td><td rowspan="5">途中运行报车门故障</td><td>
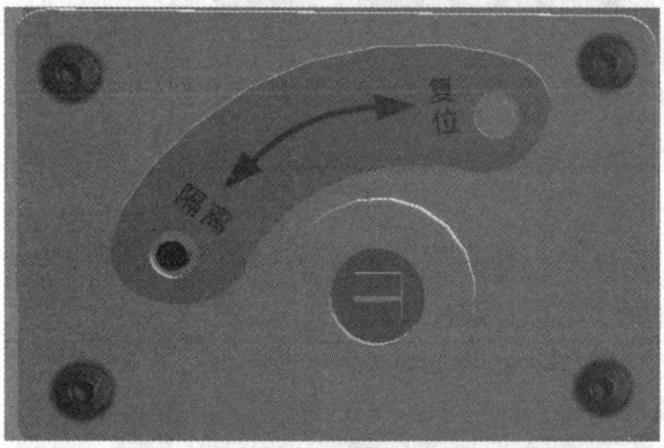
</td><td>机械师立即前往未关闭车门处查看。首先尝试用本地关门按钮关门，如果未能关闭，则手动关门，对故障车门进行隔离操作。
操作完成后，通知司机确认车门处于隔离状态</td></tr>
<tr><td>3</td><td>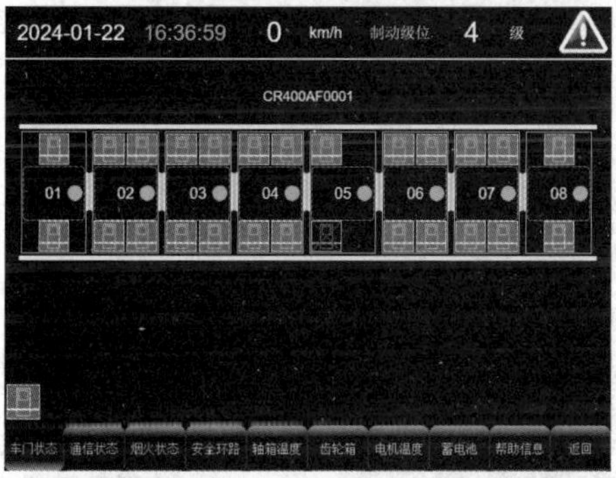
</td><td>司机在 HMI 屏上确认该门处于隔离状态</td></tr>
<tr><td>4</td><td>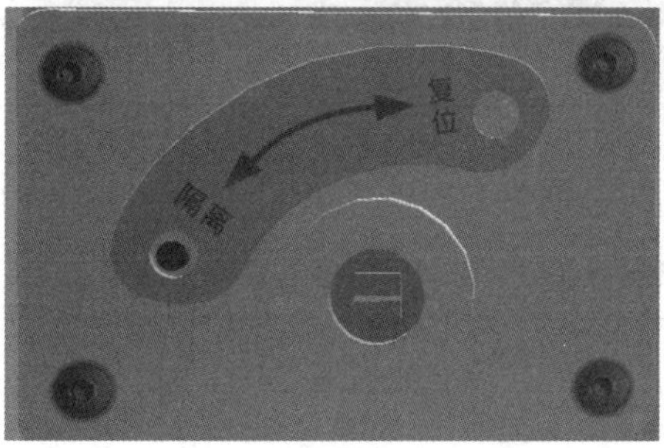
</td><td>维持运行至前方办客站，机械师通知司机解除隔离</td></tr>
<tr><td>5</td><td>—</td><td>到直流柜对故障车门的门控器进行复位重启</td></tr>
<tr><td>6</td><td>—</td><td>故障消除，完成乘降作业后动车</td></tr>
</table>

4. 刮雨器故障应急处置（见表 1–107）

表 1–107　刮雨器故障应急处置作业指导

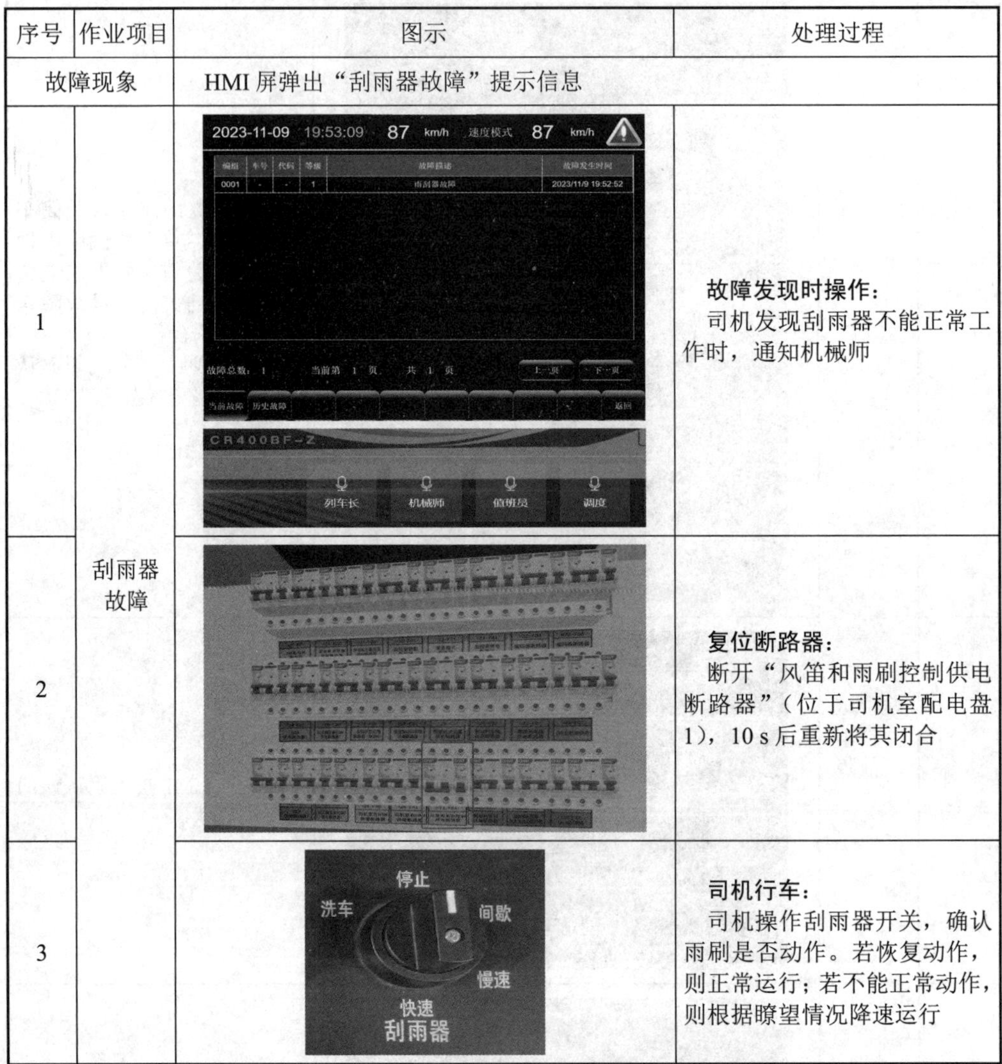

序号	作业项目	图示	处理过程
故障现象		HMI 屏弹出“刮雨器故障”提示信息	
1	刮雨器故障		**故障发现时操作：** 司机发现刮雨器不能正常工作时，通知机械师
2			**复位断路器：** 断开“风笛和雨刷控制供电断路器”（位于司机室配电盘 1），10 s 后重新将其闭合
3			**司机行车：** 司机操作刮雨器开关，确认雨刷是否动作。若恢复动作，则正常运行；若不能正常动作，则根据瞭望情况降速运行

5. 前组合灯故障应急处置（见表 1–108）

表 1–108　前组合灯故障应急处置作业指导

序号	作业项目	图示	处理过程
故障现象		（1）前照灯远光、近光部分不亮或全不亮。 （2）标志灯部分不亮或全不亮	
1	前组合灯故障	CR400AF-Z 列车长 机械师 值班员 调度	故障发生后，通知机械师

续表

序号	作业项目	图示	处理过程
2	前组合灯故障		机械师通知司机操作前照灯开关，确认前照灯/标志灯是否工作正常
3			机械师断开司机室配电盘 2“前照灯/标志灯”开关，10 s 后重新闭合
4		 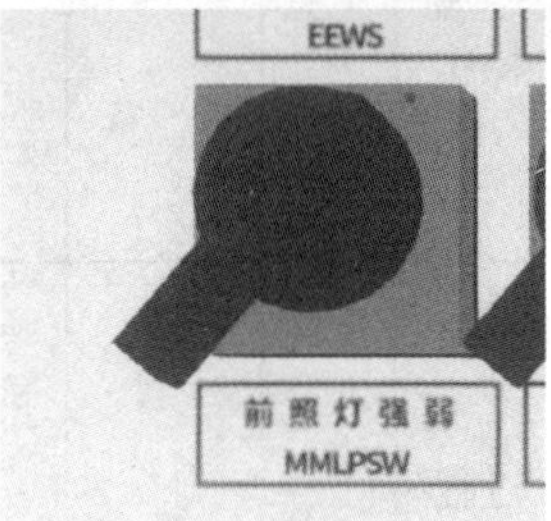	操作前照灯做强弱变化，若故障不能够恢复，机械师操作司机室转换开关盘 3 内“前照灯强弱”旋钮至红点位
5		—	若故障恢复，则正常运行；若故障不能够恢复，则报告调度。夜间行车时，到前方站停车处理，头灯恢复后继续运行

1.10.4 考核评价

考核点及评价标准如表 1–109 所示，考核评价表如表 1–110 所示。

表 1–109 考核点及评价标准

<table>
<tr><th rowspan="2">学习任务</th><th rowspan="2">考核点</th><th rowspan="2">建议考核方式</th><th colspan="3">评价标准</th></tr>
<tr><th>优
（90 分）</th><th>良
（80 分）</th><th>及格
（60 分）</th></tr>
<tr><td rowspan="5">CR400AF 型动车组车门及车内设施应急处置</td><td>1. 掌握 CR400AF 型动车组车门及车内设施应急处置的操作方法</td><td rowspan="5">在线评价
+
软件评价
+
教师评价
+
学生互评</td><td rowspan="5">5 个考核点合格</td><td rowspan="5">4 个考核点合格</td><td rowspan="5">3 个考核点合格</td></tr>
<tr><td>3. 能够进行 CR400AF 型动车组车门及车内设施应急处置的计算机模拟操作</td></tr>
<tr><td>4. 能够进行 CR400AF 型动车组车门及车内设施应急处置的驾驶台实操</td></tr>
<tr><td>5. 能够正确与调度和机械师联控</td></tr>
<tr><td>6. 能够准确进行呼唤应答</td></tr>
</table>

表 1–110 考核评价表

<table>
<tr><td colspan="9">实训项目：CR400AF 型动车组车门及车内设施应急处置</td></tr>
<tr><td colspan="4">班级：</td><td colspan="5">姓名：</td></tr>
<tr><td>评价内容</td><td>评分标准</td><td>考核方式</td><td>分值</td><td>自评</td><td>互评</td><td>软件评分</td><td>教师评分</td><td>得分</td></tr>
<tr><td>素质</td><td>1. 能够与团队成员合作，合理沟通，接受任务，协作他人完成工作任务；
2. 有集体意识和社会责任心；
3. 遵章守纪</td><td>过程考核</td><td>30</td><td></td><td></td><td></td><td></td><td></td></tr>
<tr><td>知识</td><td>1. 掌握 CR400AF 型动车组车门及车内设施的故障判断方法；
2. 掌握 CR400AF 型动车组车门及车内设施处理流程；
3. 能够正确与调度和机械师联控；
4. 能够准确进行呼唤应答</td><td>现场操作</td><td>40</td><td></td><td></td><td></td><td></td><td></td></tr>
<tr><td>能力</td><td>1. 能够按照操作规范，考虑环保及文明施工措施，安全完成工作任务；
2. 遵守 7S 管理要求；
3. 具有查阅各类教学资源的能力；
4. 具有制定完成任务或项目的方案的能力</td><td>过程考核</td><td>30</td><td></td><td></td><td></td><td></td><td></td></tr>
<tr><td colspan="3">总分</td><td>100</td><td></td><td></td><td></td><td></td><td></td></tr>
</table>

实训项目 1.11　CR400AF 型动车组恶劣天气下非正常行车作业

1.11.1　实训目的

通过本实训项目的开展，使学生了解 CR400AF 型动车组在恶劣天气下非正常行车的处理流程，并独立完成 CR400AF 型动车组在恶劣天气下非正常行车作业，提高学生在恶劣天气下的非正常行车作业能力。

1.11.2　实训设备

本实训所需作业设备如表 1–111 所示。

表 1–111　CR400AF 型动车组恶劣天气时行车作业设备

名称	型号	数量	备注
动车组模拟驾驶台	CR400AF	3	
电气仿真柜	—	3	

1.11.3　实训内容

1. 雨天行车作业（见表 1–112）

表 1–112　雨天行车作业指导

<table>
<tr><th>序号</th><th>作业项目</th><th>图示</th><th>处理过程</th></tr>
<tr><td>1</td><td rowspan="2">雨天行车</td><td>
</td><td>行车途中遇大雨，应报告调度，用 CIR 下发调度指令</td></tr>
<tr><td>2</td><td>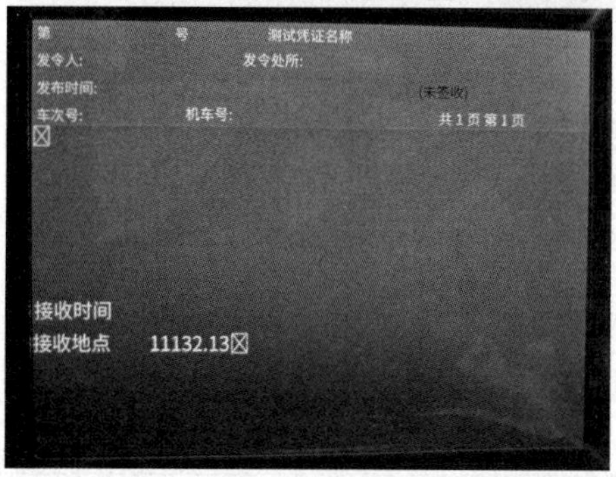
</td><td>司机通过 CIR 签收调令，降速至 200 km/h 以下，维持运行</td></tr>
</table>

续表

序号	作业项目	图示	处理过程
3	雨天行车		待大雨结束，汇报调度，调度收到后正常运行

2. 雾天行车作业（见表 1-113）

表 1-113　雾天行车作业指导

序号	作业项目	图示	处理过程
1		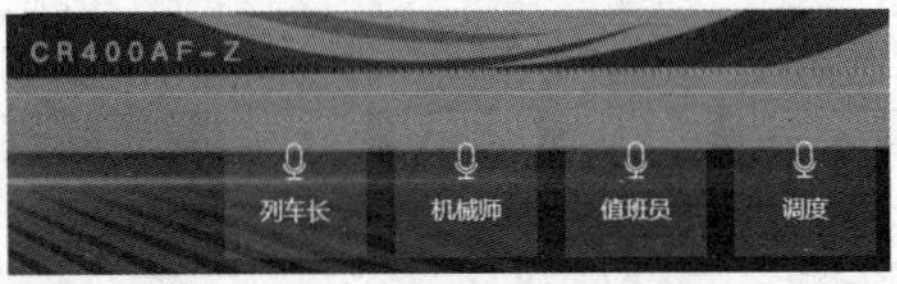	运行途中遇大雾，先报告调度，用 CIR 下发调度指令
2	雾天行车	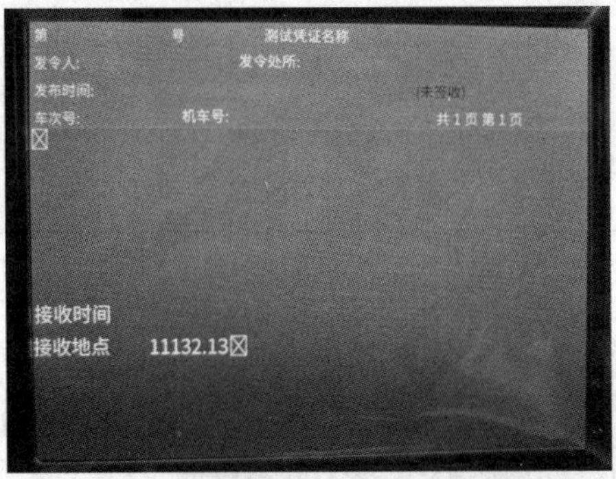	司机通过 CIR 签收调令，降速至 200 km/h 以下，维持运行
3			待大雾结束，汇报调度，调度收到后正常运行

3. 冰雪天气行车作业（见表 1–114）

表 1–114 冰雪天气行车作业指导

序号	作业项目	图示	处理过程
1		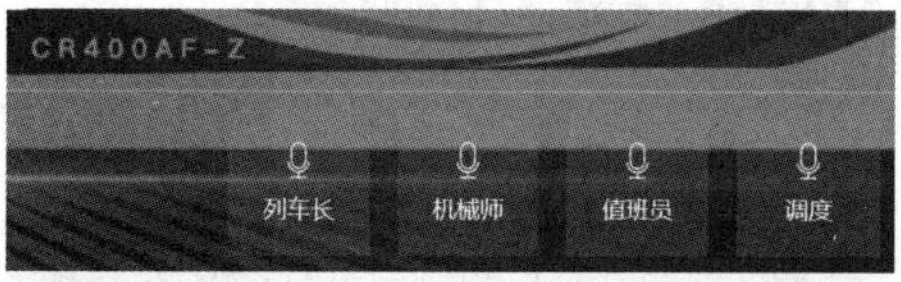	运行途中遇大雪，先报告调度，用 CIR 下发调度指令
2	冰雪天气行车	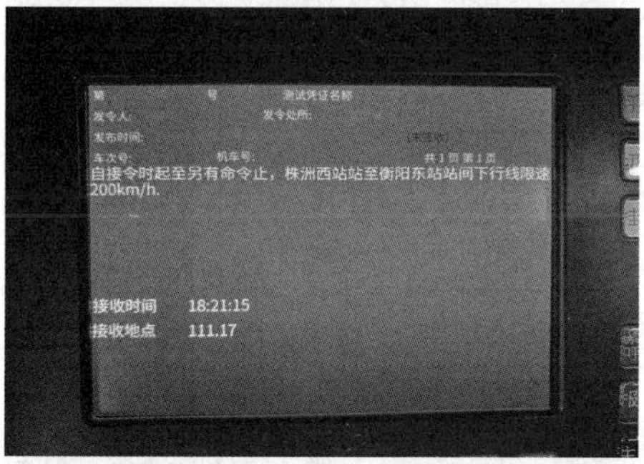	司机通过 CIR 签收调令，降速至 200 km/h 以下，撒砂，维持运行
3			待大雪结束，汇报调度：“下雪停止，列车恢复限速。” 调度回复：“明白。” 恢复正常运行

4. 大风天气行车作业（见表 1–115）

表 1–115 大风天气行车作业指导

序号	作业项目	图示	处理过程
1			运行途中遇大风，先报告调度，用 CIR 下发调度指令
2	大风天气	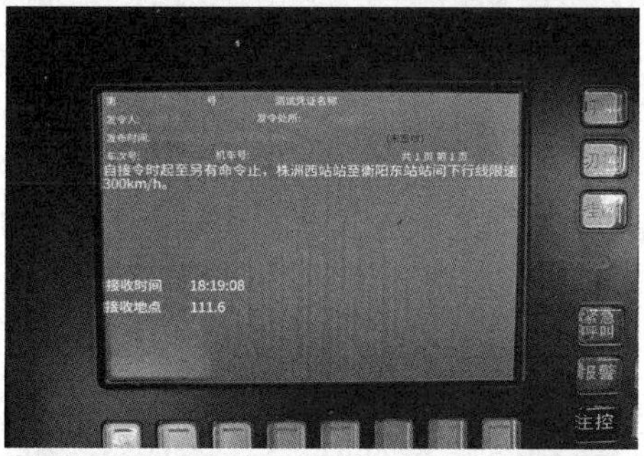	司机通过 CIR 签收调令，降速至 300 km/h 以下，维持运行
3			待大风结束，汇报调度，调度收到后正常运行

1.11.4 考核评价

考核点及评价标准如表 1-116 所示，考核评价表如表 1-117 所示。

表 1-116 考核点及评价标准

学习任务	考核点	建议考核方式	评价标准		
			优（90 分）	良（80 分）	及格（60 分）
CR400AF 型动车组恶劣天气下非正常行车作业	1. 掌握 CR400AF 型动车组恶劣天气下非正常行车作业的操作方法	在线评价 + 软件评价 + 教师评价 + 学生互评	5 个考核点合格	4 个考核点合格	3 个考核点合格
	2. 能够进行 CR400AF 型动车组恶劣天气下非正常行车作业的计算机模拟操作				
	3. 能够进行 CR400AF 型动车组恶劣天气下非正常行车作业的驾驶台实操				
	4. 能够正确与调度和机械师联控				
	5. 能够准确进行呼唤应答				

表 1-117 考核评价表

实训项目：CR400AF 型动车组恶劣天气下非正常行车作业								
班级：				姓名：				
评价内容	评分标准	考核方式	分值	自评	互评	软件评分	教师评分	得分
素质	1. 能够与团队成员合作，合理沟通，接受任务，协作他人完成工作任务； 2. 有集体意识和社会责任心； 3. 遵章守纪	过程考核	30					
知识	1. 掌握 CR400AF 型动车组恶劣天气下非正常行车作业处理方法； 2. 掌握 CR400AF 型动车组恶劣天气下非正常行车作业处理流程； 3. 能够正确与调度和机械师联控； 4. 能够准确进行呼唤应答	现场操作	40					
能力	1. 能够按照操作规范，考虑环保及文明施工措施，安全完成工作任务； 2. 遵守 7S 管理要求： 3. 具有查阅各类教学资源的能力； 4. 具有制定完成任务或项目的方案的能力	过程考核	30					
总分			100					

实训项目 1.12　CR400AF 型动车组弓网异常时非正常行车作业

1.12.1　实训目的

通过本实训项目的开展，使学生了解 CR400AF 型动车组在弓网异常时非正常行车的处理流程，并独立完成 CR400AF 型动车组在弓网异常时的非正常行车作业，提高学生在弓网异常时的非正常行车作业能力。

1.12.2　实训设备

本实训所需作业设备如表 1–118 所示。

表 1–118　CR400AF 型动车组弓网异常时行车作业设备

名称	型号	数量	备注
动车组模拟驾驶台	CR400AF	3	
电气仿真柜	—	3	

1.12.3　实训内容

1. 接触网挂有异物时非正常行车（见表 1–119）

表 1–119　接触网挂有异物作业指导

序号	作业项目	图示	处理过程
1	接触网挂有异物	CR400AF-Z 列车长 机械师 值班员 调度	发现接触网挂有异物后，司机呼叫调度：“×××时×××分运行至×××米（公里标），接触网上挂有异物。” 调度呼叫司机：“前方接触网有异物，能否按降弓方式通过。”
2		允许降弓通过 调度	司机回复：“本线降弓可以通过。” 调度回复：“允许降弓通过。” 调度下发调令：“×××站至×××站下行线×××公里标至×××公里标处，降弓行车。（司机汇报故障点前后 2 km 处）
3		—	司机签收调令，降弓行驶，越过故障点后 2 km 处结束

2. 接触网停电时非正常行车（见表 1-120）

表 1-120　接触网停电作业指导

序号	作业项目	图示	处理过程
1	接触网停电	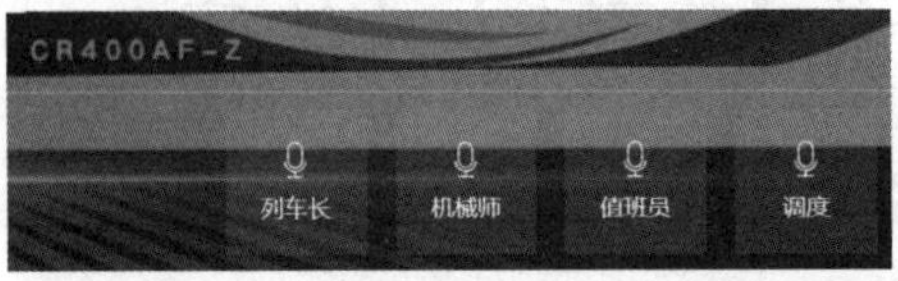	接触网停电后，立即停车，并向调度汇报："×××次列车因网压为零，停车区间×××km，线路坡道为平道。"
2		 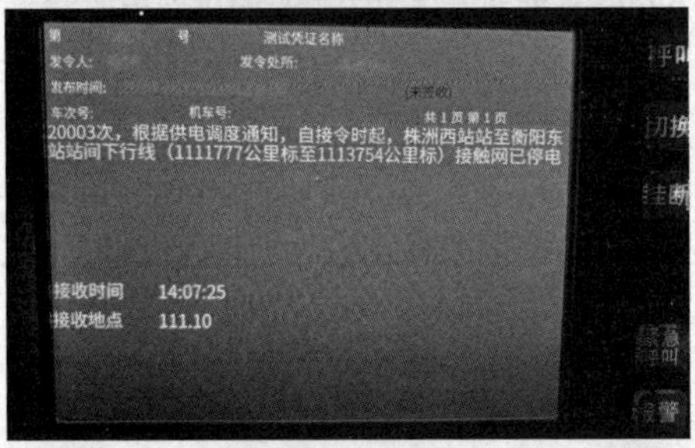	调度回复司机："收到，立即查明无网压原因。" 调度发送调令："×××次，根据供电调度通知，自接令时起，×××站至×××站间×××行线（×××公里标至×××公里标）接触网已停电。"
3		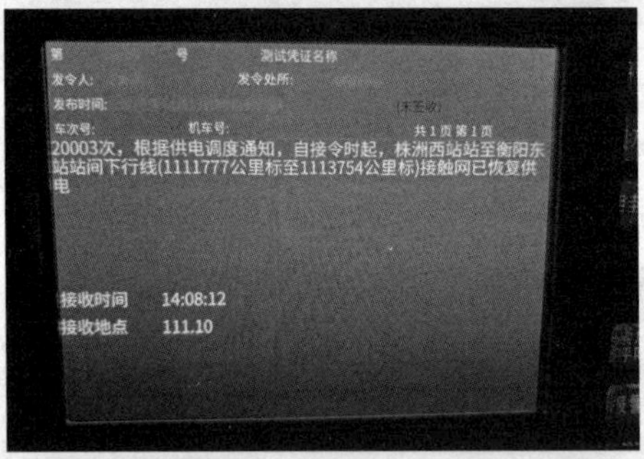	供电问题处理完毕后，发送调令："×××次，根据供电调度通知，自接令时起，×××站至×××站间×××行线（×××公里标至×××公里标）接触网已恢复供电。" 司机签收调令。调度通知司机："无网压处理完毕，允许发车。"
4		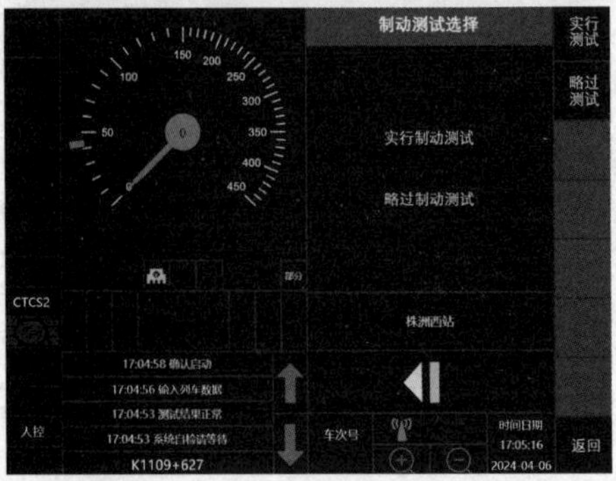	司机签收调令，司机动车（动车前需进行简略试验）

3. 列车停在接触网分相无电区时非正常行车（见表 1-121）

表 1-121　列车停在接触网分相无电区作业指导

序号	作业项目	图示	处理过程
1	列车停在接触网分相无电区	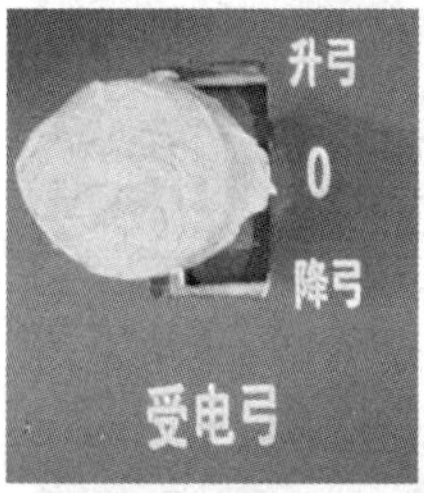 	司机立即停车，降弓，并联系调度："×××时×××分×××次动车组被迫停在接触网分相无电区×××米（公里标），请求救援。"
2		 	调度回复："调度明白，请等待商讨救援方案。" 司机回复："司机明白。" 调度拨打司机："×××次动车组，电调确认当前动车组所处位置升起另一端受电弓可接通电源继续运行，具备自救条件，允许换弓运行。" 司机回复："司机明白。"
3		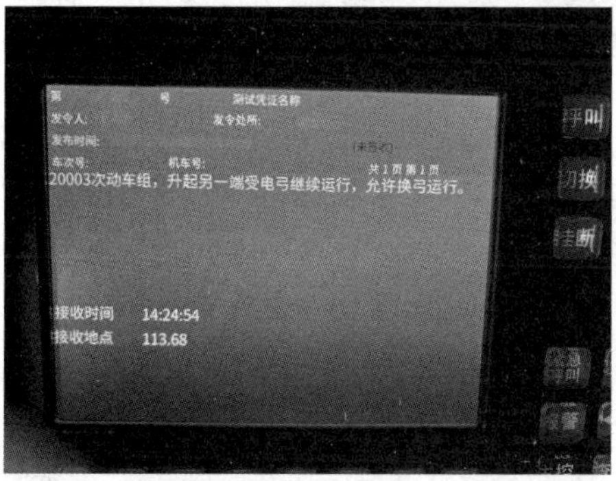 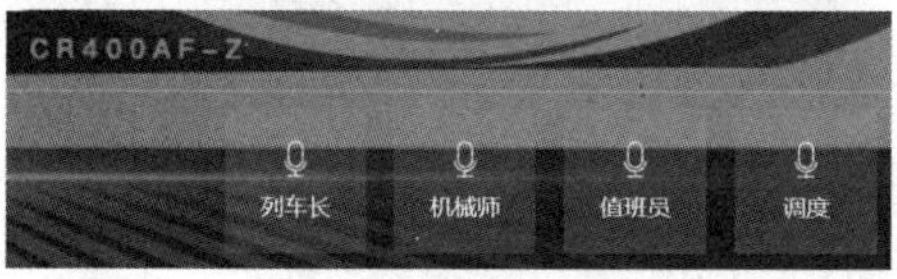	调度下发调令："×××次动车组，升起另一端受电弓继续运行，允许换弓运行。" 司机签收调令。 司机换弓，升前弓。 司机拨打调度："司机××时×××分换弓，动车，现已驶出分相区。" 调度员回复："调度明白。"

4. 受电弓挂有异物应时非正常行车（见表 1–122）

表 1–122　受电弓挂有异物作业指导

序号	作业项目	图示	处理过程
1	受电弓挂有异物		发现受电弓挂有异物后，司机降弓，紧急停车（无需紧急制动）
2	受电弓挂有异物应急处置		司机呼叫机械师，机械师回复：“申请在非会车侧下车检查并进行登顶作业。”
3			司机呼叫调度，调度回复：“×××次，邻线限速160 km/h 的命令已下达，本线供电臂内的接触网已停电，准许机械师下车检查并进行登顶作业。”
4		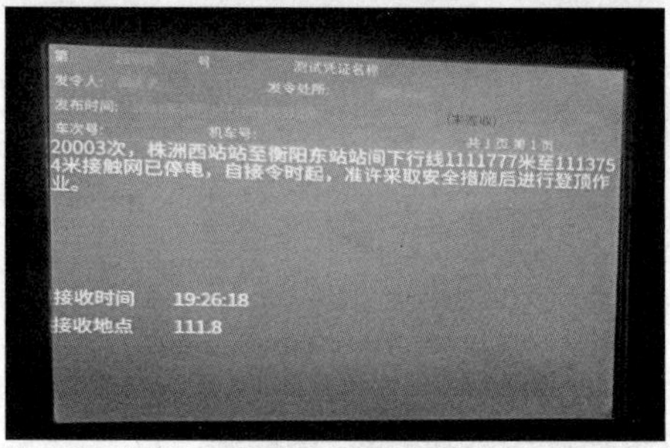	调度下发调令：“×××次，×××站至×××站间下行线×××米至×××米接触网已停电，自接令时起，准许采取安全措施后进行登顶作业。” 司机签收调令
5		—	司机呼叫列车长，列车长回复：“列车长收到。”
6			机械师通知司机：“异物处理完毕，恢复正常行车。” 司机回复：“司机收到。”
7			司机汇报调度：“异物处理完毕，恢复正常行车。” 调度回复司机：“调度明白，现已办理接触网送电手续，取消临时限速，司机可以恢复正常运行。”

续表

序号	作业项目	图示	处理过程
8	受电弓挂有异物应急处置	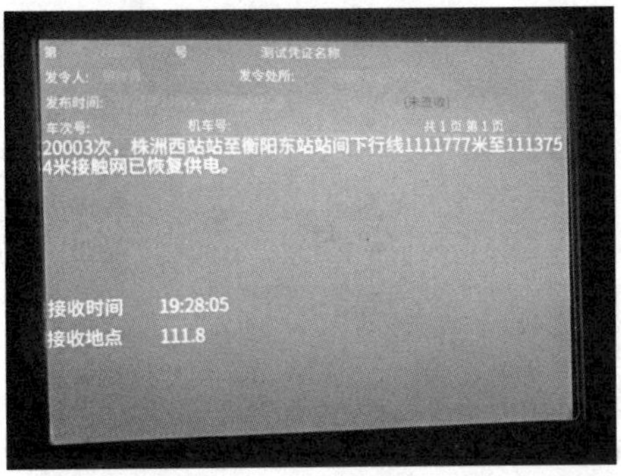	下发调令："×××次，×××站至×××站间下行线×××米至×××米接触网已恢复供电。" 司机签收调令
9			司机升弓、动车（动车前需进行简略试验）

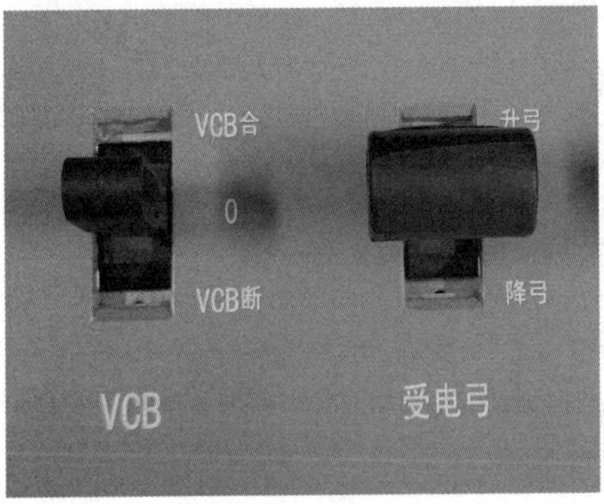

5. 运行途中自动降弓时非正常行车（见表 1–123）

表 1–123　运行途中自动降弓作业指导

序号	作业项目	图示	处理过程
1	运行途中自动降弓	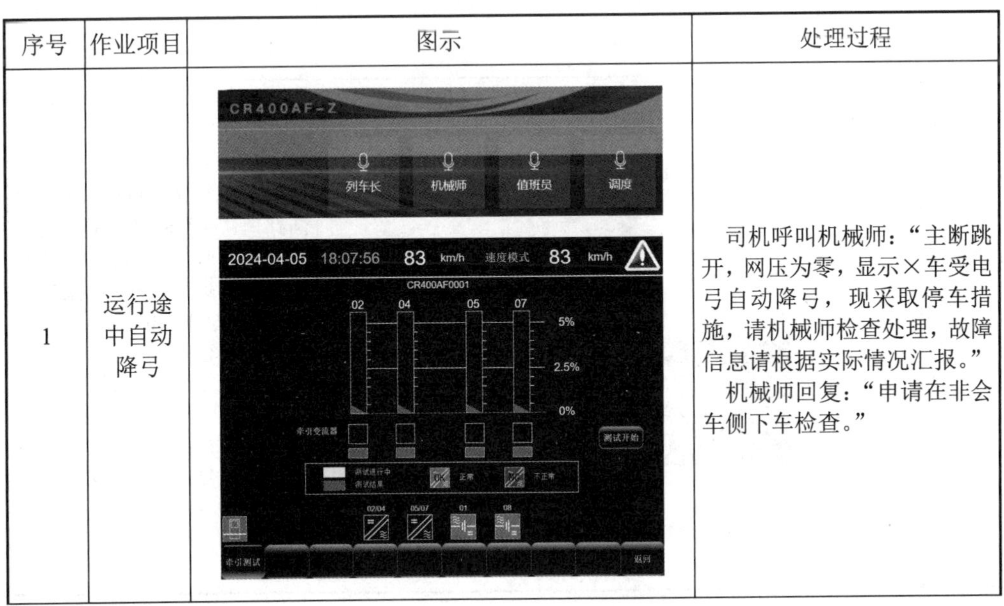	司机呼叫机械师："主断跳开，网压为零，显示×车受电弓自动降弓，现采取停车措施，请机械师检查处理，故障信息请根据实际情况汇报。" 机械师回复："申请在非会车侧下车检查。"

续表

序号	作业项目	图示	处理过程
2	运行途中自动降弓	 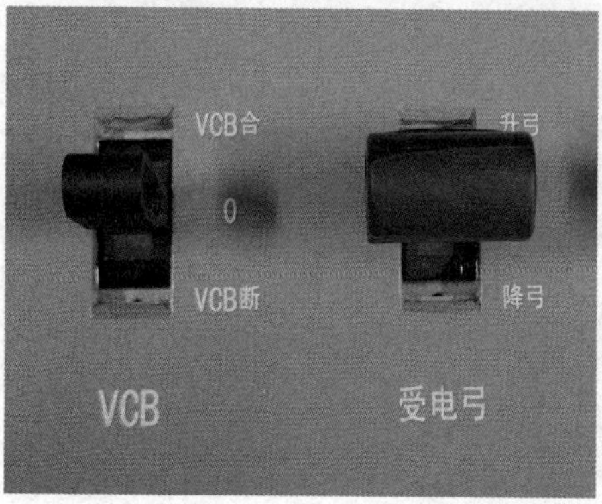	司机呼叫调度：“由于受电弓故障，机械师需要下车检查。” 调度回复：“调度明白，邻线限速已设置，限速 160 km/h，准许机械师在非会车侧下车检查。” 司机回复：“司机明白。” 司机呼叫列车长，列车长回复：“列车长收到。” 司机呼叫机械师：“邻线限速已设置，调度准许机械师在非会车侧下车检查。” 机械师回复：“机械师收到。” 机械师呼叫司机：“司机，检查完毕，受电弓无异状，换×车弓限速 160 km/h，运行至前方站停车检查。” 司机回复：“司机明白。” 司机切除当前车受电弓（HMI）。 司机呼叫机械师：“故障车受电弓已切除，是否可以升弓。” 机械师回复：“可以升弓。” 司机回复：“司机明白。”
3		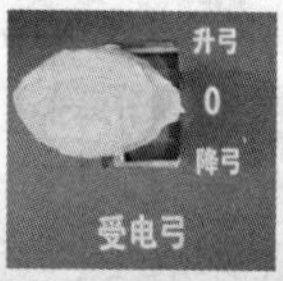 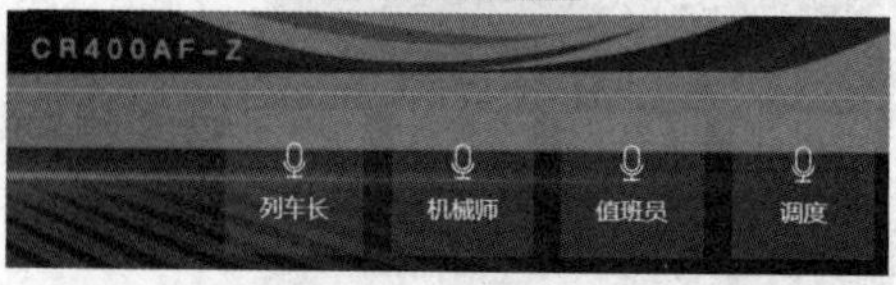	司机进行升弓操作，闭合主断路器，进行制动试验，试验完毕后，呼叫调度：“×××次受电弓处理完毕，机械师通知限速 160 km/h，运行至前方站停车检查，是否可以开车。” 调度回复：“可以开车。” 司机开车，并呼叫调度：“×××时×××分开车。” 调度回复：“调度明白。”

1.12.4 考核评价

考核点及评价标准如表 1–124 所示，考核评价表如表 1–125 所示。

表 1–124 考核点及评价标准

学习任务	考核点	建议考核方式	评价标准		
			优（90 分）	良（80 分）	及格（60 分）
CR400AF 型动车组弓网异常时非正常行车作业	1. 掌握 CR400AF 型动车组弓网异常时非正常行车作业的操作方法 2. 能够进行 CR400AF 型动车组弓网异常时非正常行车作业的计算机模拟操作 3. 能够进行CR400AF型动车组弓网异常时非正常行车作业的驾驶台实操 4. 能够正确与调度和机械师联控 5. 能够准确进行呼唤应答	在线评价 + 软件评价 + 教师评价 + 学生互评	5 个考核点合格	4 个考核点合格	3 个考核点合格

表 1–125 考核评价表

实训项目：CR400AF 型动车组弓网异常时非正常行车作业								
班级：				姓名：				
评价内容	评分标准	考核方式	分值	自评	互评	软件评分	教师评分	得分
素质	1. 能够与团队成员合作，合理沟通，接受任务，协作他人完成工作任务； 2. 有集体意识和社会责任心； 3. 遵章守纪	过程考核	30					
知识	1. 掌握 CR400AF 型动车组弓网异常时非正常行车作业处理方法； 2. 掌握 CR400AF 型动车组弓网异常时非正常行车作业处理流程； 3. 能够正确与调度和机械师联控； 4. 能够准确进行呼唤应答	现场操作	40					
能力	1. 能够按照操作规范，考虑环保及文明施工措施，安全完成工作任务； 2. 遵守 7S 管理要求； 3. 具有查阅各类教学资源的能力； 4. 具有制定完成任务或项目的方案的能力	过程考核	30					
总分			100					

实训项目 1.13　CR400AF 型动车组信号异常时非正常行车作业

1.13.1　实训目的

通过本实训项目的开展，使学生了解 CR400AF 型动车组在信号异常时非正常行车的处理流程，并独立完成 CR400AF 型动车组在信号异常时非正常行车作业，提高学生在信号异常时的非正常行车作业能力。

1.13.2　实训设备

本实训所需作业设备如表 1–126 所示。

表 1–126　CR400AF 型动车组信号异常时行车作业设备

名称	型号	数量	备注
动车组模拟驾驶台	CR400AF	3	
电气仿真柜	—	3	

1.13.3　实训内容

1. 列车冒进信号机时非正常行车（见表 1–127）

表 1–127　列车冒进信号机作业指导

序号	作业项目	图示	处理过程
1	列车冒进信号机	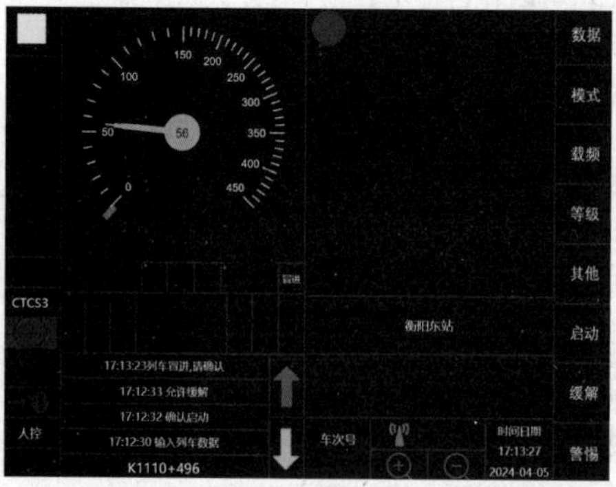	动车组出站过程中，机车信号由双黄灯突变为大红灯，ATP 进入冒进模式，触发紧急制动停车

续表

序号	作业项目	图示	处理过程
2	列车冒进信号机	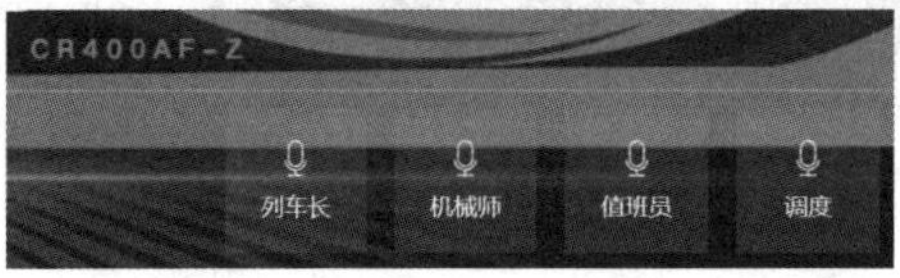	司机报告调度、机械师、值班员：“×××时×××分，×××次出站过程中机车信号由双黄灯突变为大红灯，ATP 进入冒进模式，触发紧急制动停车。” 调度回复：“调度收到。” 机械师回复：“机械师收到。” 值班员回复：“值班员收到。”
3		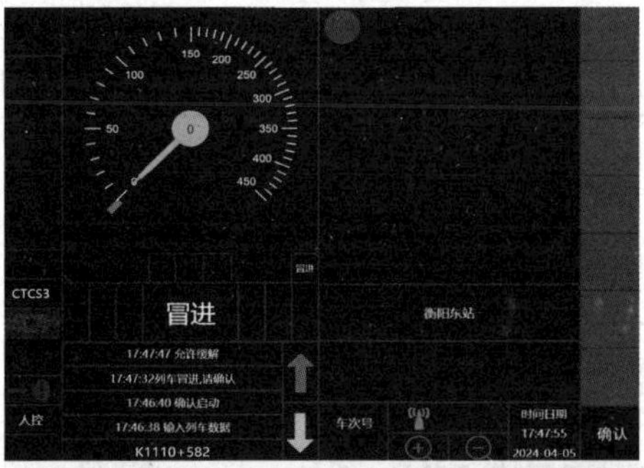	司机停车后，DMI 提示“列车冒进，请确认”，在按压“确定”键后，ATP 转入冒进模式，设备自动缓解制动。调度员呼叫司机：“进路方向正确且前方区间具备运行条件，列车可继续运行。” 司机回复：“司机明白。”
4		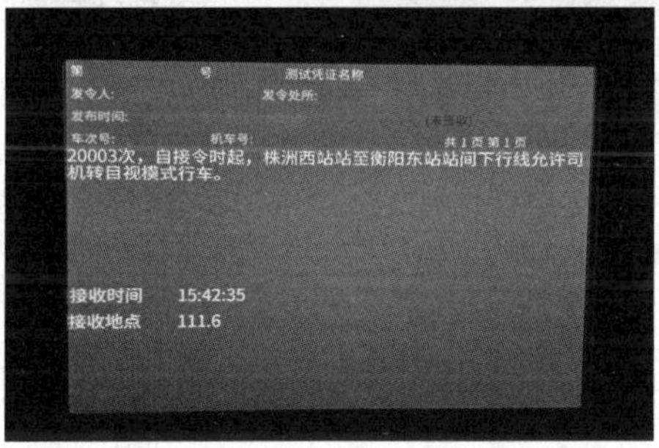	调度发布目视模式行车调令，司机签收调令。 司机转目视模式后回复调度：“×××时×××分，司机转目视模式，现已动车。” 调度回复：“调度明白。” 目视转完全后，实训结束

2. 区间红光带时非正常行车（见表 1-128）

表 1-128　区间红光带作业指导

序号	作业项目	图示	处理过程
1	区间红光带行车	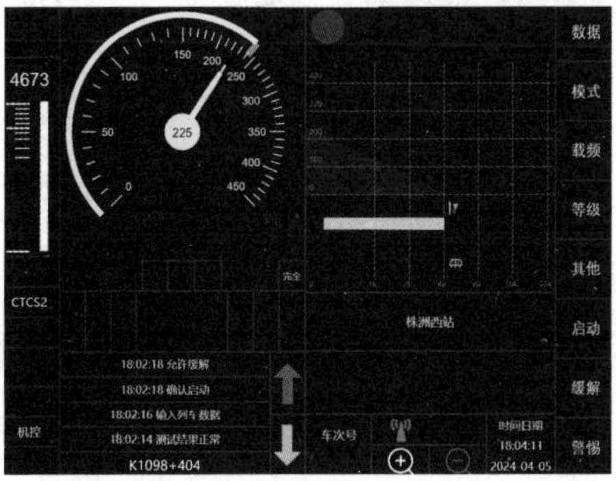	若机车信号突然红灯，则司机在行车许可终止前适当地点停车，按压“停放制动施加”按钮

续表

序号	作业项目	图示	处理过程
2	区间红光带行车		司机联系机械师、列车长、调度； 调度回复司机："同意越过故障闭塞分区。"并发布调令
3		—	司机签收调令，确认前方闭塞分区空闲（需停车等候 2 min），具备发车条件后，转至目视模式，车速不得超过 40 km/h，进入完全模式后，向调度汇报："已越过故障闭塞分区。" 运行一段时间后实训结束

3. 天气恶劣难以辨认信号时非正常行车（见表 1-129）

表 1-129　天气恶劣难以辨认信号作业指导

序号	作业项目	图示	处理过程
1	天气恶劣难以辨认信号		值班员呼叫司机："×××次司机，调度命令，发令时间×××年×××月×××日×××时×××分，据×××站报告，×××站至×××站下行线信号显示距离不足 200 m，自接令时起，改按天气恶劣难以辨认信号的方法进行行车。"
2		—	司机回复："调度命令，发令时间×××年×××月×××日×××时×××分，据×××站报告，×××站至×××站下行线信号显示距离不足 200 m，自接令时起，按天气恶劣难以辨认信号的方法进行行车。开放信号机。"
3			值班员呼叫司机："×××次，×道出站信号好了，按《技规》338 条行车。" 司机回复："×××次，×道出站信号好了，按《技规》338 条行车，司机明白。"
4			值班员通知司机："客车×××次司机，×道发车。" 司机回复："×××次，×道发车，司机明白。" 司机正常发车（以能够随时停车的速度运行至接近的地面信号机处，确认出站（进路）信号机显示正确后方准加速运行）

4. 区间信号不开放时非正常行车（见表 1–130）

表 1–130　区间信号不开放作业指导

序号	作业项目	图示	处理过程
1	区间信号不开放	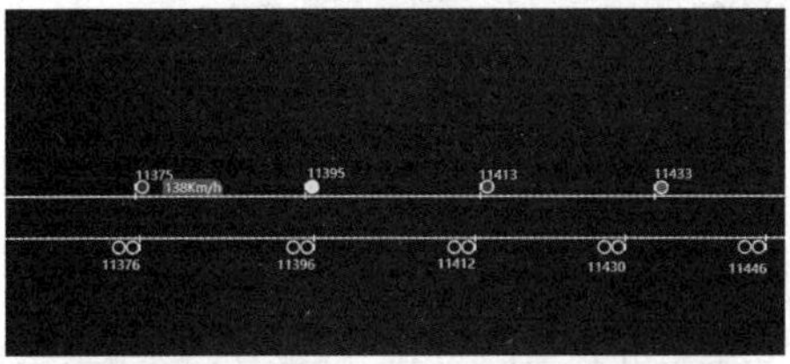	区间信号变为红黄灯时，距行车许可终点前 150 m 左右停车，施加停放制动
2			通知机械师，并向列车长、调度汇报
3		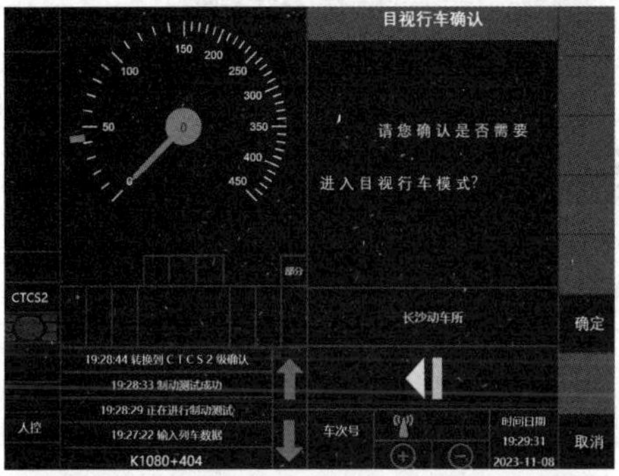	调度确认前方闭塞分区无车占用后下发调令，司机通过 CIR 签收调令，将列控车载设备转入目视模式行车
4		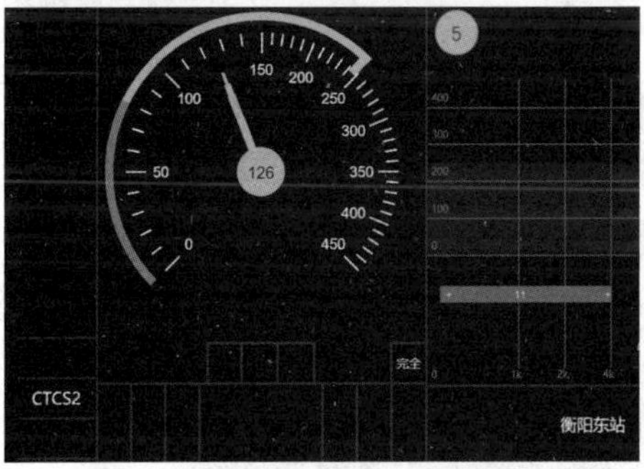	维持运行至升为完全模式

5. 出站不开放信号时非正常行车（见表 1–131）

表 1–131　出站不开放信号作业指导

序号	作业项目	图示	处理过程
1	出站不开放信号	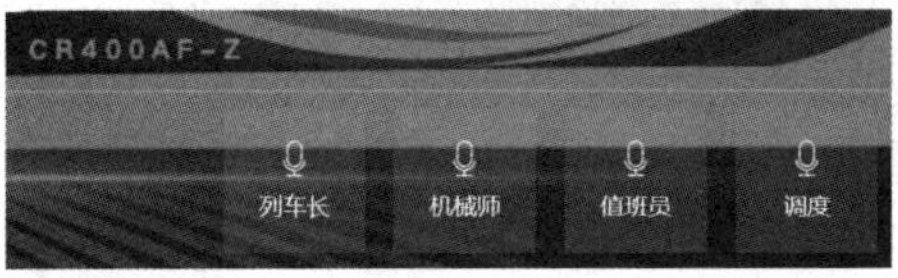	司机分别呼叫调度、机械师、列车长

续表

序号	作业项目	图示	处理过程
2	出站不开放信号		调度通知司机："准许×××次转入隔离模式，按调令行车。"
3			调度下发调令："准许×××次列车将列控车载设备转入隔离模式，待收到允许动车通知后方可动车。" 司机签收调令
4			司机通知机械师、列车长
5		—	司机将 1-ATP 隔离旋钮打至"隔离"位
6		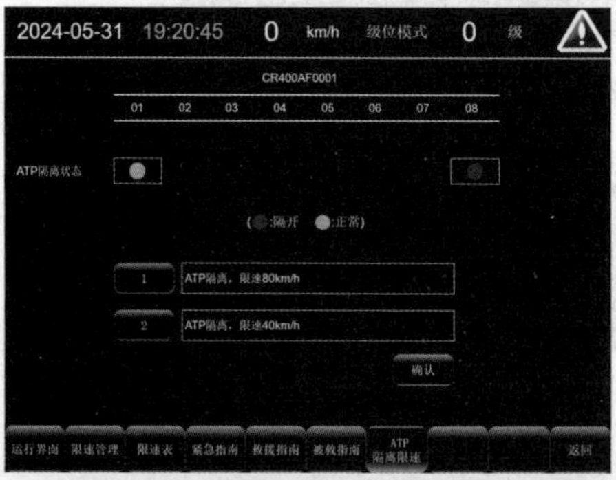	HMI 屏切换至 ATP 隔离限速页面
7			调度通知司机："前方闭塞分区空闲，无车占用，允许发车。" 司机回复："司机明白。"
8		—	司机动车

6. 进站不开放信号时非正常行车（见表 1–132）

表 1–132　进站不开放信号指导

序号	作业项目	图示	处理过程
1	进站不开放信号		司机停车，施加保持制动
2			司机分别呼叫调度、机械师、列车长
3			调度通知司机："准许××× 次转入隔离模式，待收到允许动车通知后方可动车。"
4			调度下发调令："准许×××次列车将列控车载设备转入隔离模式，待收到允许动车通知后方可动车。" 司机签收调令
5			司机通知机械师、列车长

续表

序号	作业项目	图示	处理过程
6	进站不开放信号	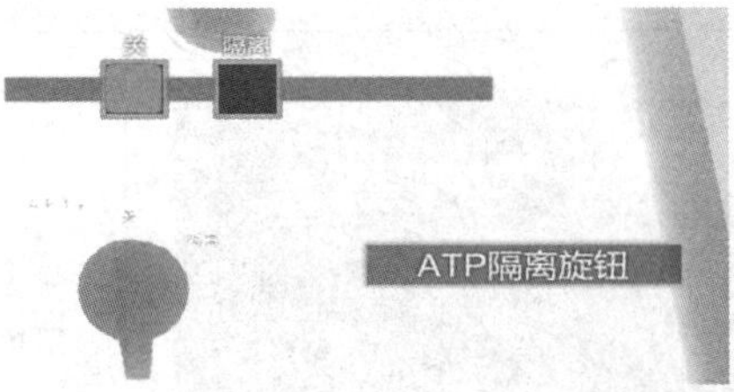	司机将 ATP 隔离旋钮打至“隔离”位
7		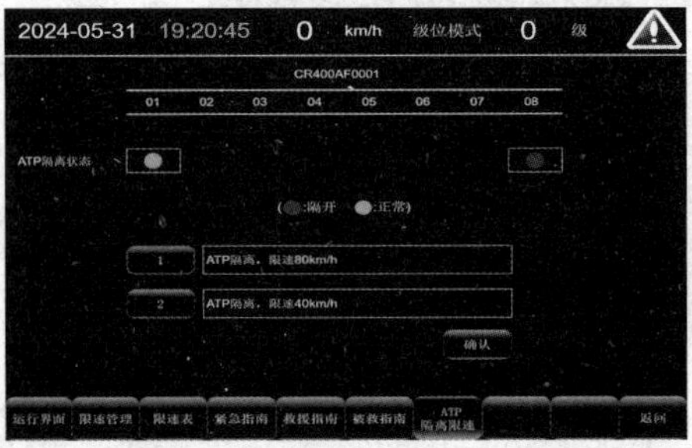	HMI 屏切换至“ATP 隔离限速”页面
8			调度通知司机：“前方闭塞分区空闲，无车占用，允许发车。” 司机回复：“司机明白。”
9			司机动车，限速运行
10		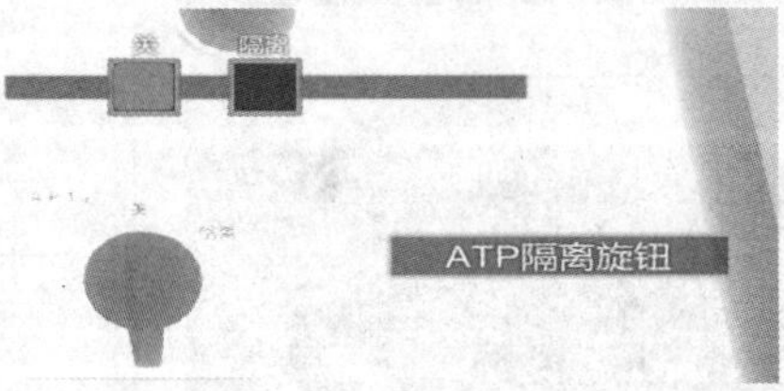	进站停车，恢复 ATP 隔离旋钮

1.13.4　考核评价

考核点及评价标准如表 1-133 所示，考核评价表如表 1-134 所示。

表 1-133　考核点及评价标准

学习任务	考核点	建议考核方式	评价标准		
			优（90 分）	良（80 分）	及格（60 分）
CR400AF 型动车组信号异常时非正常行车作业	1. 掌握 CR400AF 型动车组信号异常时非正常行车作业的操作方法	在线评价 + 软件评价 + 教师评价 + 学生互评	5 个考核点合格	4 个考核点合格	3 个考核点合格
	2. 能够进行 CR400AF 型动车组信号异常时非正常行车作业的计算机模拟操作				
	3. 能够进行 CR400AF 型动车组信号异常时非正常行车作业的驾驶台实操				
	4. 能够正确与调度和机械师联控				
	5. 能够准确进行呼唤应答				

表 1-134　考核评价表

实训项目：CR400AF 型动车组信号异常时非正常行车作业								
班级：				姓名：				
评价内容	评分标准	考核方式	分值	自评	互评	软件评分	教师评分	得分
素质	1. 能够与团队成员合作，合理沟通，接受任务，协作他人完成工作任务； 2. 有集体意识和社会责任心； 3. 遵章守纪	过程考核	30					
知识	1. 掌握 CR400AF 型动车组信号异常时非正常行车作业处理方法； 2. 掌握 CR400AF 型动车组信号异常时非正常行车作业处理流程； 3. 能够正确与调度和机械师联控； 4. 能够准确进行呼唤应答	现场操作	40					
能力	1. 能够按照操作规范，考虑环保及文明施工措施，安全完成工作任务； 2. 遵守 7S 管理要求； 3. 具有查阅各类教学资源的能力； 4. 具有制定完成任务或项目的方案的能力	过程考核	30					
总分			100					

实训项目 1.14 CR400AF 型动车组运行异常时非正常行车作业

1.14.1 实训目的

通过本实训项目的开展，使学生了解 CR400AF 型动车组在运行异常时非正常行车的处理流程，并独立完成 CR400AF 型动车组在运行异常时的非正常行车作业，提高学生应在运行异常时的非正常行车作业能力。

1.14.2 实训设备

本实训所需作业设备如表 1–136 所示。

表 1–135 CR400AF 型动车组运行异常时行车作业设备

名称	型号	数量	备注
动车组模拟驾驶台	CR400AF	3	
电气仿真柜	—	3	

1.14.3 实训内容

1. 列车占用丢失时非正常行车（见表 1–136）

表 1–136 列车占用丢失作业指导

序号	作业项目	图示	处理过程
1	列车占用丢失		车站值班员呼叫司机：“×××次列车立即停车，前行×××次列车在前方闭塞分区运行占用丢失。”
2		—	司机回复：×××次列车立即停车，前行×××次列车在前方闭塞分区运行占用丢失，司机明白。” 司机立即停车

续表

序号	作业项目	图示	处理过程
3	列车占用丢失		值班员呼叫司机："×××次列车，前方至×××站区间空闲，恢复运行。" 司机回复："前方至×××站区间空闲，恢复运行，司机明白。"

2. 异物侵限报警时非正常行车（见表 1–137）

表 1–137　异物侵限报警作业指导

序号	作业项目	图示	处理过程
1	异物侵限报警		调度呼叫司机："×××时×××分，×××站至×××站间下行线×××公里标至×××公里标发现异物侵限报警。" 司机回复："司机明白。" 司机立即停车
2		 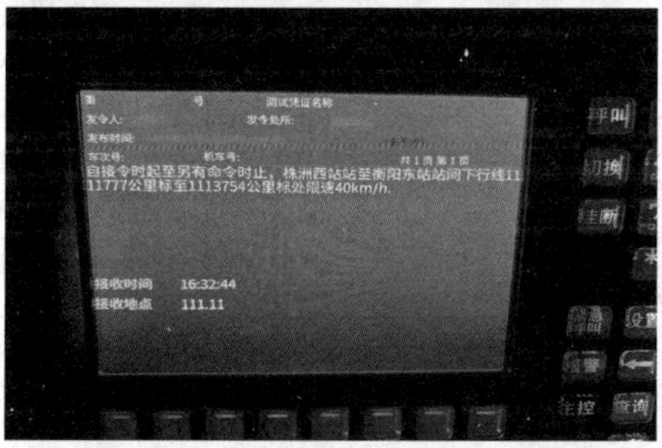	调度确认报警地点无异状后呼叫司机："×××闭塞分区空闲，列车恢复运行，以遇到障碍物能随时停车的速度（不超过 40 km/h）越过报警点所在闭塞分区。" 司机回复："司机收到。" 调度下发调令，司机签收
3		 	司机在报警点所在闭塞分区通过信号机前等 2 min 后，以遇到障碍物能随时停车的速度（不超过 40 km/h）越过报警点所在闭塞分区。 司机呼叫调度员："×××时×××分，×××次已越过报警点次一个闭塞分区。" 调度回复："调度明白，恢复限速，正常运行。" 司机回复："司机明白。"

3. 自动过分相地面设备故障时非正常行车（见表 1–138）

表 1–138 自动过分相地面设备故障作业指导

序号	作业项目	图示	处理过程
1	自动过分相地面设备故障	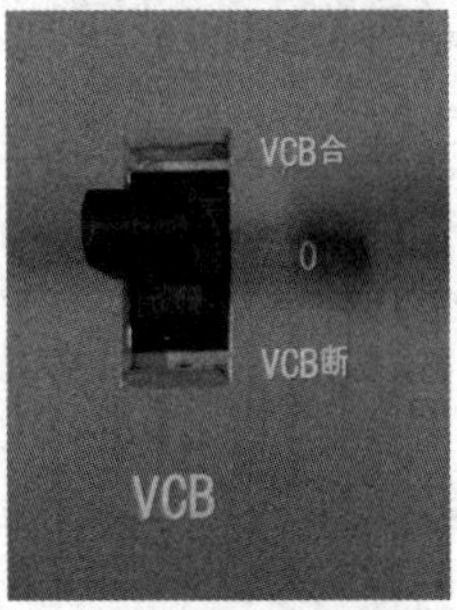 VCB合 0 VCB断 VCB	驶进分相区，发现 VCB 无法自动断开，应立即手动断电
2		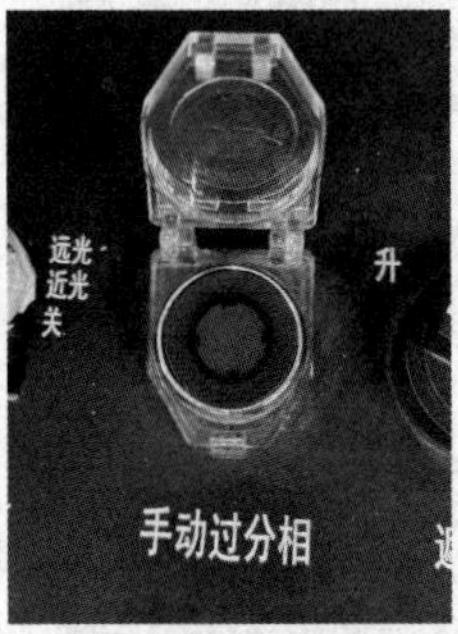 远光·近光·关 升 手动过分相	手动过分相： （1）及时将司控器手柄退回“0”位； （2）操作“手动过分相”按钮，并保持 2 s； （3）确认手动过分相灯亮，通过 HM 屏确认主断路器断开； （4）车辆进入无电区，在 HMI 屏上确认网压降至 5 kV 以下； （5）车辆通过无电区后，在 HMI 屏上显示网压恢复至正常网压范围内； （6）离开分相区后车辆主断路器自动闭合
3		 CR400AF-Z 列车长 机械师 值班员 调度	司机呼叫调度：“×××站至×××站区间分相区无法自动过分相。”

4. 列车区间晃车时非正常行车（见表 1–139）

表 1–139 列车区间晃车作业指导

序号	作业项目	图示	处理过程
1	列车区间晃车	—	司机 001 呼叫调度：“001 司机报告，×××站至×××站（下一站）下行线×××米至×××米晃车，列车当前速度 ××× km/h （大于 160 km/h）。” 调度回复：“调度明白。”

续表

序号	作业项目	图示	处理过程
2			调度呼叫 002 司机并下发调令："×××次，×××站至×××站（下一站）下行线×××米至×××米晃车，在×××米至×××米（晃车地点前后各1 m）限速120 km/h运行。" 司机 002 回复："司机明白。" 司机 2 限速运行
3	列车区间晃车	—	司机 001 呼叫调度："001司机报告，×××站至×××站（下一站）下行线×××米至×××米晃车，列车以×××km/h（大于 160 km/h）速度驶出该闭塞分区，通过后不在晃车。" 调度回复："调度明白。"
4		 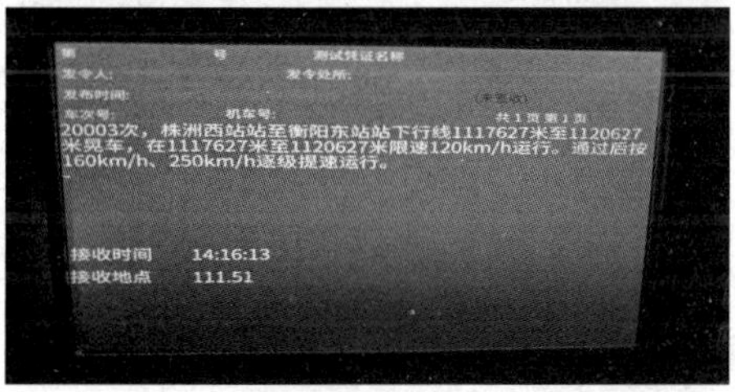	调度呼叫司机 002："×××次，过完晃车点后按 160 km/h、250 km/h 逐级提速。" 司机 002 签收调令并回复："明白。" 司机 002 过完晃车闭塞区间，实训结束

5. 列车碰撞异物时非正常行车（见表 1-140）

表 1-140　列车碰撞异物作业指导

序号	作业项目	图示	处理过程
1	列车碰撞异物	 	列车碰撞异物后，司机立即停车 司机呼叫机械师："由于×××米（公里标）处列车碰撞异物，×××时×××分在×××米处停车。" 机械师回复："申请下车检查。"

续表

序号	作业项目	图示	处理过程
2	列车碰撞异物		司机呼叫调度：“机械师需要下车检查。” 调度回复：“×××次，现已不再向该区间内放行列车，邻线限速 160 km/h 的命令已下达，允许机械师下车检查。”
3		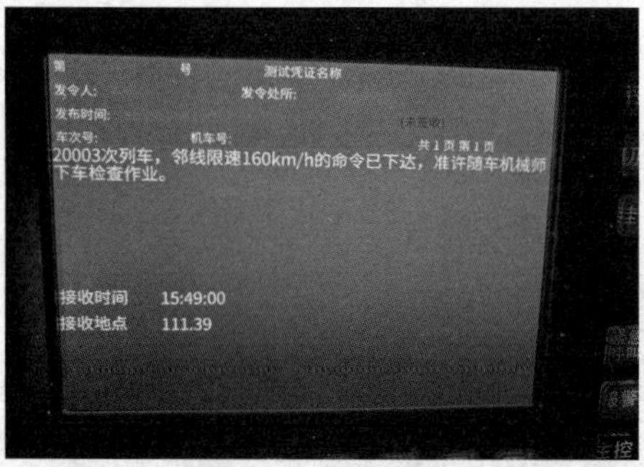	（1）调度下发调令并呼叫司机：“×××次，邻线限速 160 km/h 的命令已下达，准许机械师下车检查作业，时间是×××时×××分至×××时×××分。” （2）司机签收调令并回复：“司机收到。” （3）司机呼叫机械师：“允许下车检查作业，时间是×××时×××分至×××时×××分。” （4）机械师回复：“机械师明白。” 司机呼叫列车长，列车长回复：“列车长收到。”
4			机械师下车检查完毕，回复司机：“异物已处理完毕，可以动车。”
5			（1）司机呼叫调度：“机械师下车检查完毕，各部件正常无受损，可恢复正常行车。” （2）调度回复：“调度明白，现已取消邻线限速，可以恢复正常运行。” 司机回复：“司机明白。”
6		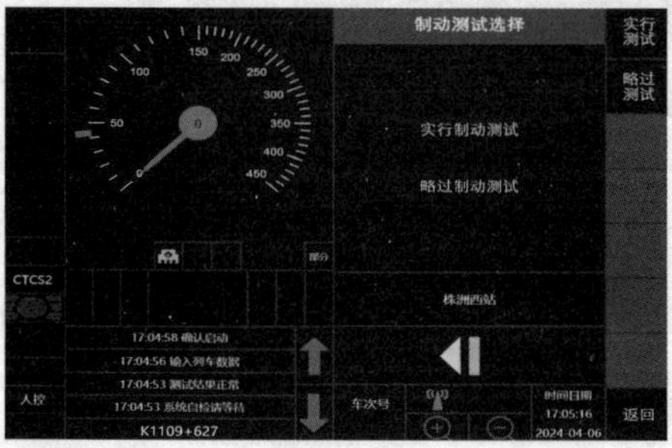	司机进行简略制动试验，试验后正常开车

6. 区间被迫停车应时非正常行车（见表 1-141）

表 1-141　区间被迫停车作业指导

序号	作业项目	图示	处理过程
1	区间被迫停车	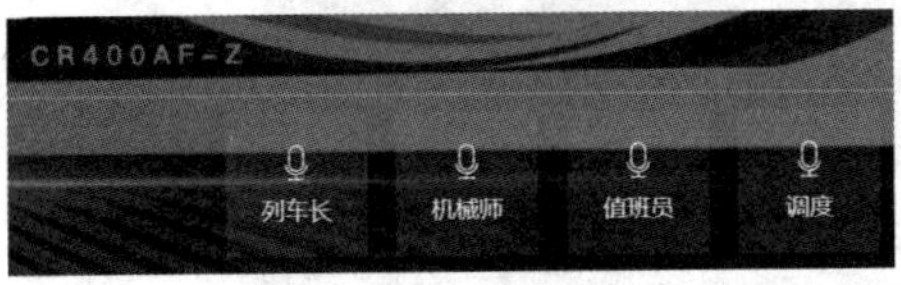	司机因机车故障被迫停车后呼叫值班员："×××站，×××次在×××（公里标）处因机车故障被迫停车。" 值班员："×××站明白。" 取消×××站（上一站）发车进路
2		—	值班员呼叫调度："调度，×××站报告，×××次在×××（公里标）处因机车故障被迫停车。" 调度回复："与×××次（司机 1）联系是否能继续运行，做好救援准备。"
3		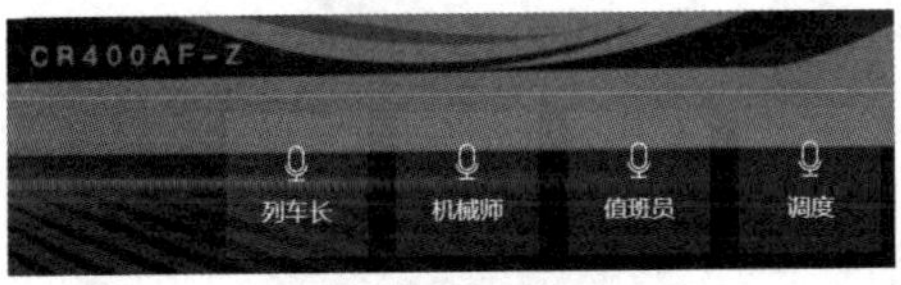	司机呼叫值班员："×××站，×××次动车组故障处理完毕，于×××时×××分动车。" 值班员："调度，×××站报告，×××次于×××时×××分动车。" 司机动车，实训结束

7. 列车退行时非正常行车（见表 1-142）

表 1-142　列车退行作业指导

序号	作业项目	图示	处理过程
1	列车退行	—	需要退行时，司机先停车
2			司机向调度汇报。调度回复："×××次，列车在×××站至×××站下行线×××处因前方轨道异物侵限被迫停车，不妨碍邻线，请求退行，调度明白。"

续表

序号	作业项目	图示	处理过程
3	列车退行		调度下发指令："准许×××次列车退回×××站，并将列控车载设备转入隔离模式，区间限速 15 km/h。" 司机签收调令
4			司机回复调度"收到"
5		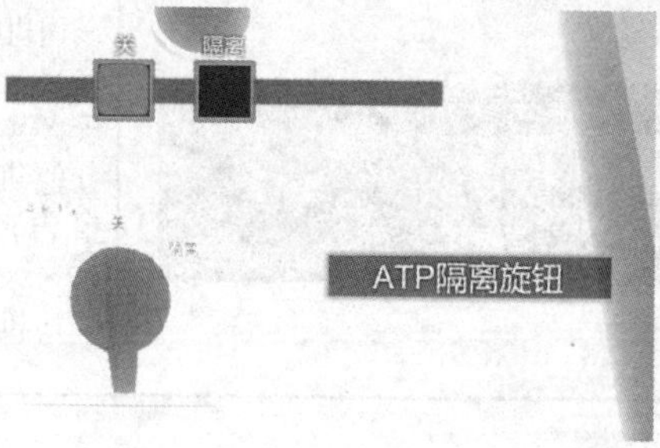	转 ATP 隔离模式
6		—	司机向后退行动车，限速运行，退行到上一站台

8. 双向区间反方向行车（见表 1–143）

表 1–143 双向区间反方向行车作业指导

序号	作业项目	图示	处理过程
1	双向区间反方向行车		双向区间需要反方向行车时，调度通知："×××次司机，发令时间×××时×××分，自接令时起，准许×××次列车在×××m 至×××m 利用上行线反方向运行。"

续表

序号	作业项目	图示	处理过程
2	双向区间反方向行车	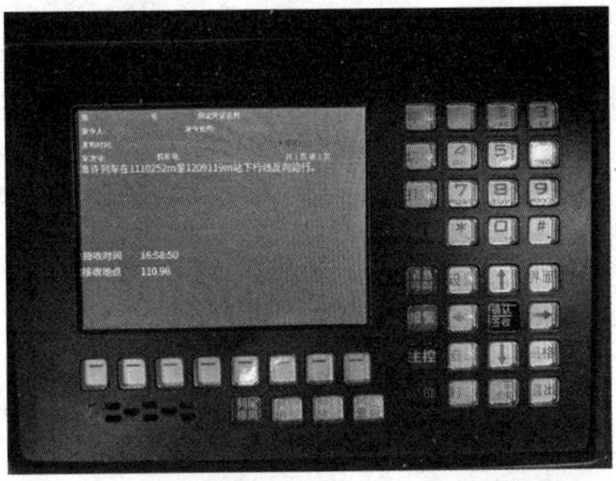	调度下发指令："准许列车在××× m 至××× m 站下行线反向运行。" 司机签收调令
3		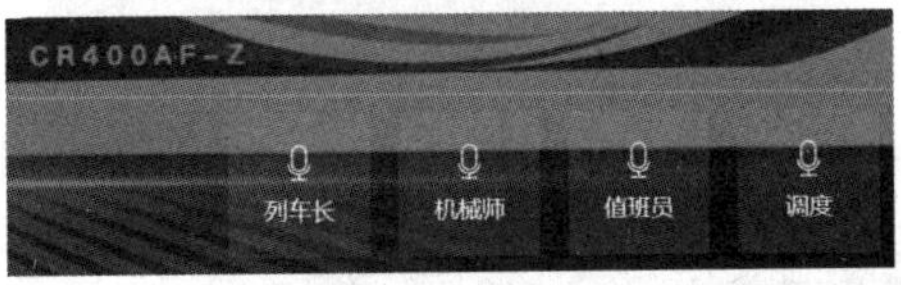	司机回复调度"收到"
4		—	司机动车，回到下行线时实训结束

9. 列车发生火灾时非正常行车（见表 1–144）

表 1–144　列车发生火灾作业指导

序号	作业项目	图示	处理过程
1	列车发生火灾	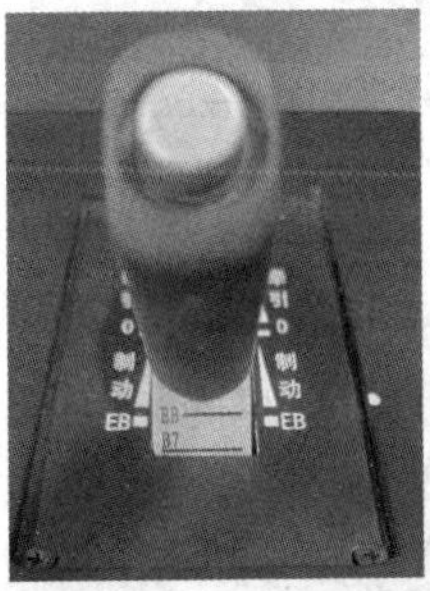	司控器手柄拉至最大常用制动位
2		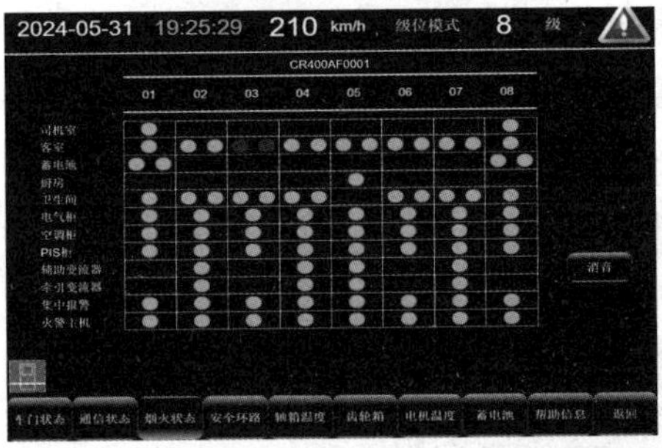	进入 HMI 屏烟火状态页面检查火情

续表

序号	作业项目	图示	处理过程
3			（1）司机呼叫机械师。 （2）机械师回复：“收到，由于×号车厢垃圾箱内起火，立即停车。”
4		—	司机立即停车
5			司机呼叫机械师，机械师回复：“机械师收到。”
6	列车发生火灾		司机呼叫调度，调度回复：“收到，迅速扑灭火情，防止火势蔓延，维护车内秩序，防止引起旅客恐慌，保证旅客人身安全，有情况立即汇报。”
7			机械师灭火后报告：“火情完全扑灭，现已具备动车条件。”
8			司机动车，向调度汇报：“×××次已动车。”调度收到回复：“调度收到。”

1.14.4　考核评价

考核点及评价标准如表 1-145 所示，考核评价表如表 1-146 所示。

表 1-145　考核点及评价标准

<table>
<tr><th rowspan="2">学习任务</th><th rowspan="2">考核点</th><th rowspan="2">建议考核方式</th><th colspan="3">评价标准</th></tr>
<tr><th>优
（90 分）</th><th>良
（80 分）</th><th>及格
（60 分）</th></tr>
<tr><td rowspan="5">CR400AF 型动车组运行异常时非正常行车作业</td><td>1. 掌握CR400AF型动车组运行异常时非正常行车作业的操作方法</td><td rowspan="5">在线评价
+
软件评价
+
教师评价
+
学生互评</td><td rowspan="5">5 个考核点合格</td><td rowspan="5">4 个考核点合格</td><td rowspan="5">3 个考核点合格</td></tr>
<tr><td>2. 能够进行CR400AF型动车组运行异常时非正常行车作业的计算机模拟操作</td></tr>
<tr><td>3. 能够进行CR400AF型动车组运行异常时非正常行车作业的驾驶台实操</td></tr>
<tr><td>4. 能够正确与调度和机械师联控</td></tr>
<tr><td>5. 能够准确进行呼唤应答</td></tr>
</table>

表 1-146　考核评价表

<table>
<tr><td colspan="9">实训项目：CR400AF 型动车组运行异常时非正常行车作业</td></tr>
<tr><td colspan="4">班级：</td><td colspan="5">姓名：</td></tr>
<tr><td>评价内容</td><td>评分标准</td><td>考核方式</td><td>分值</td><td>自评</td><td>互评</td><td>软件评分</td><td>教师评分</td><td>得分</td></tr>
<tr><td>素质</td><td>1. 能够与团队成员合作，合理沟通，接受任务，协作他人完成工作任务；
2. 有集体意识和社会责任心；
3. 遵章守纪</td><td>过程考核</td><td>30</td><td></td><td></td><td></td><td></td><td></td></tr>
<tr><td>知识</td><td>1. 掌握 CR400AF 型动车组运行异常时非正常行车作业处理方法；
2. 掌握 CR400AF 型动车组运行异常时非正常行车作业处理流程；
3. 能够正确与调度和机械师联控；
4. 能够准确进行呼唤应答</td><td>现场操作</td><td>40</td><td></td><td></td><td></td><td></td><td></td></tr>
<tr><td>能力</td><td>1. 能够按照操作规范，考虑环保及文明施工措施，安全完成工作任务；
2. 遵守 7S 管理要求；
3. 具有查阅各类教学资源的能力；
4. 具有制定完成任务或项目的方案的能力</td><td>过程考核</td><td>30</td><td></td><td></td><td></td><td></td><td></td></tr>
<tr><td colspan="3">总分</td><td>100</td><td></td><td></td><td></td><td></td><td></td></tr>
</table>

模块 2　CR400BF 型动车组模拟驾驶实训指导书

CR400BF 型智能动车组模拟驾驶实训设备由 CR400BF 型智能动车组模拟驾驶台和与之配套的配电柜组成，模拟驾驶台具有与实际 CR400BF 型动车组司机操纵台相同的功能与控制逻辑。本模块中，在模拟驾驶台上开展以下实训项目教学：

（1）CR400BF 型动车组司机室设备认知；

（2）CR400BF 型动车组司机一次乘务标准化作业；

（3）CR400BF 型动车组随车机械师应急故障处理；

（4）CR400BF 型动车组非正常行车作业。

实训项目 2.1　CR400BF 型动车组司机室设备认知

2.1.1　实训目的

本项目分为司机室显示装置认知及操纵方法、司机操纵台设备认知及操纵方法、司机室侧边柜设备认知及操纵方法。

CR400BF 型动车组司机室设备认知微课视频

通过本实训项目的开展，使学生了解司机操纵台整体结构、布局及外观，了解驾驶台设备（司控器、开关、按钮（键）、脚踏、仪表）的操纵方法及控制逻辑，为后续实训项目打下基础。

2.1.2　实训设备

本实训项目的作业设备如表 2-1 所示。

表 2-1　作业设备

名称	型号	数量	备注
出退勤乘务一体机	—	1	
动车组模拟驾驶台	CR400BF	3	
EOAS 数据转储卡	—	3	

CR400BF 型动车组模拟驾驶台（见图 2-1）对于出退勤乘务一体机、EOAS 数据转储卡的介绍，参考模块 1。以复兴号 CR400BF 型动车组为原型，集成 CIR 显示器及话筒、司机显示器 HMI、ATP 人机交互界面——DMI 显示屏、紧急断电按钮、拾音器、制动按钮区、主操纵手柄、DSD 脚踏开关、风笛脚踏开关等仿真设备，其他设备与 CR400BF 相同。

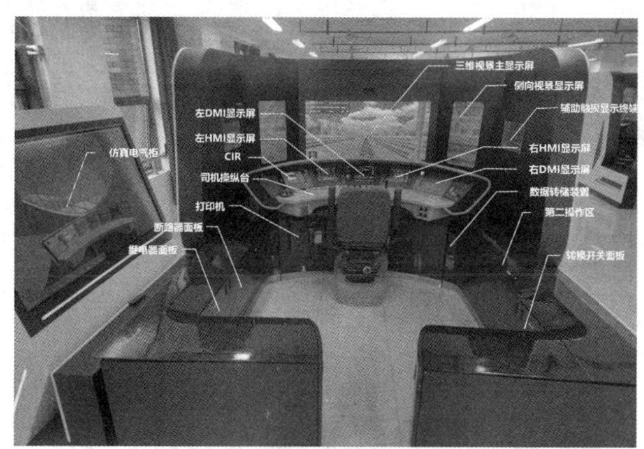

图 2-1　CR400BF 型动车组模拟驾驶台

2.1.3　实训内容

1. 司机室显示装置认知及操纵方法

同 CR400AF 型动车组。

2. 司机操纵台设备认知及操纵方法（见表 2-2）

表 2-2　司机操纵台设备认知及操纵作业指导

序号	作业项目	图示	处理过程
1	司机操纵台设备认知及操纵方法		司机操纵台包含开关、按钮、指示灯、司控器手柄
1	司机操纵台设备认知及操纵方法		司控器手柄操纵说明： B1～B7 级位：逐级增加制动力 EB 挡：紧急制动 K1～K4 级位：加减速度级位 K1——加速度模式：+5 km/h/s，10 s 后变为+25 km/h/s K2——加速度模式：+1 km/h/s K3——减速度模式：−1 km/h/s K4——减速度模式：−5 km/h/s，10 s 后变为−25 km/h/s

3. 司机室侧边柜设备认知及操纵方法（见表 2-3）

表 2-3　司机室侧边柜设备认知操纵作业指导

序号	作业项目	图示	处理过程
1	司机室侧边柜设备认知及操纵方法		**第 2 操作区**：提供蓄电池上电、ATP 电源上电、ATP 显示屏切换司机警惕装置旁路、列车无线控制等操作。 需注意：蓄电池上电需旋至开位 3 s 以上至显示屏单元上电
2			**转换开关面板**：提供各环路旁路功能。 需注意：转换开关打在红点侧执行铭牌内容的动作，默认位置在无红点一侧
3		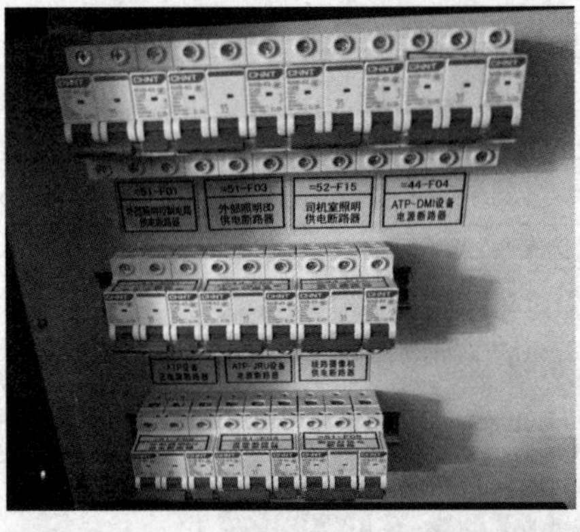	**断路器面板**：所有断路器默认在闭合位，如遇故障需进行应急处置时，断开对应断路器 10 s 以上再进行闭合操作
4		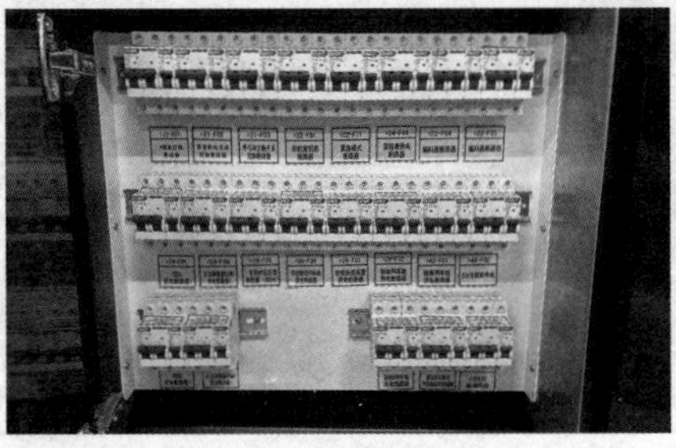	**继电器面板**：提供标志灯选择、负载切除、救援应急照明、欠压保护旋钮。 需注意：转换开关打在红点侧执行铭牌内容的动作，默认位置在无红点一侧

2.1.4　考核评价

考核点及评价标准如表 2–4 所示，考核评价表如表 2–5 所示。

表 2–4　考核点及评价标准

<table>
<tr><th rowspan="2">学习任务</th><th rowspan="2">考核点</th><th rowspan="2">建议考核方式</th><th colspan="3">评价标准</th></tr>
<tr><th>优
（90 分）</th><th>良
（80 分）</th><th>及格
（60 分）</th></tr>
<tr><td rowspan="5">CR400BF 型动车组司机室设备认知</td><td>1. 能够正确认识实训室设备</td><td rowspan="5">在线评价
+
小组汇报
+
现场口试
+
作业评分</td><td rowspan="5">5 个考核点合格</td><td rowspan="5">4 个考核点合格</td><td rowspan="5">3 个考核点合格</td></tr>
<tr><td>2. CR400BF 型动车组司机室显示装置认知及操纵方法</td></tr>
<tr><td>3. CR400BF 型动车组司机操纵台设备认知及操纵方法</td></tr>
<tr><td>4. CR400BF 型动车组司机室侧边柜设备认知及操纵方法</td></tr>
<tr><td>5. 会使用出退勤乘务一体机</td></tr>
</table>

表 2–5　考核评价表

<table>
<tr><td colspan="9">实训项目：CR400BF 型动车组司机室设备认知</td></tr>
<tr><td colspan="4">班级：</td><td colspan="5">姓名：</td></tr>
<tr><td>评价内容</td><td>评分标准</td><td>考核方式</td><td>分值</td><td>自评</td><td>互评</td><td>软件评分</td><td>教师评分</td><td>得分</td></tr>
<tr><td>素质</td><td>1. 能够与团队成员合作，合理沟通，接受任务，协作他人完成工作任务；
2. 有集体意识和社会责任心；
3. 遵章守纪</td><td>过程考核</td><td>30</td><td></td><td></td><td></td><td></td><td></td></tr>
<tr><td>知识</td><td>1. 能够正确认识实训室设备；
2. 能够正确说出动车组司机室模拟驾驶台上各开关键的名称和功能；
3. 会使用出退勤乘务一体机；
4. 会使用实训管理系统</td><td>现场口试</td><td>40</td><td></td><td></td><td></td><td></td><td></td></tr>
<tr><td>能力</td><td>1. 能够按照操作规范，考虑环保及文明施工措施，安全完成工作任务；
2. 遵守 7S 管理要求；
3. 具有查阅各类教学资源的能力；
4. 具有制定完成任务或项目的方案的能力</td><td>过程考核</td><td>30</td><td></td><td></td><td></td><td></td><td></td></tr>
<tr><td colspan="3">总分</td><td>100</td><td></td><td></td><td></td><td></td><td></td></tr>
</table>

实训项目 2.2　CR400BF 型动车组司机一次乘务标准化作业

2.2.1　实训目的

CR400BF 型动车组司机一次乘务标准化作业微课视频

通过本实训项目的开展，使学生了解 CR400BF 型动车组司机一次乘务作业流程，能够独立完成 CR400BF 型动车组司机一次乘务作业。同时，熟悉动车组一次乘务标准化作业的手比口呼的标准用语，在操纵过程中能够进行精准呼唤。

2.2.2　实训设备

本实训项目的作业设备如表 2–6 所示。

表 2-6　CR400BF 型动车组司机一次乘务标准化作业设备

名称	型号	数量	备注
出退勤乘务一体机	—	1	
动车组模拟驾驶台	CR400BF	3	
EOAS 数据转储卡	—	3	

2.2.3　实训内容

1. 出勤作业

同 CR400AF 型动车组。

2. 静态检查（见表 2–7）

表 2-7　静态检查作业内容及要求

序号	作业项目	图示	注释
1	下发作业		选择一次乘务作业，按右下角【开始】键开始作业。 按照三维视景主显示屏检查列表和语音提示，开始动车组检查及常规操作

续表

序号	作业项目	图示	注释
2	设备检查与确认（静态检查）	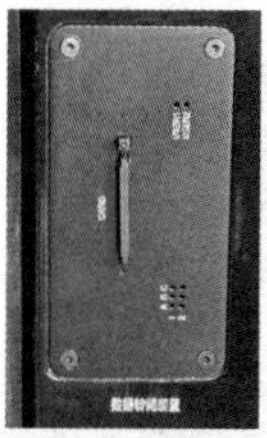	进入司机室，插入EOAS数据转储卡，确认设备可见部位无破损
3	检查司机配电柜	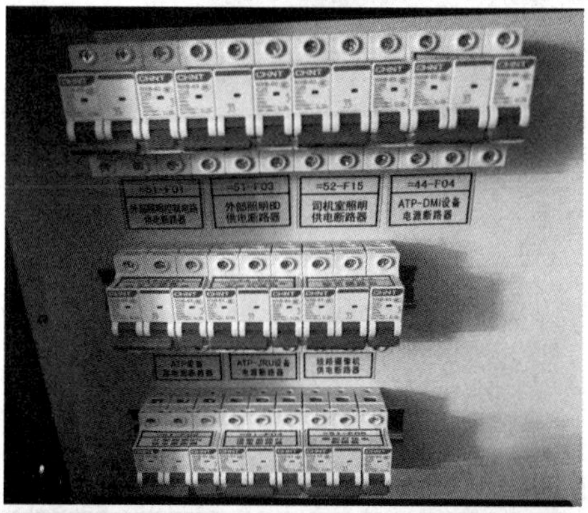=52-F15 =44-F04 ATP-DMI设备 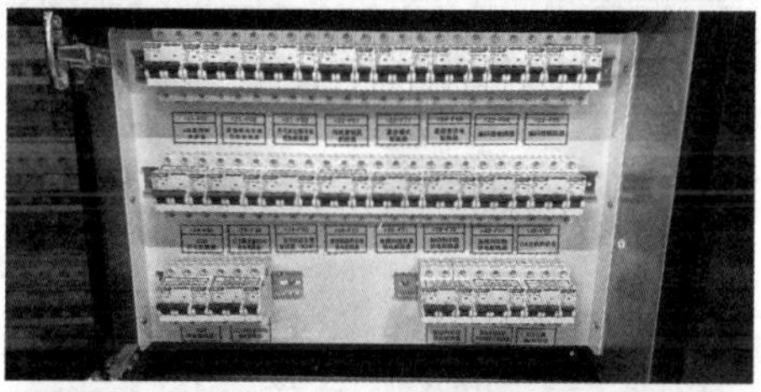	确认断路器面板、继电器面板各开关均处于闭合位；CIR打印机终端、广播电话外观状态良好
4	检查司机操纵台	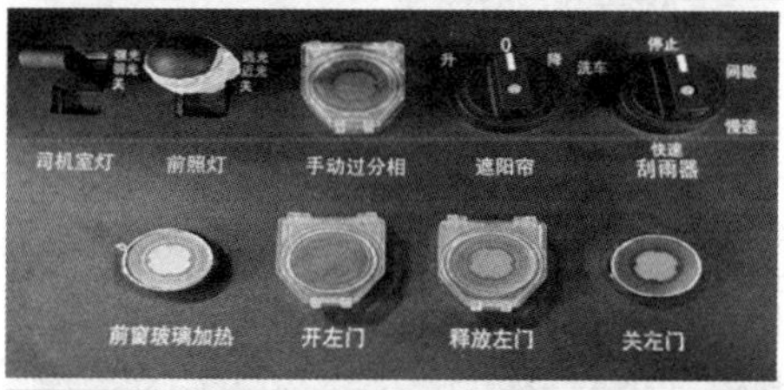司机室灯 前照灯 手动过分相 遮阳帘 快速 刮雨器 前窗玻璃加热 开左门 释放左门 关左门 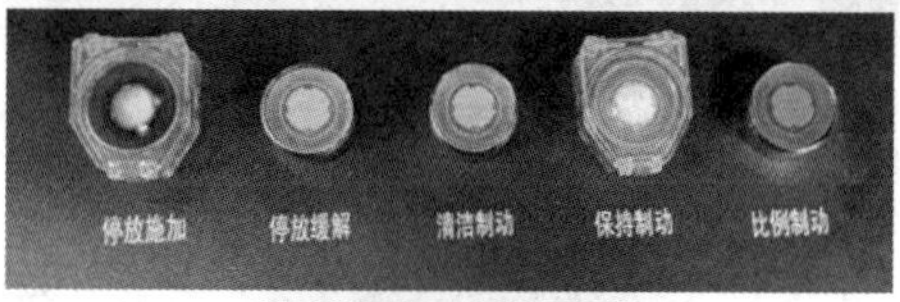停放施加 停放缓解 清洁制动 保持制动 比例制动 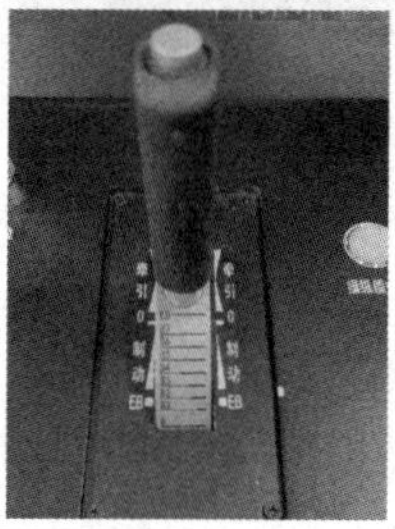	司机操纵台上布置有各系统的显示设备、司控器、CIR话筒、仪表、指示灯等部件，以及行车过程中司机必须操作的按钮、开关等元器件，各器件均应外观状态良好

续表

序号	作业项目	图示	注释
5	检查显示屏及按钮	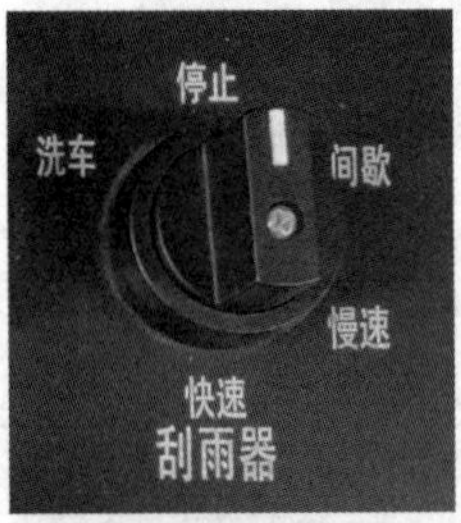	检查操纵台 MMI（CIR 显示器）、DMI（ATP 人机交互界面）、HMI 显示屏，应外观良好，刮雨器开关处于“停止”位
6	检查司控器手柄、方向选择开关	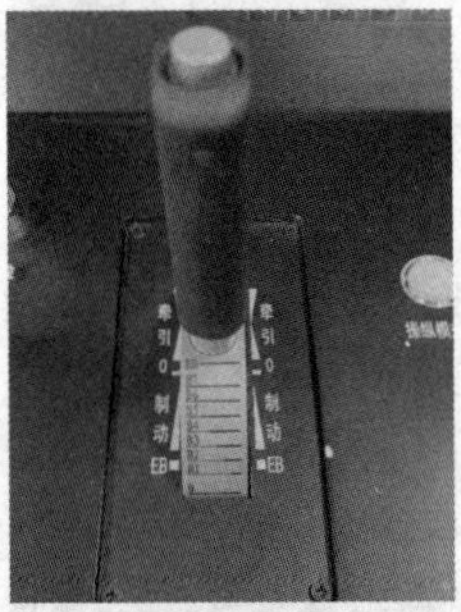	司控器手柄、方向选择开关均在“0”位
7	检查“紧急制动”“紧急断电”按钮		“紧急制动”“紧急断电”按钮位置正确（右旋）
8	检查空调开关位置		检查操纵台右下侧司机室空调开关位置，应在“自动”位
9	检查第二操作区	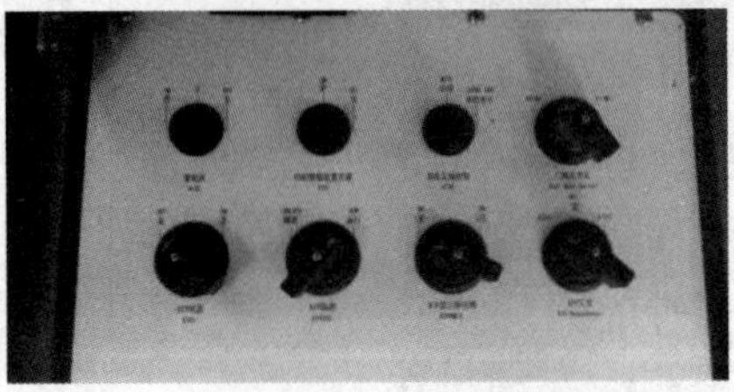	确认第二操作区面板内蓄电池旋钮开关在“0”位、ATP 隔离开关在“运行”位、ATP 显示器切换开关在“1 开”或“2 开”位、300T 型 ATP 冗余开关在“ATP1”或“ATP2”位、列车无线控制开关在“自动”位、司机警惕装置旁路开关在“开”位、ATP 电源开关在“关”位

续表

序号	作业项目	图示	注释
10	检查转换开关面板		确认转换开关面板内 ATP 钥匙在“开”位，其余各开关（“紧急制动 UB 环路旁路”“紧急制动 EB 环路旁路”“停放制动监控环路旁路”“制动缓解监控环路旁路”“火灾报警环路旁路”“乘客紧急制动环路旁路”“车门环路旁路”“紧急断电环路旁路”“保持制动隔离”“救援”“地震预警隔离”“紧急牵引模式”“受电弓选择”“外部照明模式选择”“HMI 操作”“EB/UB 旁路”“GFX-3A 隔离”“供电转换”开关）均在直立位
11	选择车型		完成所有检查后，请在右侧辅助屏按“完成设备检查”键进入下一实训项目

3. 设备上电

同 CR400AF 型动车组。

4. 车辆制动试验

同 CR400AF 型动车组。

5. 参数输入

同 CR400AF 型动车组。

6. ATP 操作

同 CR400AF 型动车组。

7. 动车组基本操作

同 CR400AF 型动车组。

8. 复位隔离操作

同 CR400AF 型动车组。

9. 出所作业

同 CR400AF 型动车组。

10. 始发作业

同 CR400AF 型动车组。

11. 途中运行

同 CR400AF 型动车组。

12. 同向继乘

同 CR400AF 型动车组。

13. 终到作业

同 CR400AF 型动车组。

14. 换端作业

同 CR400AF 型动车组。

2.2.4 考核评价

考核点及评价标准如表 2-8 所示，考核评价表如表 2-9 所示。

表 2-8 考核点及评价标准

学习任务	考核点	建议考核方式	评价标准		
			优（90 分）	良（80 分）	及格（60 分）
CR400BF 型动车组司机一次乘务标准化作业	1. 能够正确认识实训室设备	在线评价 + 小组汇报 + 现场口试 + 作业评分	5 个考核点合格	4 个考核点合格	3 个考核点合格
	2. CR400BF 型动车组司机室显示装置认知及操纵方法				
	3. CR400BF 型动车组司机操纵台设备认知及操纵方法				
	4. CR400BF 型动车组司机室侧边柜设备认知及操纵方法				
	5. 会使用出退勤一体机				

表 2-9 考核评价表

实训项目：CR400BF 型动车组司机一次乘务标准化作业								
班级：				姓名：				
评价内容	评分标准	考核方式	分值	自评	互评	软件评分	教师评分	得分
素质	1. 能够与团队成员合作，合理沟通，接受任务，协作他人完成工作任务； 2. 有集体意识和社会责任心； 3. 遵章守纪	过程考核	30					
知识	1. 掌握 CR400BF 型动车组司机一次乘务标准化作业流程； 2. 能独立完成 CR400BF 型动车组司机一次乘务标准化作业驾驶台练习； 3. 能够正确与调度和机械师联控； 4. 能够准确进行呼唤应答	现场操作	40					
能力	1. 能够按照操作规范，考虑环保及文明施工措施，安全完成工作任务； 2. 遵守 7S 管理要求； 3. 具有查阅各类教学资源的能力； 4. 具有制定完成任务或项目的方案的能力	过程考核	30					
总分			100					

实训项目 2.3　CR400BF 型动车组应急处置基本操作

2.3.1　实训目的

通过本实训项目的开展，使学生了解 CR400BF 型动车组随车机械师应急故障处理流程，能够根据实际情况判断故障类型，并独立完成 CR400BF 型动车组随车机械师应急故障处理。提高学生针对行车过程中的故障提示信息按照行车组织的有关规章进行故障应急处置能力。

2.3.2　实训设备

本实训项目的作业设备如表 2-10 所示。

表 2-10　CR400BF 型动车组应急处置作业设备

名称	型号	数量	备注
动车组模拟驾驶台	CR400BF	3	
电气仿真柜	—	3	

2.3.3　实训内容

1. 小复位

同 CR400AF 型动车组。

2. 牵引辅助复位

同 CR400AF 型动车组。

3. 紧急复位

同 CR400AF 型动车组。

4. BC 复位（见表 2-11）

表 2-11　BC 复位作业指导

序号	作业项目	图示	处理过程
1	BC 复位	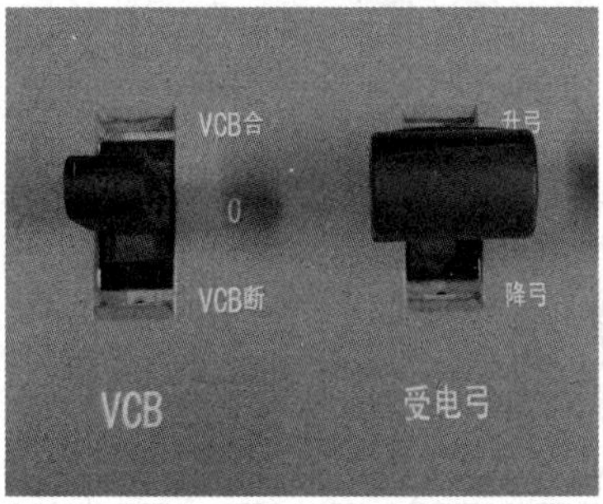	断开 VCB

续表

序号	作业项目	图示	处理过程
2	BC 复位	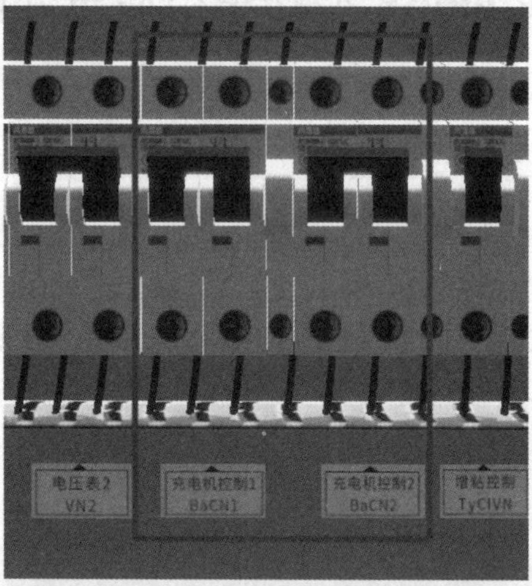	机械师到故障车的车辆电气柜，将充电机控制 1、充电机控制 2 的控制断路器断开，10 s 后将其闭合
3		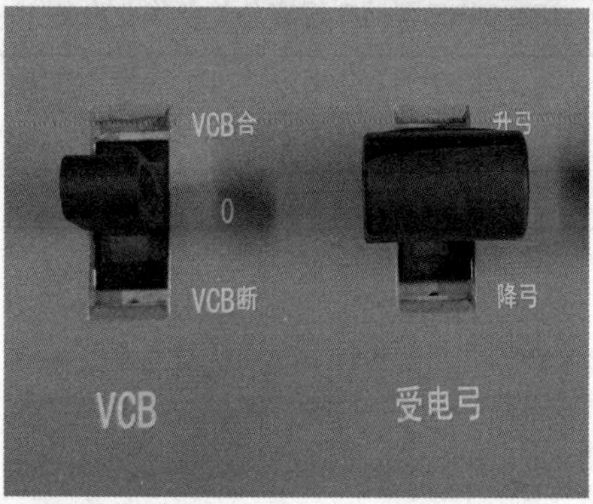	闭合 VCB

5. BCU 复位（见表 2-12）

表 2-12　BCU 复位作业指导

序号	作业项目	图示	处理过程
1	BCU 复位	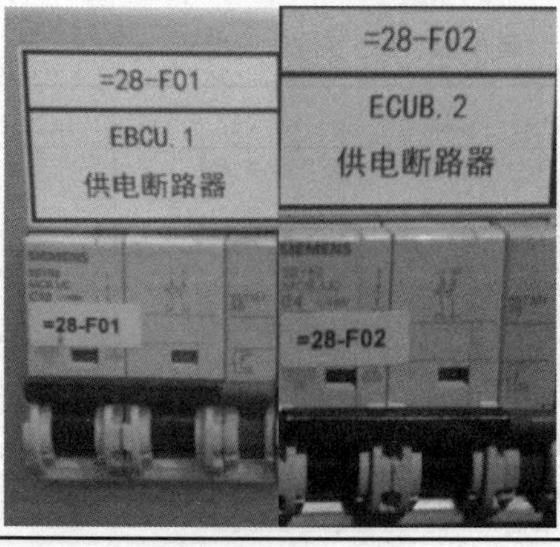	复位 BCU 时，先断供电断路器（=28-F02），再断(=28-F01)；10 s 后闭合时，先合（=28-F01），再合供电断路器（=28-F02）

6. 空气制动切除（见表 2–13）

表 2–13　空气制动切除作业指导

序号	作业项目	图示	处理过程
1	空气制动切除		施加停放制动、7 级常用制动
2			将 PIS 柜内车辆控制面板上单车空气制动隔离开关（=28–S06）置“关”位，切除本车空气制动，并通过压力表确认制动缓解
3			通过 HMI 制动界面“空气制动”状态确认空气制动已切除

7. 应急处置作业内容及要求

同 CR400AF 型动车组。

2.3.4 考核评价

考核点及评价标准如表 2-14 所示，考核评价表如表 2-15 所示。

表 2-14 考核点及评价标准

学习任务	考核点	建议考核方式	评价标准		
			优（90 分）	良（80 分）	及格（60 分）
CR400BF 型动车组应急处置基本操作	1. 掌握 CR400BF 型动车组各级复位的操作方法	在线评价 + 软件评价 + 教师评价 + 学生互评	5 个考核点合格	4 个考核点合格	3 个考核点合格
	2. 掌握空气制动切除的操作方法				
	3. 掌握应急处置的基本内容和操作方法				
	4. 能够正确与调度和机械师联控				
	5. 能够准确进行呼唤应答				

表 2-15 考核评价表

实训项目：CR400BF 型动车组应急处置基本操作								
班级：				姓名：				
评价内容	评分标准	考核方式	分值	自评	互评	软件评分	教师评分	得分
素质	1. 能够与团队成员合作，合理沟通，接受任务，协作他人完成工作任务； 2. 有集体意识和社会责任心； 3. 遵章守纪	过程考核	30					
知识	1. 掌握 CR400BF 型动车组各级复位的操作方法； 2. 掌握空气制动切除的操作方法； 3. 掌握应急处置的基本内容和操作方法； 4. 能够正确与调度和机械师联控； 5. 能够准确进行呼唤应答	现场操作	40					
能力	1. 能够按照操作规范，考虑环保及文明施工措施，安全完成工作任务； 2. 遵守 7S 管理要求； 3. 具有查阅各类教学资源的能力； 4. 具有制定完成任务或项目的方案的能力	过程考核	30					
总分			100					

实训项目 2.4　CR400BF 型动车组转向架及其辅助装置应急处置

2.4.1　实训目的

通过本实训项目的开展，使学生了解 CR400BF 型动车组转向架及其辅助装置应急作业的处理流程，能够根据实际情况判断故障类型，并独立完成 CR400BF 型动车组转向架及其辅助装置应急作业，提高学生针对行车过程中出现的转向架及其辅助装置的故障提示信息，按照行车组织的有关规章对故障进行应急处置的能力。

2.4.2　实训设备

本实训项目的作业设备如表 2-16 所示。

表 2-16　作业设备

名称	型号	数量	备注
动车组模拟驾驶台	CR400BF	3	
电气仿真柜	—	3	

2.4.3　实训内容

轴温主机通信故障应急处置微课视频

1. 轴温预警级（1 级）故障应急处置

处理步骤同 CR400AF 型动车组。

2. 轴温报警级（2 级）故障应急处置

处理步骤同 CR400AF 型动车组。

3. 齿轮箱温度预警级（1 级）故障应急处置

处理步骤同 CR400AF 型动车组。

4. 齿轮箱温度报警级（2 级）故障应急处置

处理步骤同 CR400AF 型动车组。

5. 轴温传感器故障应急处置

处理步骤同 CR400AF 型动车组。

6. 轴温主机通信故障应急处置

处理步骤同 CR400AF 型动车组。

7. 空簧压力低故障应急处置

处理步骤同 CR400AF 型动车组。

8. 轴不旋转故障应急处置（见表 2-17）

表 2-17　轴不旋转故障应急处置作业指导

序号	作业项目	图示	处理过程
故障现象		HMI 屏报出“轴不旋转，限速 40 km/h”故障信息	
1	轴不旋转故障	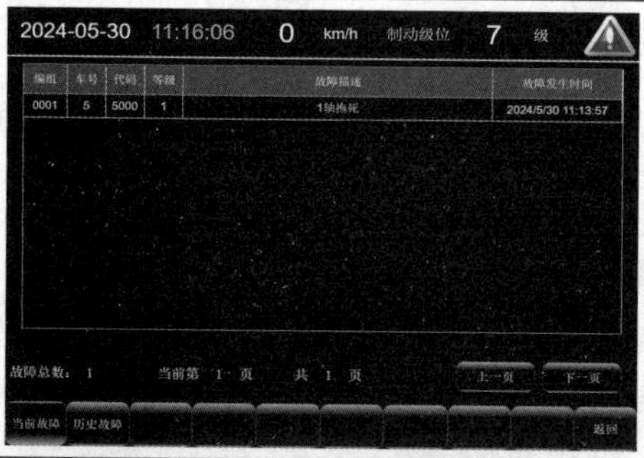	通过 HMI 屏当前故障页面确认故障信息，确认后立即停车
2			将故障通知机械师，机械师回复：“切除故障车空气制动，并申请下车检查。”
3			司机通知调度，询问是否可以下车检查，调度回复：“邻线限速 160 km/h 的命令已下达，允许下车检查。”
4			司机通知机械师下车检查，机械师回复：“机械师收到。”
5			通知列车长，列车长回复：“列车长收到。”

续表

序号	作业项目	图示	处理过程
6	轴不旋转故障		司机关闭“空气制动隔离开关（=28−S06）”
7			机械师检查后回复：“车下检查无异常，进行人工滚动试验。”
8		—	司机动车（限速 5 km/h，运行 20 m），进行人工滚动试验，试验结束后停车
9			机械师通知：“滚动试验合格，切除 HMI 屏‘轴不旋转，限速 40 km/h’限速条件，按相关规定限速运行。”
10			司机切除 HMI 屏“轴不旋转，限速 40 km/h”限速条件
11			司机动车，动车后通知调度，调度回复：“邻线限速已恢复。”

9. 防滑速度传感器故障应急处置（见表 2-18）

表 2-18　防滑速度传感器故障应急处置作业指导

序号	作业项目	图示	处理过程
故障现象		HMI 屏报出防滑速度传感器故障	
1	防滑速度传感器故障		故障信息出现后，采用 B4 及以下级别制动停车，并通知机械师
2		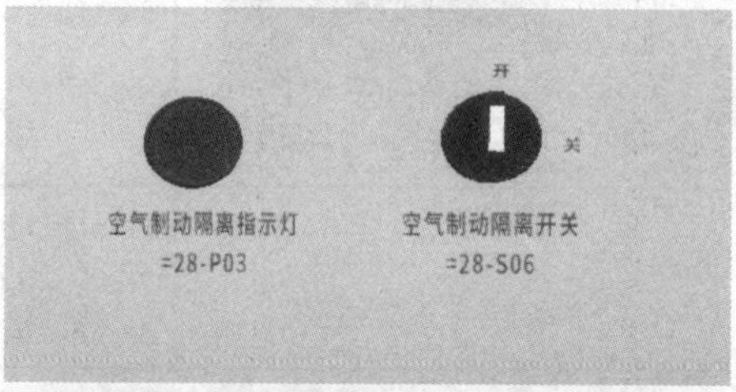	机械师关闭直流柜内“空气制动隔离开关，”切除本车空气制动
3		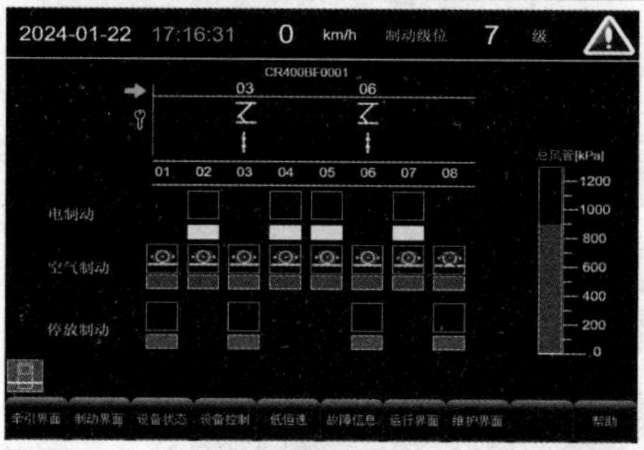	司机通过 HMI 屏确认空气制动已隔离，制动信息页面中对应车的制动缸压力为 0 kPa
4		—	司机按相关规定限速运行

10. 转向架横向加速度报警故障应急处置（见表 2-19）

表 2-19　转向架横向加速度报警故障应急处置作业指导

序号	作业项目	图示	处理过程
1	转向架横向加速度报警故障	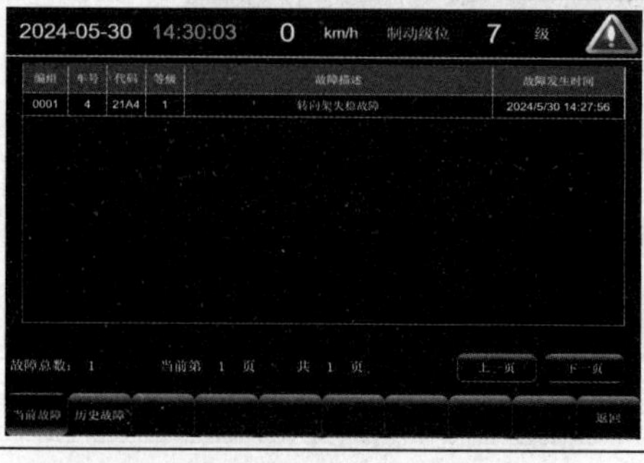	HMI 屏弹出转向架失稳故障提示，并伴有警报声时，司机确认故障情况

续表

序号	作业项目	图示	处理过程
2	转向架横向加速度报警故障		司机通知机械师，机械师回复："故障持续报警，申请下车检查。"
3			司机停车，通知调度，询问是否可以下车检查。 调度回复："邻线限速 160 km/h 的命令已下达，允许下车检查。"
4			司机通知机械师下车检查，机械师回复："机械师收到。"
5			通知列车长，列车长回复："列车长收到。"
6			检查完毕后，机械师回复："检查完毕，设备无异常。断合故障车厢横向加速度检测装置供电断路器后恢复正常运行。"
7		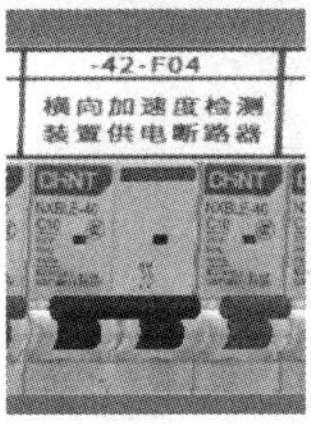	司机断合故障车厢横向加速度检测装置供电断路器

续表

序号	作业项目	图示	处理过程
8	转向架横向加速度报警故障		司机动车，动车后通知调度，调度回复："邻线限速已恢复。"

11. **转向架失稳主机通信或传感器故障应急处置**

处理步骤同 CR400AF 型动车组。

12. **轮径差超过限制值故障应急处置**（见表 2-20）

表 2-20　轮径差超过限制值故障应急处置作业指导

序号	作业项目	图示	处理过程
1	轮径差超过限制值故障	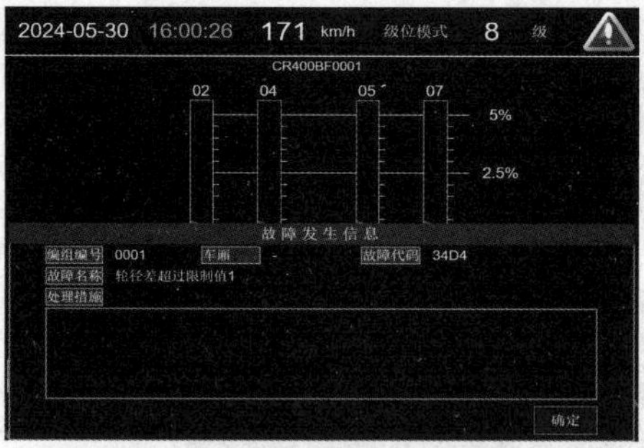	司机发现 HMI 屏报出以上故障
2		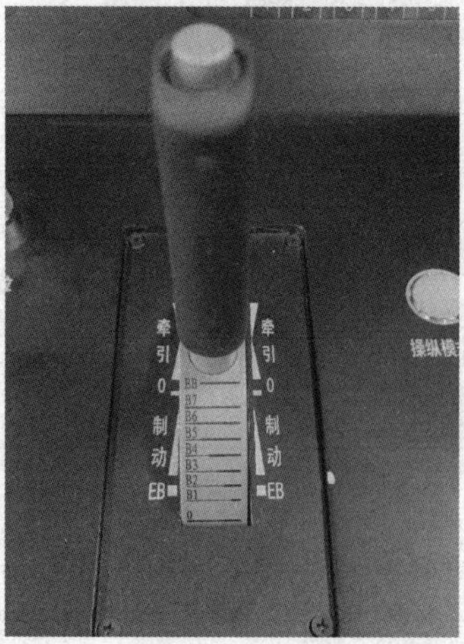	将司控器手柄回"0"位（速度大于 100 km/h，维持 10 s）
3		—	推牵引，恢复正常

2.4.4 考核评价

考核点及评价标准如表 2-21 所示，考核评价表如表 2-22 所示。

表 2-21　考核点及评价标准

学习任务	考核点	建议考核方式	评价标准		
			优（90 分）	良（80 分）	及格（60 分）
CR400BF 型动车组转向架及其辅助装置应急处置	1. 掌握 CR400BF 型动车组转向架及其辅助装置应急处置的操作方法	在线评价 + 软件评价 + 教师评价 + 学生互评	5 个考核点合格	4 个考核点合格	3 个考核点合格
	2. 能够进行 CR400BF 型动车组转向架及其辅助装置应急处置的计算机模拟操作				
	3. 能够进行 CR400BF 型动车组转向架及其辅助装置应急处置的驾驶台实操				
	4. 能够正确与调度和机械师联控				
	5. 能够准确进行呼唤应答				

表 2-22　考核评价表

实训项目：CR400BF 型动车组转向架及其辅助装置应急处置								
班级：				姓名：				
评价内容	评分标准	考核方式	分值	自评	互评	软件评分	教师评分	得分
素质	1. 能够与团队成员合作，合理沟通，接受任务，协作他人完成工作任务； 2. 有集体意识和社会责任心； 3. 遵章守纪	过程考核	30					
知识	1. 掌握 CR400BF 型动车组转向架及其辅助装置应急处置的基本流程； 2. 掌握 CR400BF 型动车组转向架及其辅助装置应急处置的操作方法； 3. 能够正确与调度和机械师联控； 4. 能够准确进行呼唤应答	现场操作	40					
能力	1. 能够按照操作规范，考虑环保及文明施工措施，安全完成工作任务； 2. 遵守 7S 管理要求； 3. 具有查阅各类教学资源的能力； 4. 具有制定完成任务或项目的方案的能力	过程考核	30					
总分			100					

实训项目 2.5　CR400BF 型动车组主供电系统应急处置

2.5.1　实训目的

通过本实训项目的开展，使学生了解 CR400BF 型动车组主供电系统应急作业的处理流程，能够根据实际情况判断故障类型，并独立

完成 CR400BF 型动车组主供电系统应急作业，提高学生针对行车过程中出现的主供电系统故障提示信息，按照行车组织的有关规章，对故障进行应急处置的能力。

2.5.2　实训设备

本实训项目的作业设备如表 2-23 所示。

表 2-23　CR400BF 型动车组主供电系统应急处置作业设备

名称	型号	数量	备注
动车组模拟驾驶台	CR400BF	3	
电气仿真柜	—	3	

2.5.3　实训内容

受电弓控制故障应急处置微课视频

1. 受电弓控制故障应急处置

处理步骤同 CR400AF 型动车组。

2. 受电弓机械故障应急处置

处理步骤同 CR400AF 型动车组。

3. 主断路器无法闭合故障应急处置（见表 2-24）

表 2-24　主断路器无法闭合故障应急处置作业指导

序号	作业项目	图示	处理过程
故障现象		HMI 屏弹出“主断路器无法闭合”故障提示信息，代码为 3360	
1	主断路器无法闭合		司机发现受电弓升起车辆的主断路器不能闭合或者运行中主断路器异常断开，去 HMI 屏当前故障页面查看故障信息

续表

序号	作业项目	图示	处理过程
2	主断路器无法闭合	 换升非故障牵引单元受电弓，继续运行。 机械师	司机将故障通知机械师，机械师回复：“换升非故障牵引单元受电弓，继续运行。”
3		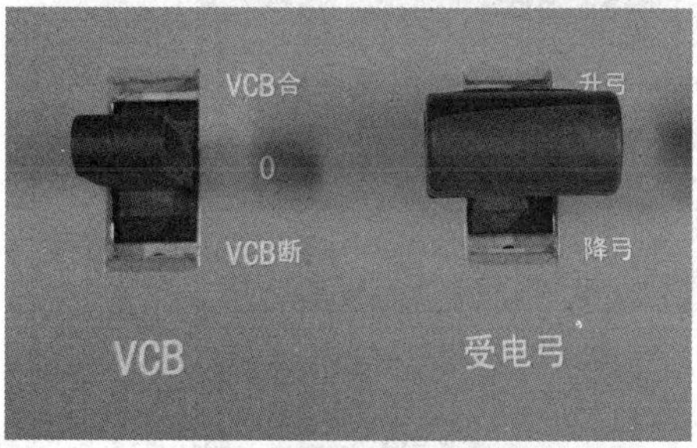 VCB合 0 VCB断 VCB 升弓 降弓 受电弓	司机降故障牵引单元受电弓，升正常牵引单元受电弓，继续运行

4. 主断路器无法闭合（无代码）故障应急处置（见表 2–25）

表 2–25　主断路器无法闭合（无代码）故障应急处置作业指导

序号	作业项目	图示	处理过程
故障现象		HMI 屏弹出“主断路器无法闭合”故障信息	
1	主断路器无法闭合（无代码）	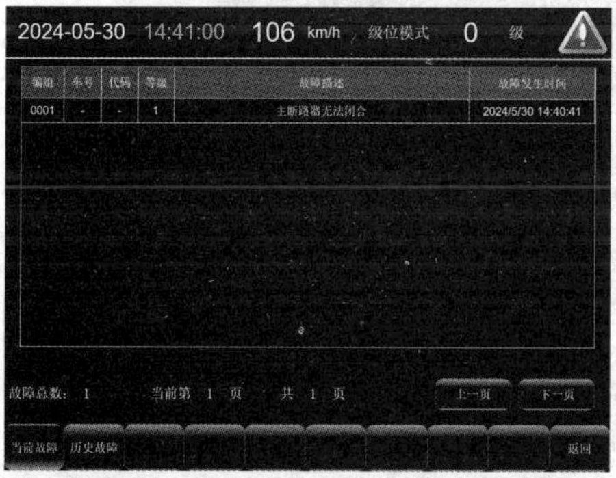 2024-05-30 14:41:00 106 km/h 级位模式 0 级 编码 车号 代码 等级 故障描述 故障发生时间 0001 - - 1 主断路器无法闭合 2024/5/30 14:40:41 故障总数：1 当前第 1 页 共 1 页 上一页 下一页 当前故障 历史故障 返回	司机发现受电弓升起车辆的主断路器不能闭合，去 HMI 屏当前故障页面查看故障信息
2		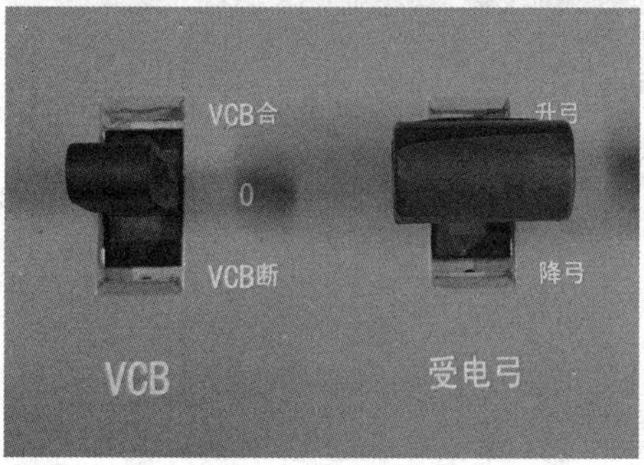 VCB合 0 VCB断 VCB 升弓 降弓 受电弓	切除当前受电弓，升起另一受电弓，闭合主断路器，维持运行

5. 车顶隔离开关打开故障应急处置（见表 2–26）

表 2–26　车顶隔离开关打开故障应急处置作业指导

序号	作业项目	图示	处理过程
故障现象		HMI 屏弹出“出现隔离开关过流封锁高压故障”信息，代码为 3377	
1	车顶隔离开关打开故障	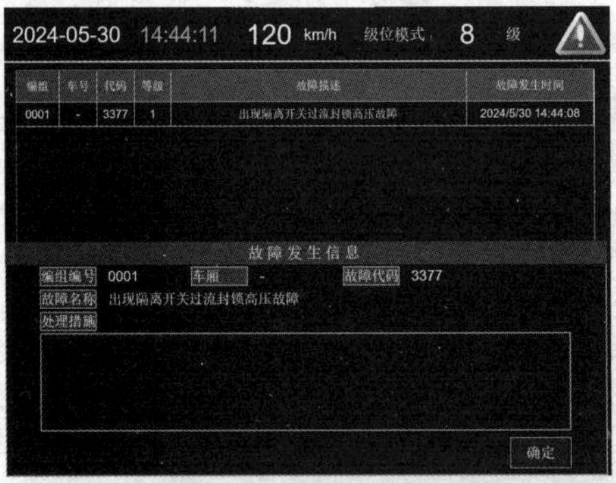	HMI 屏弹出车顶隔离开关打开故障提示，司机去 HMI 屏当前故障页面确认故障情况
2		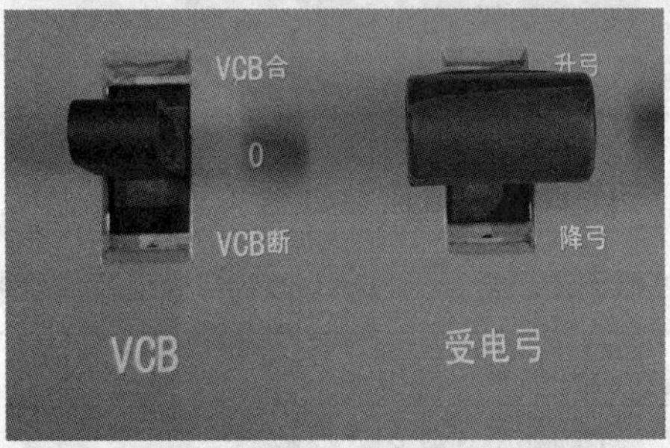	司机断开主断路器，降下受电弓
3		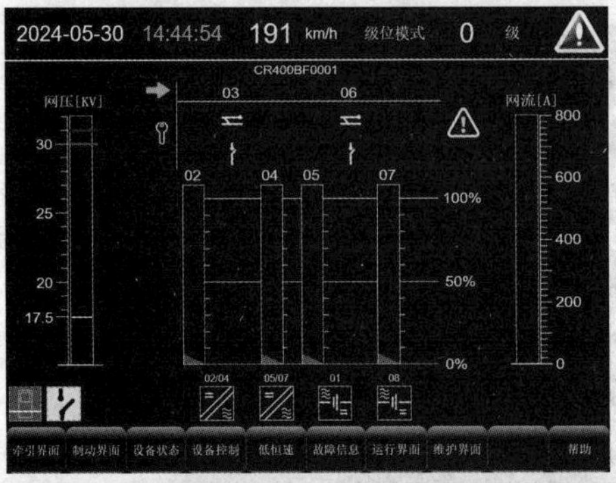	进行小复位操作（HMI 屏出现小复位图标）
4		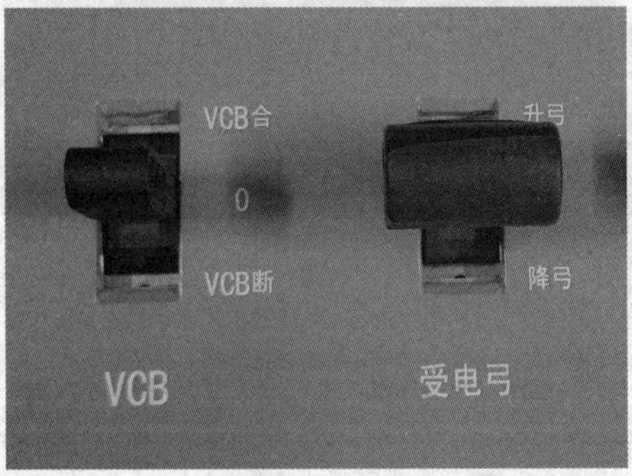	司机升受电弓，闭合主断路器，继续运行

6. 网侧过流故障应急处置（见表 2-27）

表 2-27　网侧过流故障应急处置作业指导

序号	作业项目	图示	处理过程
故障现象		HMI 屏弹出“网侧过电流故障”信息，代码为 3001	
1	网侧过流故障	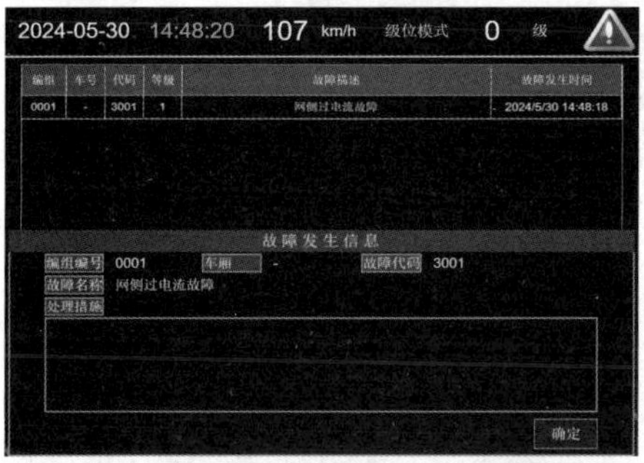	当 HMI 屏弹出“网侧过电流故障”信息后，立即施加制动停车
2			将故障通知机械师，机械师回复：“申请下车检查受电弓状态。”
3			司机通知调度，询问是否可以下车检查，调度回复：“邻线限速 160 km/h 的命令已下达，本线供电臂内的接触网已停电，准许机械师下车检查并进行登顶作业。”
4			调度下发调令：“×××次，×××站至×××站间下行线×××米至×××米接触网已停电，自接令时起，准许采取安全措施后进行登顶作业。” 司机签收调令
5			呼叫列车长，列车长回复：“列车长收到。”

续表

序号	作业项目	图示	处理过程
6	网侧过流故障		司机通知机械师下车检查，机械师回复：“机械师收到。”
7			机械师检查完毕回复：“检查完毕，设备无异常，进行降弓操作，并切除升弓单元的受电弓、主断、隔离开关，然后进行升弓操作，闭合主断。”
8		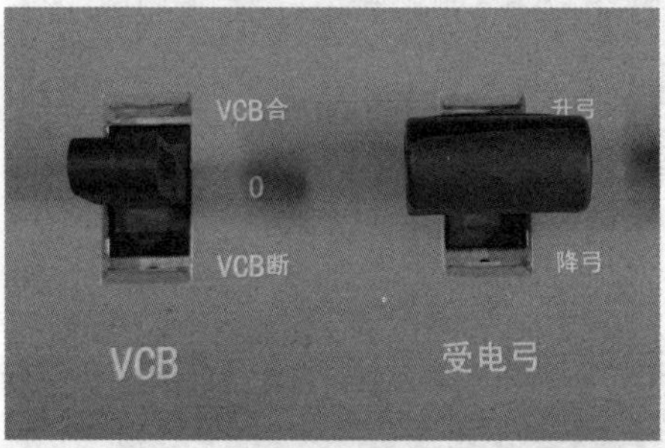 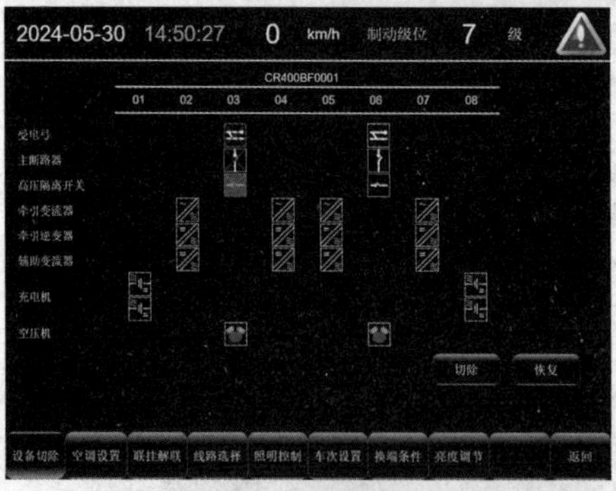	司机降弓，依次切除受电弓、主断路器、隔离开关
9			司机通知调度，调度回复：“调度明白，现已办理接触网送电手续，取消临时限速，司机可以恢复正常运行。”

续表

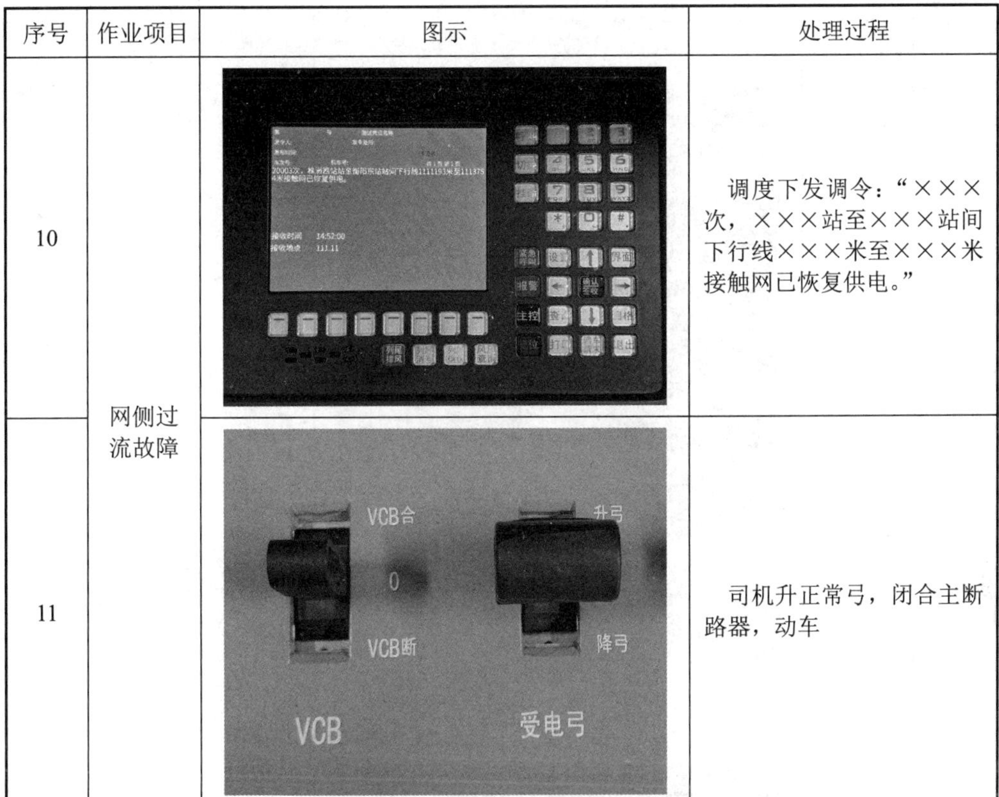

序号	作业项目	图示	处理过程
10	网侧过流故障		调度下发调令："×××次，×××站至×××站间下行线×××米至×××米接触网已恢复供电。"
11			司机升正常弓，闭合主断路器，动车

7. 网压异常故障应急处置

处理步骤同 CR400AF 型动车组。

8. 牵引变压器故障应急处置

处理步骤同 CR400AF 型动车组。

9. 主变压器故障 2 应急处置（见表 2-28）

表 2-28　主变压器故障 2 应急处置作业指导

序号	作业项目	图示	处理过程
故障现象		HMI 屏弹出"主变压器切除封锁压"故障信息，代码为 3380	
1	主变压器故障 2		司机发现 HMI 屏报出以上故障，查看当前故障页面

续表

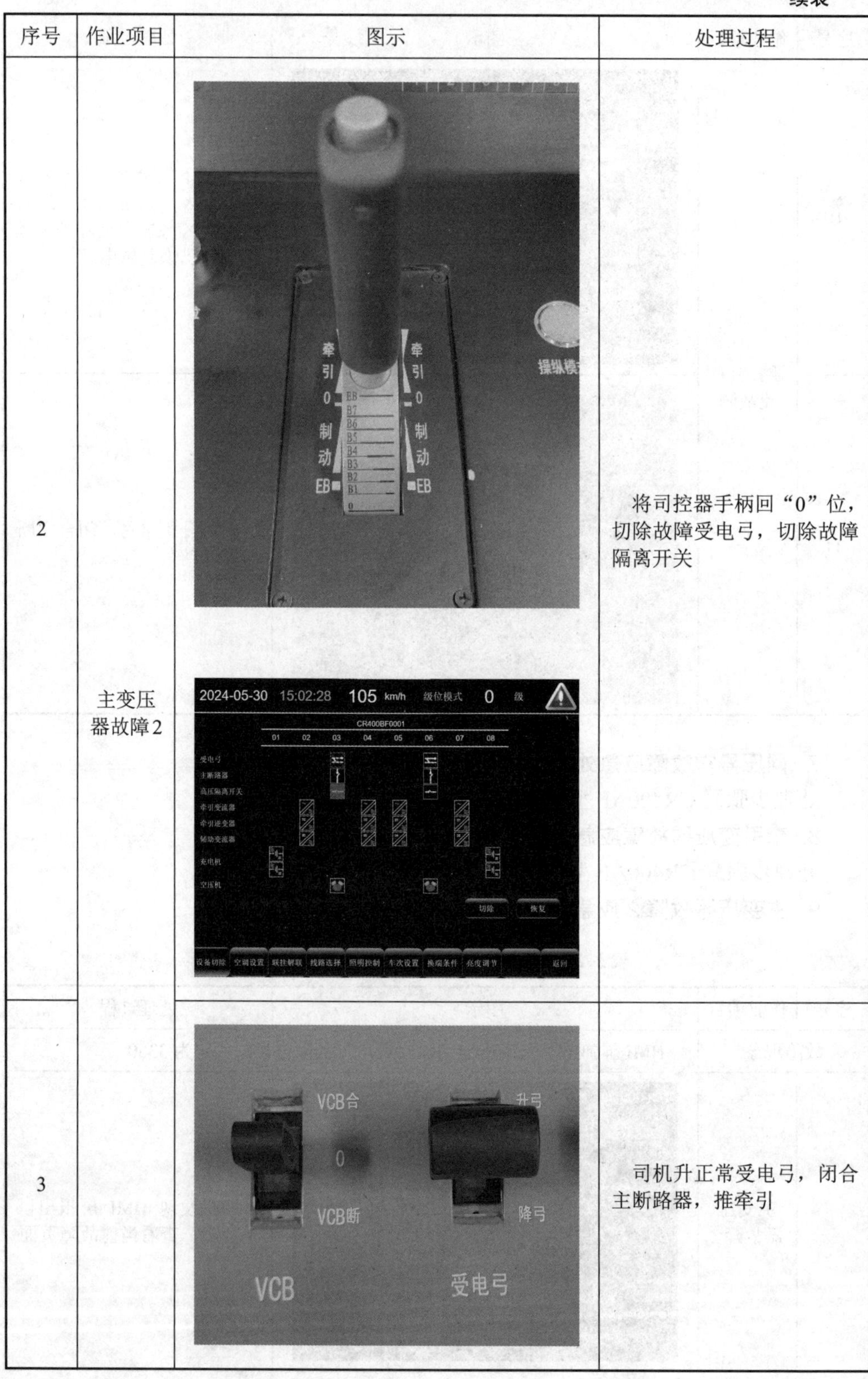

序号	作业项目	图示	处理过程
2	主变压器故障2		将司控器手柄回“0”位，切除故障受电弓，切除故障隔离开关
3			司机升正常受电弓，闭合主断路器，推牵引

10. 主变压器故障 3 应急处置（见表 2-29）

表 2-29　主变压器故障 3 应急处置作业指导

序号	作业项目	图示	处理过程
故障现象		HMI 屏弹出“隔离开关过流封锁高压”故障信息，代码为 3377	
1	主变压器故障 3	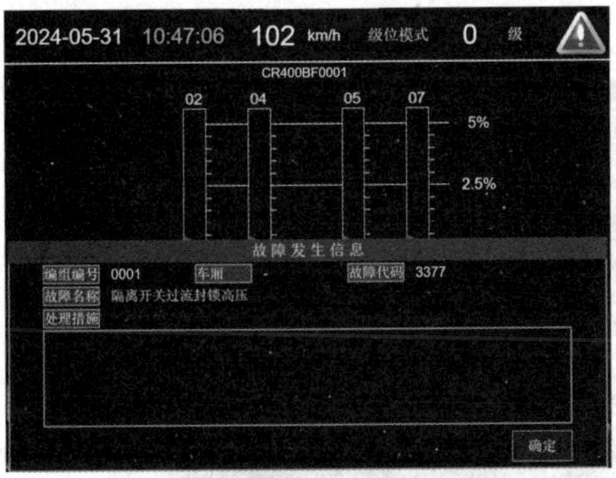	司机发现 HMI 屏弹出以上故障，查看当前故障页面
2		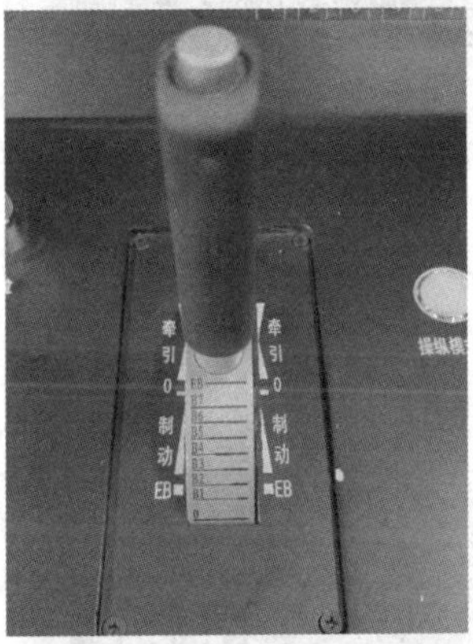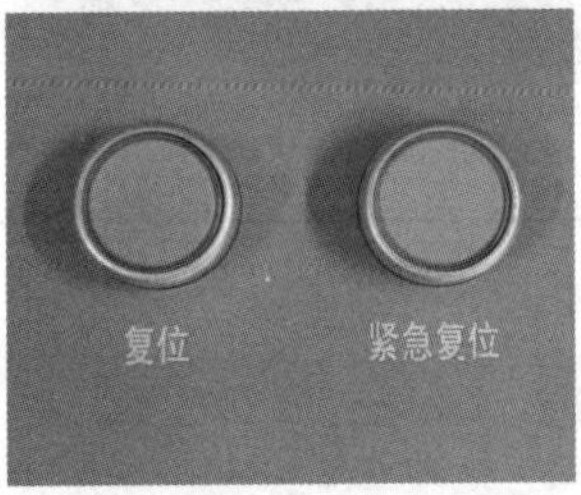	将司控器手柄回“0”位，按压“复位”按钮 3 s
3		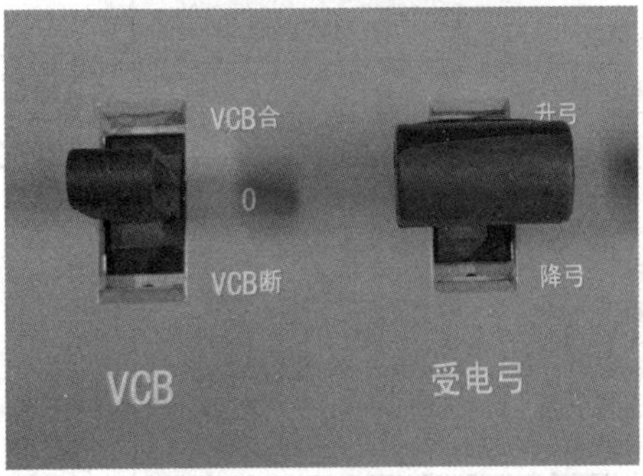	司机闭合主断路器，推牵引

11. 主变压器故障 4 应急处置（见表 2-30）

表 2-30　主变压器故障 4 应急处置作业指导

序号	作业项目	图示	处理过程
故障现象		HMI 屏弹出“检测单元均故障导致变压器切除”故障信息，代码为 33C4	
1	主变压器故障 4	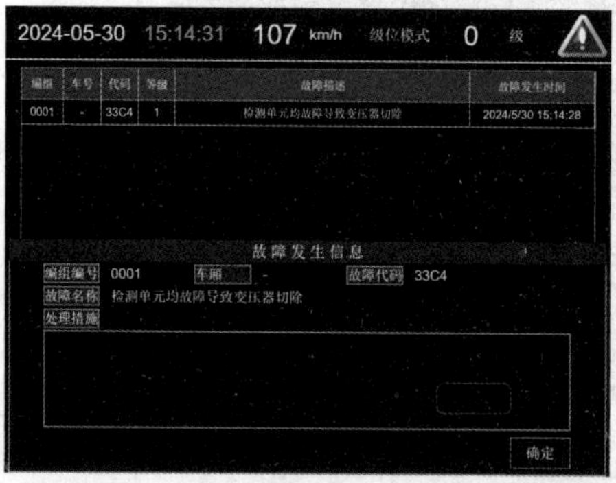	司机发现 HMI 屏报出以上故障，查看当前故障页面
2			司机将故障通知机械师，机械师回复：“复位受电弓车的空开，高压控制单元 HVCU1 供电断路器和高压控制单元 HVCU2 供电断路器。”
3		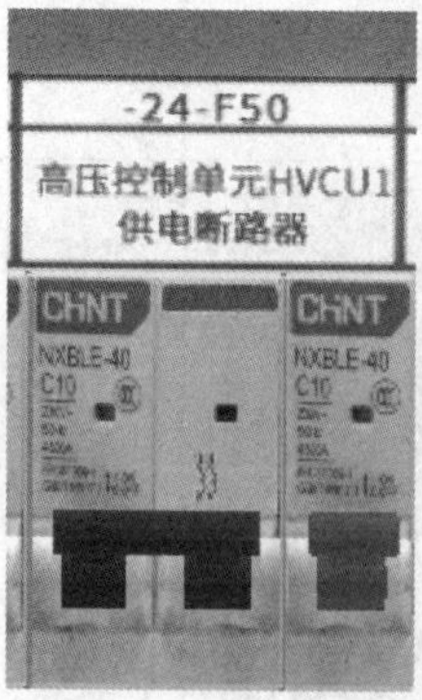 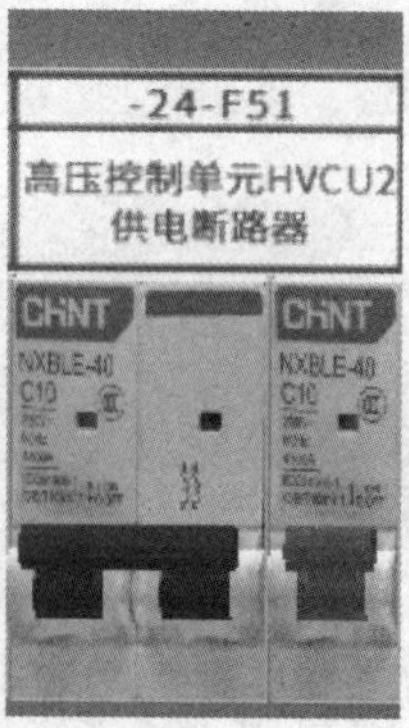	（1）复位高压控制单元 HVCU1 供电断路器； （2）复位高压控制单元 HVCU2 供电断路器

12. 主变压器故障 5 应急处置（见表 2–31）

表 2-31　主变压器故障 5 应急处置作业指导

序号	作业项目	图示	处理过程
故障现象		HMI 屏弹出“油温高并且无冷却导致切除变压器”故障信息，代码为 33C5	
1	主变压器故障 5	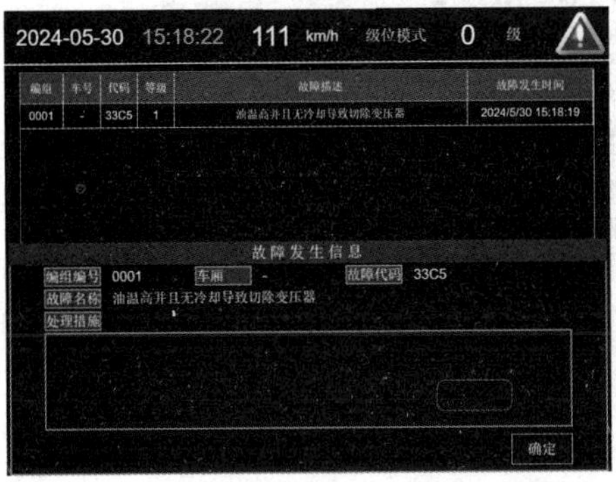	司机发现 HMI 屏报出以上故障，查看当前故障页面
2			司机将故障通知机械师，机械师回复:“进行牵引辅助复位操作。”
3		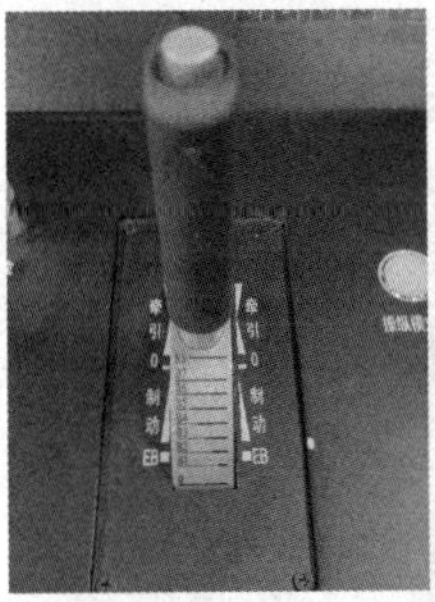 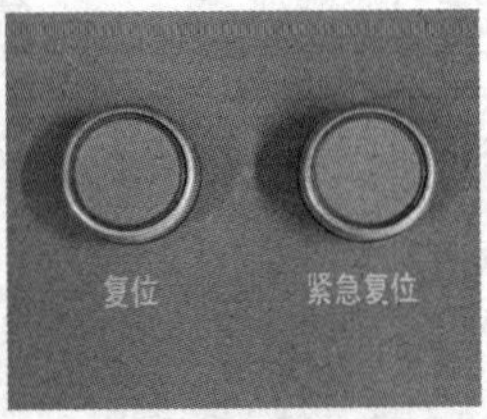 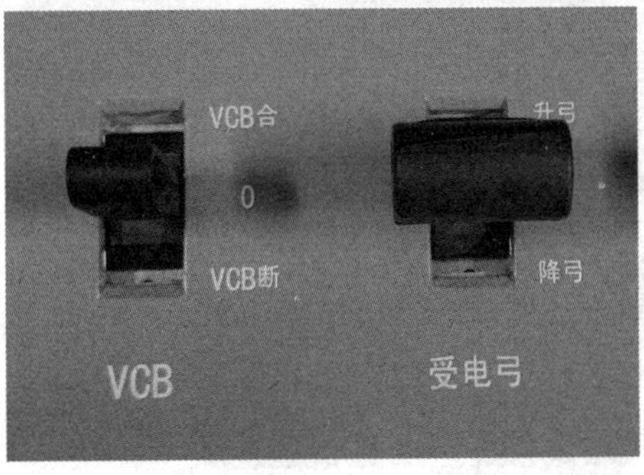	司机将司控器手柄回“0”位，按压“复位”按钮 3 s，闭合主断路器，推牵引

13. 隔离开关过流故障应急处置（见表 2–32）

表 2-32 隔离开关过流故置应急处置作业指导

<table>
<tr><th>序号</th><th>作业项目</th><th>图示</th><th>处理过程</th></tr>
<tr><td colspan="2">故障现象</td><td colspan="2">HMI 屏弹出“隔离开关过流封锁高压”故障信息，代码为 3377</td></tr>
<tr><td>1</td><td rowspan="2">隔离开关过流故障</td><td>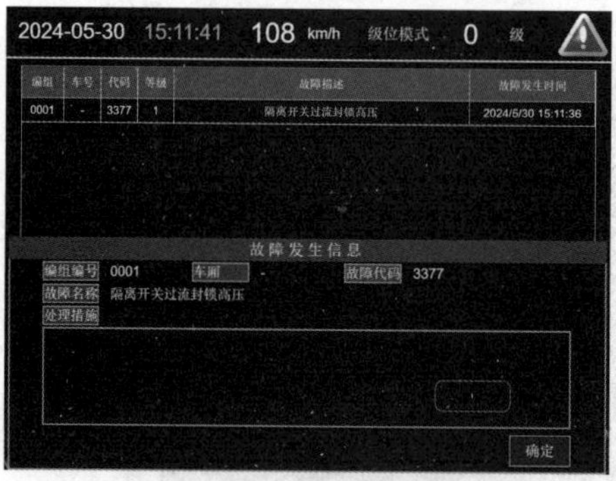
</td><td>司机发现 HMI 屏报出以上故障，查看当前故障页面</td></tr>
<tr><td>2</td><td>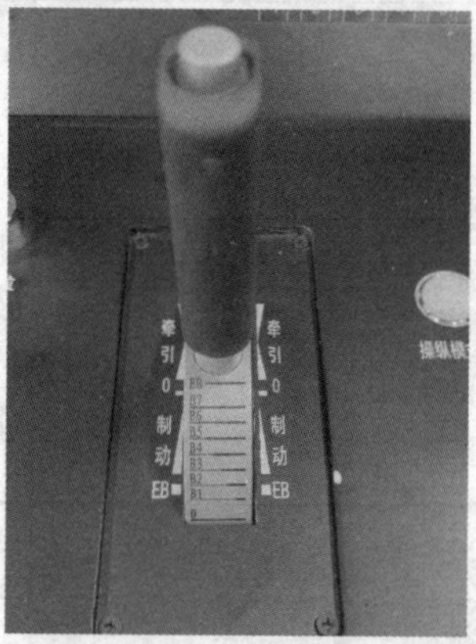

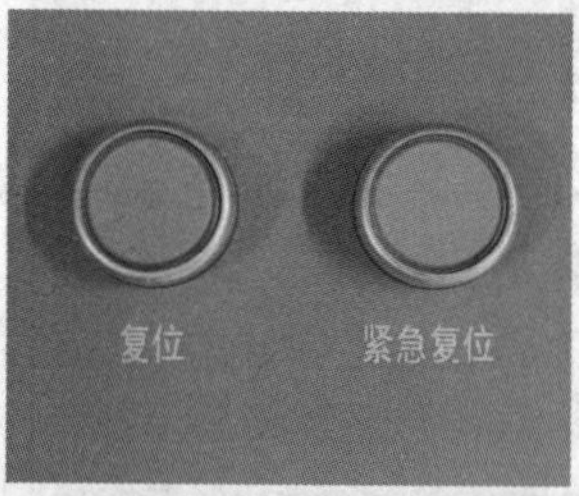

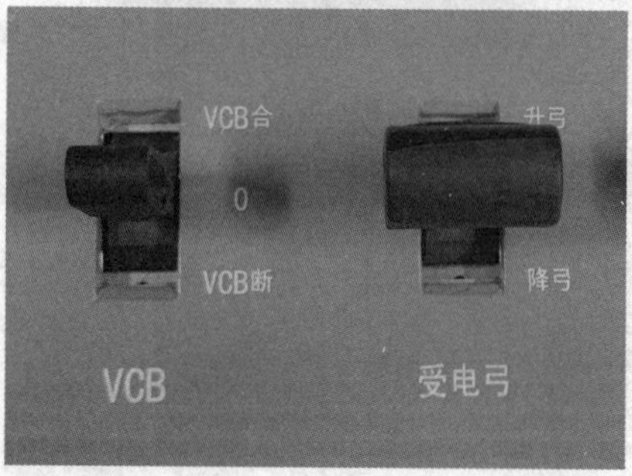
</td><td>将司控器手柄回“0”位，按压“复位”按钮 3 s，闭合主断路器，推牵引</td></tr>
</table>

14. 网侧高压过流保护故障应急处置（见表 2–33）

表 2–33　网侧高压过流保护故障应急处置作业指导

<table>
<tr><th>序号</th><th>作业项目</th><th>图示</th><th>处理过程</th></tr>
<tr><td colspan="2">故障现象</td><td colspan="2">HMI 屏弹出“高压控制单元 1 触发线电流保护”故障信息，代码为 33E8</td></tr>
<tr><td>1</td><td rowspan="4">网侧高压过流保护故障</td><td>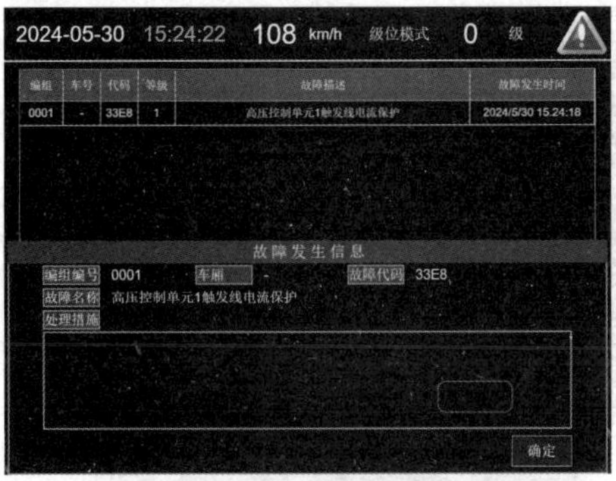
</td><td>司机发现 HMI 屏报出以上故障，查看当前故障页面</td></tr>
<tr><td>2</td><td>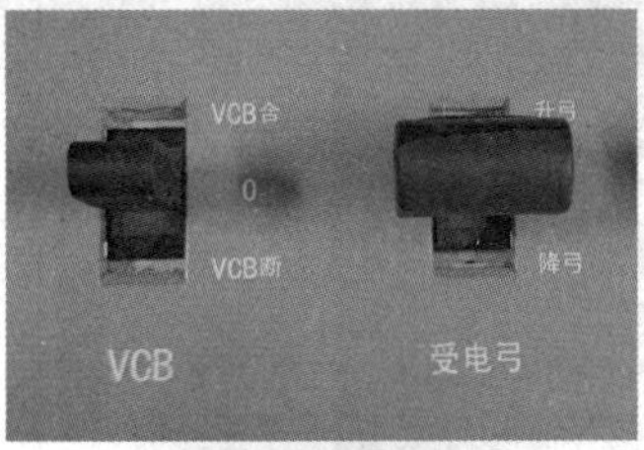

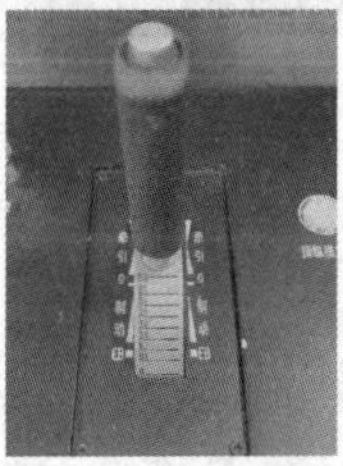</td><td>司机降下受电弓，将司控器手柄回“0”位</td></tr>
<tr><td>3</td><td>
</td><td>司机将故障通知机械师，机械师回复：“换升另一受电弓，维持正常运行。”</td></tr>
<tr><td>4</td><td>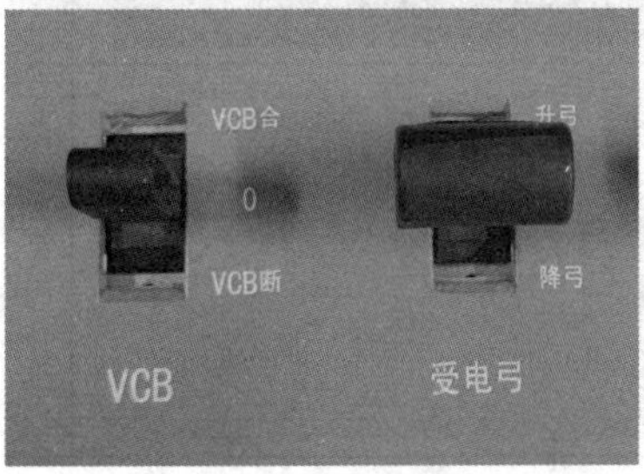
</td><td>司机升另一受电弓，闭合主断路器，推牵引</td></tr>
</table>

15. HVCU停机、板卡失效等故障应急处置（见表2-34）

表2-34　HVCU停机、板卡失效等故障应急处置作业指导

<table>
<tr><th>序号</th><th>作业项目</th><th>图示</th><th>处理过程</th></tr>
<tr><td colspan="2">故障现象</td><td colspan="2">HMI屏弹出“主变压器电流互感器故障”信息，代码为33C2</td></tr>
<tr><td>1</td><td rowspan="5">HVCU停机、板卡失效等故障</td><td>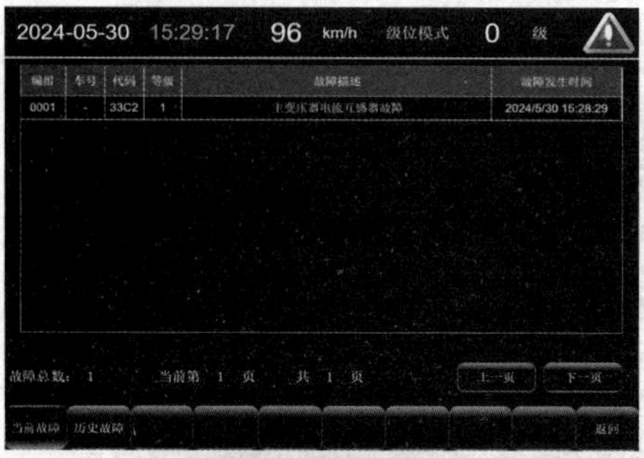
</td><td>司机发现HMI屏报出以上故障，查看当前故障页面</td></tr>
<tr><td>2</td><td>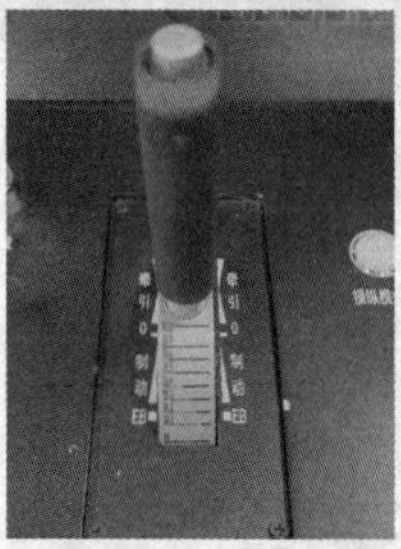</td><td>司机将司控器手柄回“0”位</td></tr>
<tr><td>3</td><td>
</td><td>司机将故障通知机械师；机械师回复：“切除故障单元高压隔离开关，重新闭合主断后，维持运行。”</td></tr>
<tr><td>4</td><td>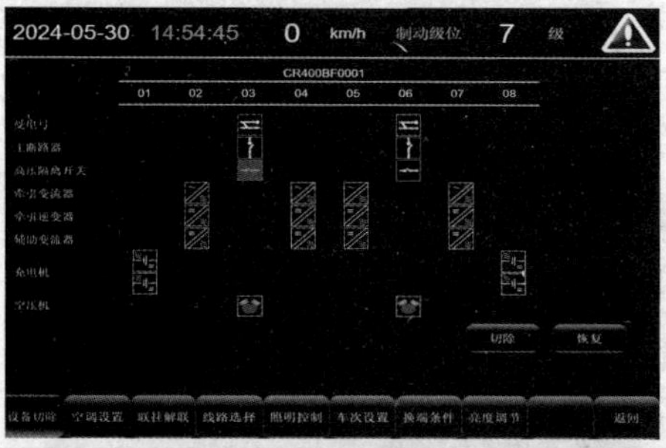
</td><td>司机切除高压隔离开关</td></tr>
<tr><td>5</td><td>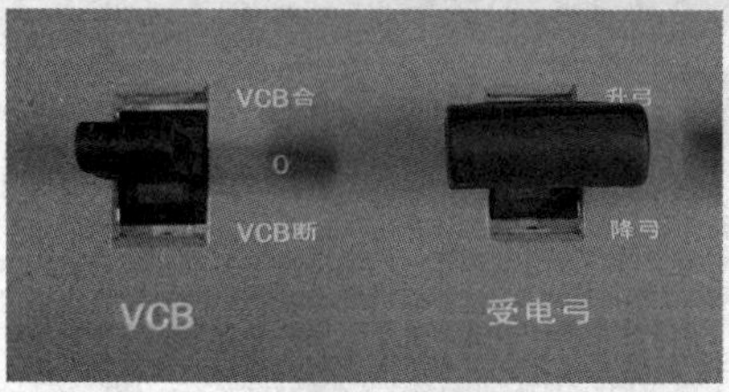
</td><td>司机闭合主断路器，推牵引</td></tr>
</table>

2.5.4　考核评价

考核点及评价标准如表 2–35 所示，考核评价表如表 2–36 所示。

表 2–35　考核点及评价标准

学习任务	考核点	建议考核方式	评价标准		
			优（90 分）	良（80 分）	及格（60 分）
CR400BF 型动车组主供电系统应急处置	1. 掌握 CR400BF 型动车组主供电系统应急处置的操作方法	在线评价 + 软件评价 + 教师评价 + 学生互评	5 个考核点合格	4 个考核点合格	3 个考核点合格
	2. 能够进行 CR400BF 型动车组主供电系统应急处置的计算机模拟操作				
	3. 能够进行 CR400BF 型动车组主供电系统应急处置的驾驶台实操				
	4. 能够正确与调度和机械师联控				
	5. 能够准确进行呼唤应答				

表 2–36　考核评价表

实训项目：CR400BF 型动车组主供电系统应急处置								
班级：				姓名：				
评价内容	评分标准	考核方式	分值	自评	互评	软件评分	教师评分	得分
素质	1. 能够与团队成员合作，合理沟通，接受任务，协作他人完成工作任务； 2. 有集体意识和社会责任心； 3. 遵章守纪	过程考核	30					
知识	1. 掌握 CR400BF 型动车组主供电系统的故障判断方法； 2. 掌握 CR400BF 型动车组主供电系统故障处理流程； 3. 能够正确与调度和机械师联控； 4. 能够准确进行呼唤应答	现场操作	40					
能力	1. 能够按照操作规范，考虑环保及文明施工措施，安全完成工作任务； 2. 遵守 7S 管理要求； 3. 具有查阅各类教学资源的能力； 4. 具有制定完成任务或项目的方案的能力	过程考核	30					
总分			100					

实训项目 2.6　CR400BF 型动车组牵引系统应急处置

2.6.1　实训目的

通过本实训项目的开展，使学生了解 CR400BF 型动车组牵引系统应急作业的处理流程，能够根据实际情况判断故障类型，并独立完成 CR400BF 型动车组牵引系统应急作业，提高学生针对行车过程中出现的供电系统的故障提示信息，按照行车组织的有关规章，对故障进行应急处置的能力。

2.6.2　实训设备

本实训项目的作业设备如表 2–37 所示。

表 2–37　CR400BF 型动车组牵引系统应急处置作业相关设备

名称	型号	数量	备注
动车组模拟驾驶台	CR400BF	3	
电气仿真柜	—	3	

2.6.3　实训内容

牵引丢失故障应急处置微课视频

1. 牵引丢失故障 1 应急处置（见表 2–38）

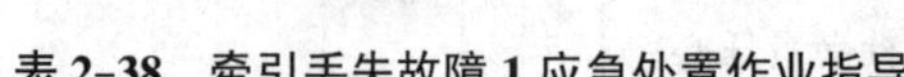

表 2–38　牵引丢失故障 1 应急处置作业指导

序号	作业项目	图示	处理过程
故障现象		HMI 屏弹出“牵引丢失”故障信息，代码为 3401	
1	牵引丢失故障 1		机械师查看 HMI 屏当前故障页面，确认诊断代码后，通知司机进行牵引辅助复位操作

续表

序号	作业项目	图示	处理过程
2	牵引丢失故障		司机查看牵引界面，若牵引变流器丢失牵引和再生制动，则使用剩余动力维持运行，并通知机械师
3		 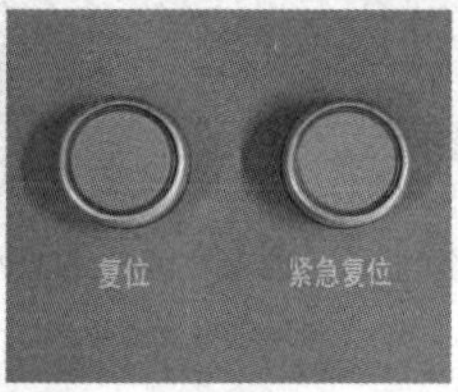	司机进行牵引辅助复位操作后，如果故障消除，则正常运行；如果故障未消除，则使用剩余动力维持运行

2. 牵引丢失故障 2 应急处置（见表 2–39）

表 2–39　牵引丢失故障 2 应急处置作业指导

序号	作业项目	图示	处理过程
故障现象		HMI 屏弹出“四象限变流器输入电流超过限制值 2”故障信息，代码为 3103	
1	牵引丢失故障 2	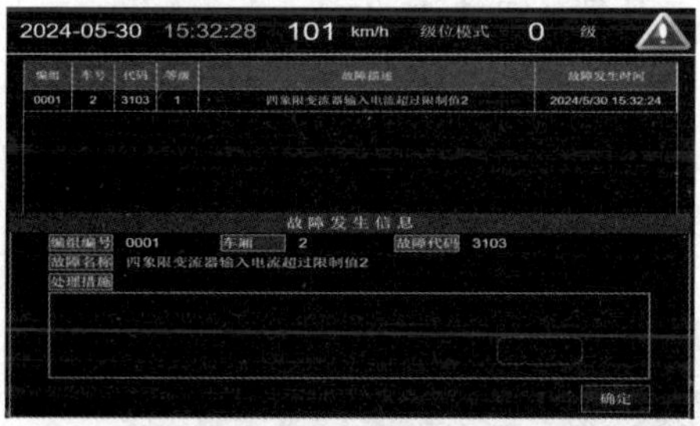	司机发现牵引界面中牵引变流器丢失牵引和再生制动时，使用剩余动力维持运行，并通知机械师
2			机械师回复：“切除故障车的牵引变流器，尝试闭合主断路器。”
3		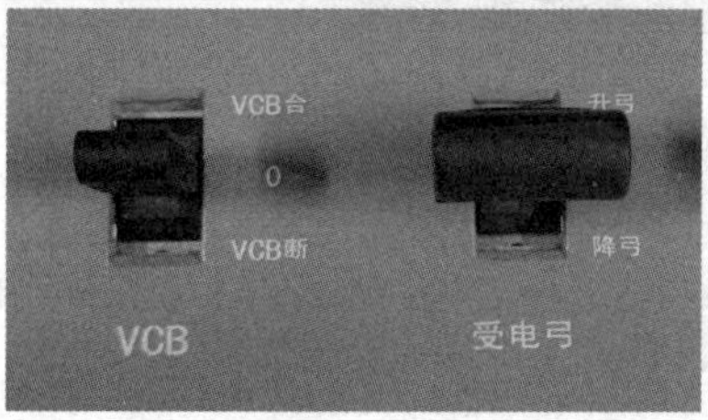	司机切除故障车的牵引变流器，闭合主断路器

3. 牵引故障应急处置（见表 2–40）

表 2–40　牵引故障应急处置作业指导

序号	作业项目	图示	处理过程
故障现象		HMI 屏弹出“DSP2 封锁脉冲”故障信息，代码为 34CF	
1	牵引故障	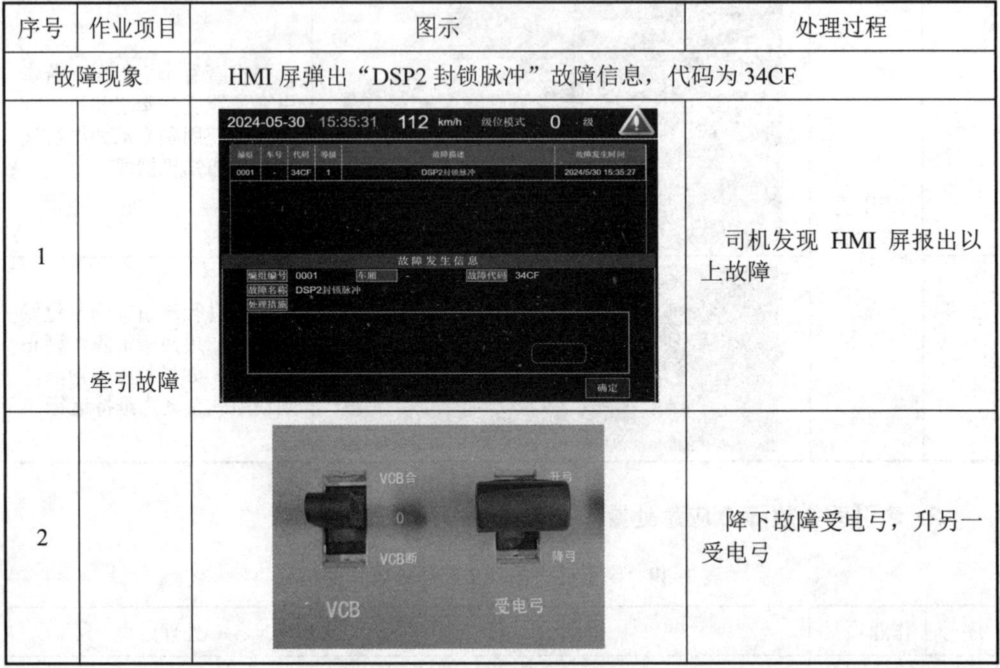	司机发现 HMI 屏报出以上故障
2			降下故障受电弓，升另一受电弓

4. 牵引系统接地故障应急处置（见表 2–41）

表 2–41　牵引系统接地故障应急处置作业指导

序号	作业项目	图示	处理过程
故障现象		HMI 屏弹出“牵引变流器接地保护”故障信息，代码为 3105	
1	牵引系统接地故障		司机发现 HMI 屏报出以上故障后，降下受电弓

续表

序号	作业项目	图示	处理过程
2	牵引系统接地故障		司机将故障通知机械师，机械师回复：“切除故障单元受电弓、主断路器、隔离开关，换弓维持运行至前方站停车下车检查。”
3		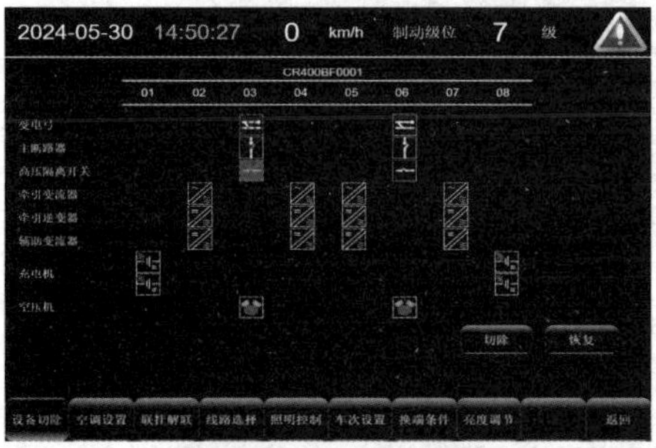	司机操作： （1）依次切除故障单元受电弓、主断路器、隔离开关； （2）升另一受电弓
4			向调度报告故障情况，调度回复：“×××次，允许前方站停车检查。”
5			通知列车长，列车长回复：“列车长收到。”
6			到站后停车，向调度汇报，调度回复：“邻线限速 160 km/h 的命令已下达，准许机械师下车检查。”

续表

序号	作业项目	图示	处理过程
7			司机通知机械师下车检查，机械师回复：“机械师收到。”
8	牵引系统接地故障		机械师检查后通知司机：“未检测到异常，继续运行。”
9			司机正常作业结束后动车，呼叫调度，调度回复：“邻线限速已恢复。”

5. 电机轴承超温预警故障应急处置（见表 2-42）

表 2-42　电机轴承超温预警故障应急处置作业指导

序号	作业项目	图示	处理过程
故障现象		HMI 屏弹出“电机传动端轴承预警，限速 200 km/h”故障信息	
1	电机轴承超温预警故障		司机发现 HMI 屏报出以上故障后，拉司控器手柄至最大常用制动位
2			司机将故障通知机械师，机械师回复：“车辆有异常振动、异音，立即停车后下车检查。”

续表

序号	作业项目	图示	处理过程
3	电机轴承超温预警故障		司机停车，将故障通知调度。调度回复："邻线限速160 km/h 的命令已下达，允许下车检查。"
4			通知列车长，列车长回复："列车长收到。"
5			司机通知机械师下车检查，机械师回复："机械师收到。"
6			机械师检查完毕后，回复："检查完毕，设备无异常，切除'电机传动端轴承预警，限速 200 km/h'限速条件后，恢复正常运行。"
7			切除"电机传动端轴承预警，限速 200 km/h"限速条件
8			司机动车，呼叫调度，调度回复："邻线限速已恢复。"

6. 电机轴承超温报警故障应急处置（见表 2–43）

表 2–43 电机轴承超温报警故障应急处置作业指导

序号	作业项目	图示	处理过程
故障现象		HMI 屏弹出“电机位传动端轴承报警，限速 140 km/h”故障信息	
1	电机轴承超温报警故障		司机发现 HMI 屏报出以上故障后，拉司控器手柄至最大常用制动位
2			司机将故障通知机械师，机械师回复：“申请下车检查。”
3			将故障汇报给调度，调度回复：“邻线限速 160 km/h 的命令已下达，允许下车检查。”
4			通知列车长，列车长回复：“列车长收到。”
5			司机通知机械师下车检查，机械师回复：“机械师收到。”

续表

<table>
<tr><th>序号</th><th>作业项目</th><th>图示</th><th>处理过程</th></tr>
<tr><td>6</td><td rowspan="3">电机轴承超温报警故障</td><td>
</td><td>机械师检查后回复：“检查完毕，设备无异常，切除‘电机传动端轴承报警，限速 140 km/h’限速条件后，正常运行。”</td></tr>
<tr><td>7</td><td>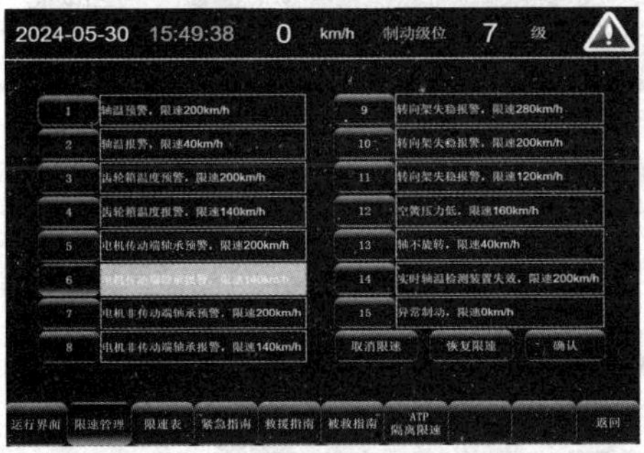
</td><td>司机切除“电机传动端轴承报警，限速 140 km/h”限速条件</td></tr>
<tr><td>8</td><td>
</td><td>司机动车，呼叫调度，调度回复：“邻线限速已恢复。”</td></tr>
</table>

7. 中间电压泄放超时降弓故障应急处置（见表 2-44）

表 2-44　中间电压泄放超时降弓故障应急处置作业指导

<table>
<tr><th>序号</th><th>作业项目</th><th>图示</th><th>处理过程</th></tr>
<tr><td colspan="2">故障现象</td><td colspan="2">HMI 屏弹出“制动电阻超温”故障信息，代码为 34F4；受电弓自行降落</td></tr>
<tr><td>1</td><td>中间电压泄放超时降弓故障</td><td>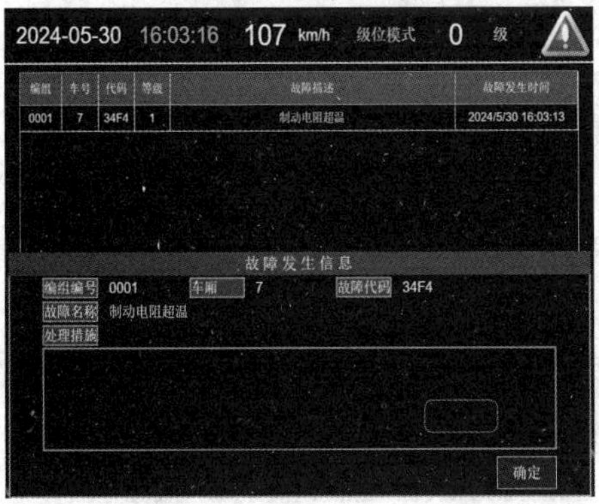
</td><td>司机发现 HMI 屏报出以上故障后，通知机械师</td></tr>
</table>

续表

序号	作业项目	图示	处理过程
2			机械师回复:“在全列降弓状态下，断开故障车 TCU 控制电源断路器。然后重新升非故障单元受电弓，闭合主断路器，维持运行。”
3	中间电压泄放超时降弓故障	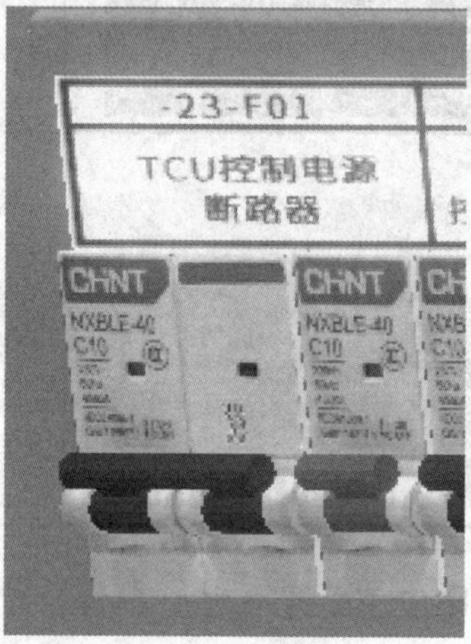	断开 TCU 控制电源断路器
4		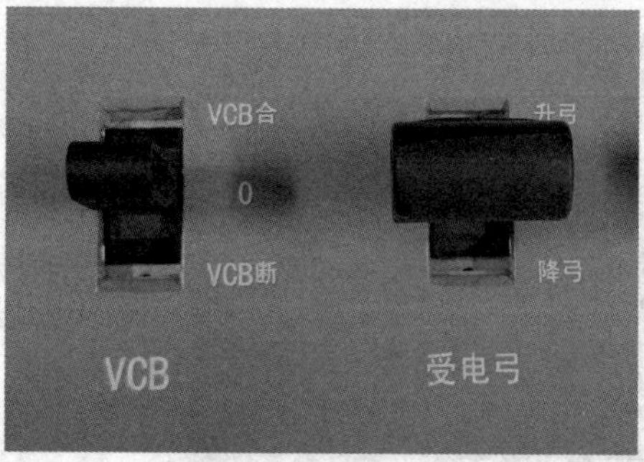	升非故障单元受电弓；闭合主断路器

2.6.4　考核评价

考核点及评价标准如表 2-45 所示，考核评价表如表 2-46 所示。

表 2-45　考核点及评价标准

学习任务	考核点	建议考核方式	评价标准		
			优（90 分）	良（80 分）	及格（60 分）
CR400BF 型动车组牵引系统应急处置	1. 掌握 CR400BF 型动车组牵引系统应急处置的操作方法	在线评价 + 软件评价 + 教师评价 + 学生互评	5 个考核点合格	4 个考核点合格	3 个考核点合格
	2. 能够进行 CR400BF 型动车组牵引系统应急处置的计算机模拟操作				
	3. 能够进行 CR400BF 型动车组牵引系统应急处置的驾驶台实操				
	4. 能够正确与调度和机械师联控				
	5. 能够准确进行呼唤应答				

表 2-46　考核评价表

实训项目：CR400BF 型动车组牵引系统应急处置								
班级：				姓名：				
评价内容	评分标准	考核方式	分值	自评	互评	软件评分	教师评分	得分
素质	1. 能够与团队成员合作，合理沟通，接受任务，协作他人完成工作任务； 2. 有集体意识和社会责任心； 3. 遵章守纪	过程考核	30					
知识	1. 掌握 CR400BF 型动车组牵引系统的故障判断方法； 2. 掌握 CR400BF 型动车组牵引系统故障处理流程； 3. 能够正确与调度和机械师联控； 4. 能够准确进行呼唤应答	现场操作	40					
能力	1. 能够按照操作规范，考虑环保及文明施工措施，安全完成工作任务； 2. 遵守 7S 管理要求； 3. 具有查阅各类教学资源的能力； 4. 具有制定完成任务或项目的方案的能力	过程考核	30					
总分			100					

实训项目 2.7 CR400BF 型动车组制动供风系统应急处置

2.7.1 实训目的

通过本实训项目的开展，使学生了解 CR400BF 型动车组制动供风系统应急作业的处理流程，能够根据实际情况判断故障类型，并独立完成 CR400BF 型动车组制动供风系统应急作业，提高学生对制动供风系统故障的应急处置能力。

2.7.2 实训设备

本实训项目的作业设备如表 2-47 所示。

表 2-47 CR400BF 型动车组制动供风系统应急处置作业设备

名称	型号	数量	备注
动车组模拟驾驶台	CR400BF	3	
电气仿真柜	—	3	

2.7.3 实训内容

1. 高低压切换故障应急处置（见表 2-48）

表 2-48 高低压切换故障应急处置作业指导

序号	作业项目	图示	处理过程
故障现象		HMI 屏报警，弹出“高低压切换故障”，代码为 521A	
1	高低压切换故障		司机通过 HMI 屏当前故障页面确定故障。若故障不存在，则继续运行。若故障存在，则通知机械师

续表

序号	作业项目	图示	处理过程
2	高低压切换故障		切除故障车空气制动，按相关规定限速运行

2. 紧急制动 EB 不缓解故障应急处置（见表 2–49）

表 2-49　紧急制动 EB 不缓解故障应急处置作业指导

序号	作业项目	图示	处理过程
故障现象		（1）紧急制动 EB 不缓解，弹出警惕装置报警； （2）动车组自动施加紧急制动停车	
1	紧急制动 EB 不缓解故障	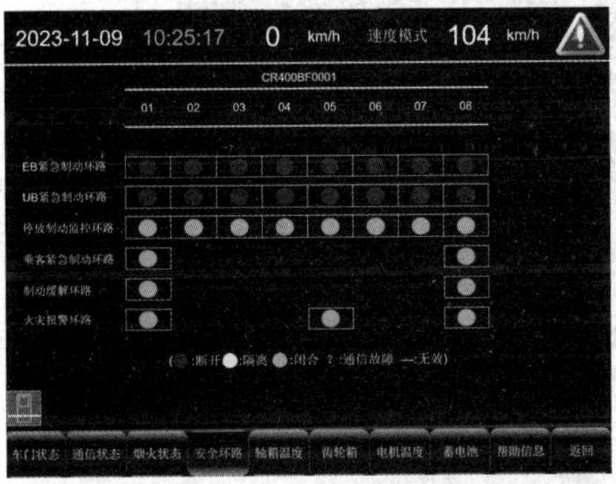 	停车后，司机通过 HMI 屏安全环路页面确认 EB 紧急制动环路断开，然后将司控器手柄置于 B7 位，通知机械师，并报告调度
2		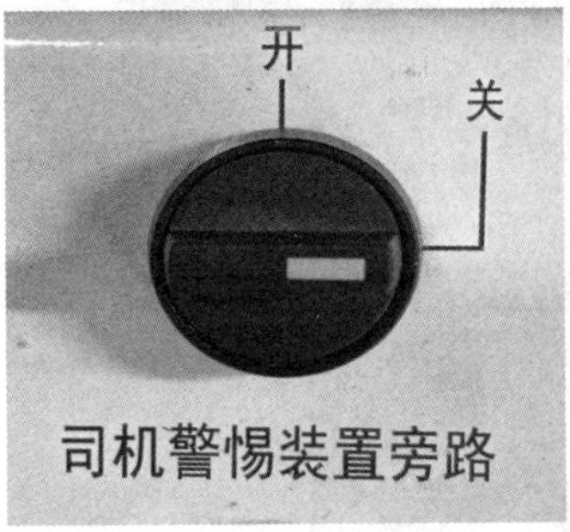	机械师确认 HMI 屏是否报出诊断代码：若报出诊断代码 604E，则通知司机操作紧急复位，若复位后紧急制动 EB 缓解，则继续运行；若紧急制动 EB 不缓解，机械师将第 2 操作区的“司机警惕装置旁路”开关置于“关”位，通知司机操作紧急复位，紧急制动 EB 缓解后，继续运行

紧急制动 UB 不缓解故障应急处置微课视频

3. 紧急制动 UB 不缓解故障应急处置（见表 2–50）

表 2–50　紧急制动 UB 不缓解故障应急处置作业指导

序号	作业项目	图示	处理过程
故障现象		HMI 屏弹出“蘑菇头按钮触发紧急制动请求”故障信息，代码为 50C6	
1	紧急制动 UB 不缓解故障	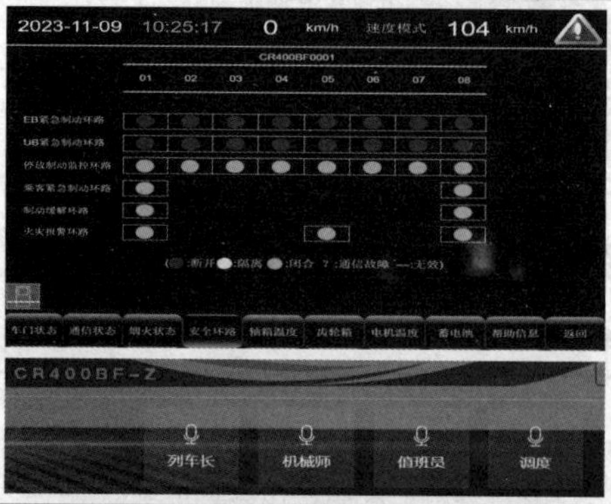	**停车处理：** 出现以上故障上，立即停车。 停车后，司机通过 HMI 屏安全环路页面确认 UB 紧急制动环路断开。司机将司控器手柄置于 B7 位，通知机械师、列车长，并报告调度
2		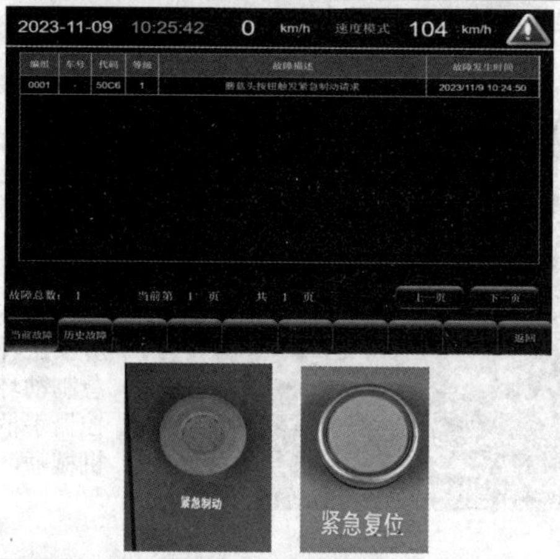	**查看诊断代码：** 机械师确认 HMI 屏是否报出诊断代码：若报出诊断代码 50C6，将故障司机室“紧急制动”按钮左旋复位后操作紧急复位，缓解紧急制动 UB。若紧急制动 UB 缓解，则继续行车，否则执行下一步
3			**故障处置：** 机械师将司机室“紧急制动 UB 环路旁路”开关置旁路位（即“关”位），通知司机操作紧急复位，紧急制动 UB 缓解后，继续运行

4. 摩擦制动施加故障应急处置（见表 2-51）

表 2-51　摩擦制动施加故障应急处置作业指导

<table>
<tr><th>序号</th><th>作业项目</th><th>图示</th><th>处理过程</th></tr>
<tr><td colspan="2">故障现象</td><td colspan="2">HMI 屏上弹出“摩擦制动施加故障”，代码为 520D</td></tr>
<tr><td>1</td><td rowspan="4">摩擦制动施加故障</td><td> 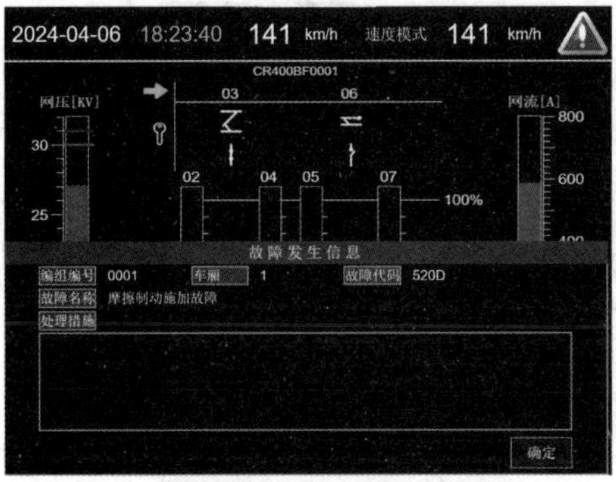</td><td>发生以上故障后，司机再次将司控器手柄置于“制动”位，确认制动是否施加。
若制动施加，故障消除，则维持运行；若制动未施加，故障未消除，则通知机械师通过 HMI 屏确认故障车位置，按相关规定运行到前方办客站进行下一步</td></tr>
<tr><td rowspan="2">2</td><td> </td><td>到站停车后，司机将司控器手柄置于 B7 位，机械师对故障车 BCU 进行复位，若故障消除，则正常行车</td></tr>
<tr><td> 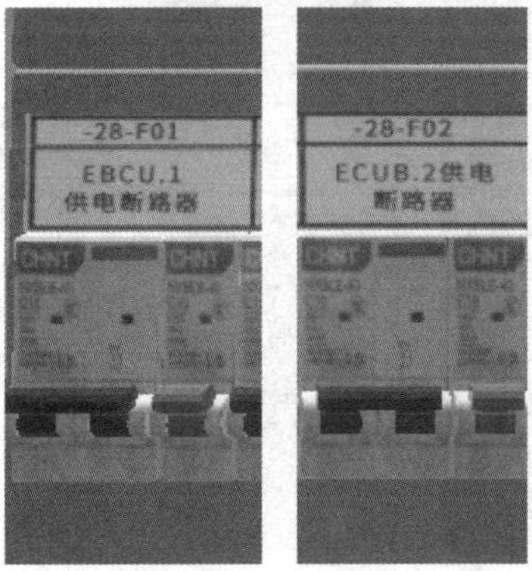</td><td>BCU 复位：
复位 BCU 时，先断-28-F02，再断-28-F01；10 s 后闭合时，先合-28-F01，再合-28-F02。
若故障未消除，则进行下一步</td></tr>
<tr><td>3</td><td> 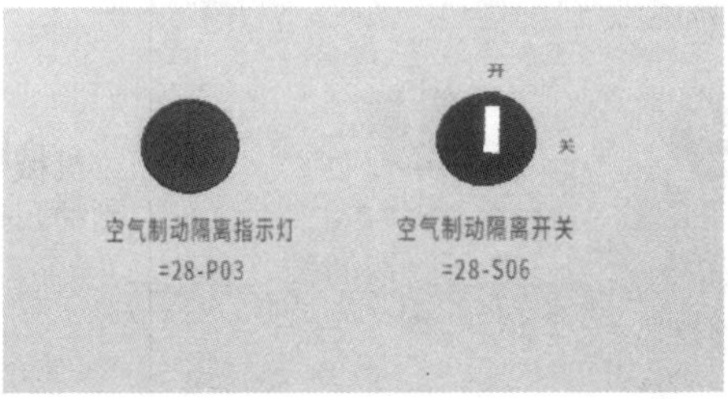</td><td>机械师隔离故障车辆空气制动，按相关规定限速运行</td></tr>
</table>

5. 摩擦制动缓解故障应急处置（见表 2–52）

表 2–52　摩擦制动缓解故障应急处置作业指导

序号	作业项目	图示	处理过程
故障现象		HMI 屏上显示“摩擦制动缓解故障”信息，代码为 520E	
1	摩擦制动缓解故障	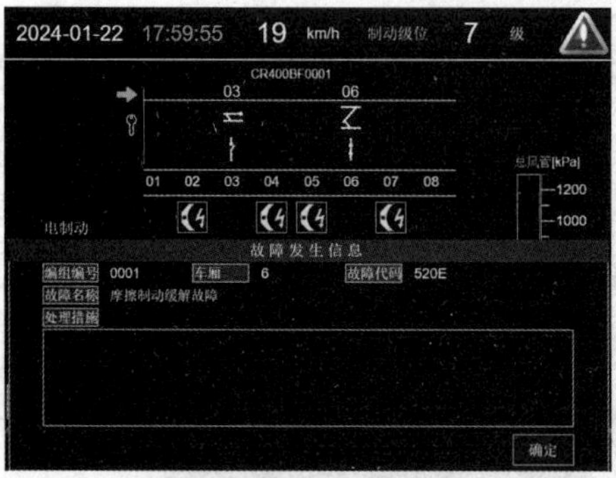	发生故障后，司机再次将司控器手柄置于“缓解”位，确认制动是否缓解：若制动缓解，故障消除，则维持运行；若制动不缓解，故障未消除，则司机施加 B7 级制动停车，并通知机械师通过 HMI 屏确认故障车位置
2		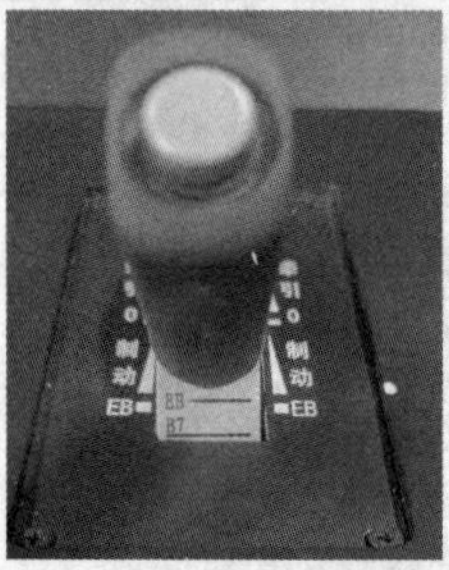	停车后，司机将司控器手柄置于 B7 位，机械师对故障车 BCU 进行复位，若故障消除，则正常行车
		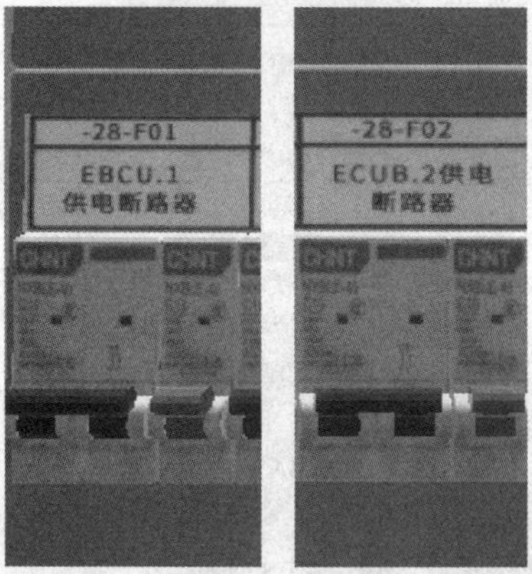	**BCU 复位：** 复位 BCU 时，先断 –28–F02，再断 –28–F01；10 s 后闭合时，先合 –28–F01，再合 –28–F02。 若故障未消除，则进行下一步
3		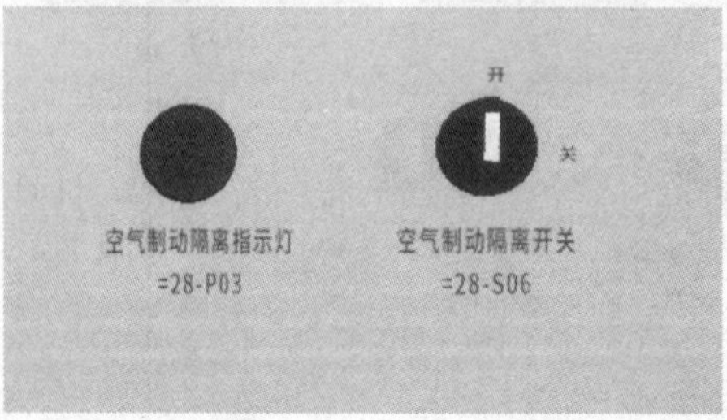	机械师切除故障车辆空气制动，按相关规定限速运行

6. 静止状态下停放制动不缓解故障应急处置（见表 2-53）

表 2-53　静止状态下停放制动不缓解故障应急处置作业指导

<table>
<tr><th>序号</th><th>作业项目</th><th>图示</th><th>处理过程</th></tr>
<tr><td colspan="2">故障现象</td><td colspan="2">HMI 屏弹出“停放制动不缓解”故障信息</td></tr>
<tr><td>1</td><td rowspan="5">静止状态下停放制动不缓解故障</td><td>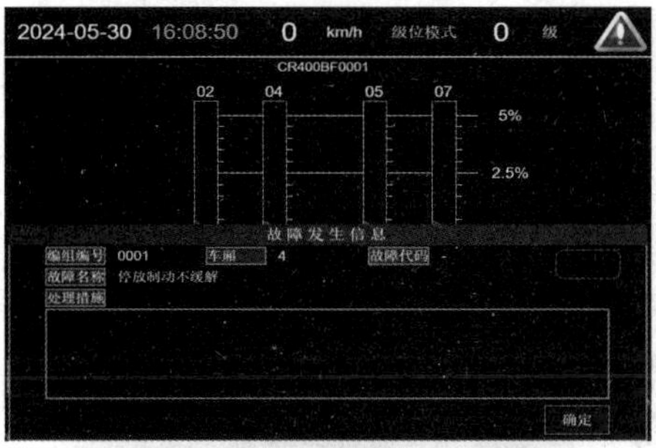

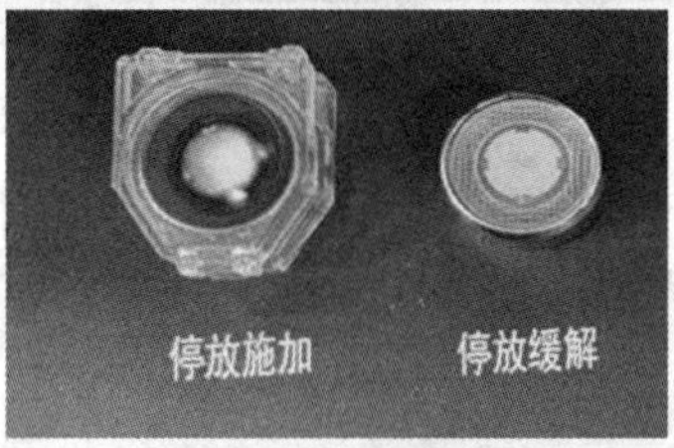
</td><td>司机发现 HMI 屏报出以上故障后，先施加停放制动，再缓解停放制动，并通知机械师</td></tr>
<tr><td>2</td><td>
</td><td>机械师回复：“停放缸压力大于 480 kPa 且停放制动仍不缓解，对故障车进行 BCU 复位操作。”</td></tr>
<tr><td>3</td><td>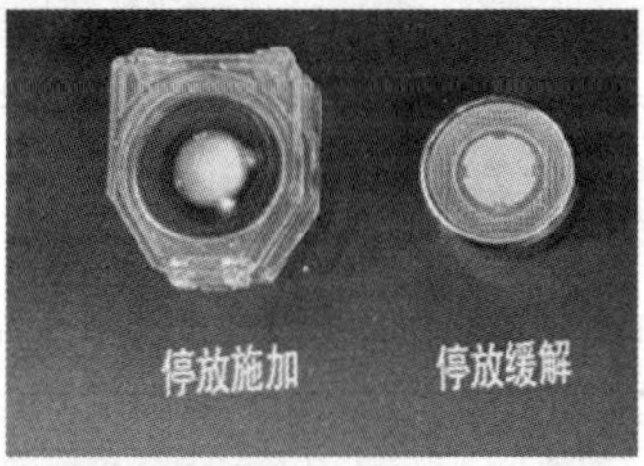
</td><td>司机施加停放制动</td></tr>
<tr><td>4</td><td>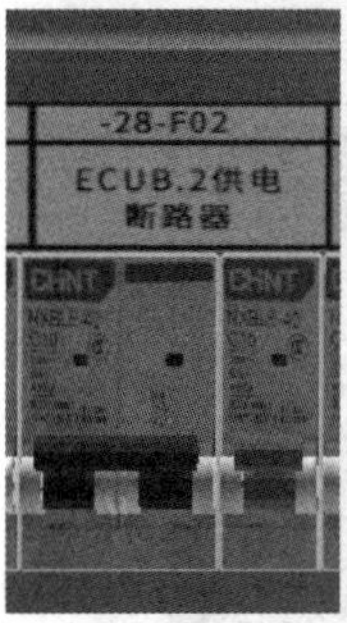

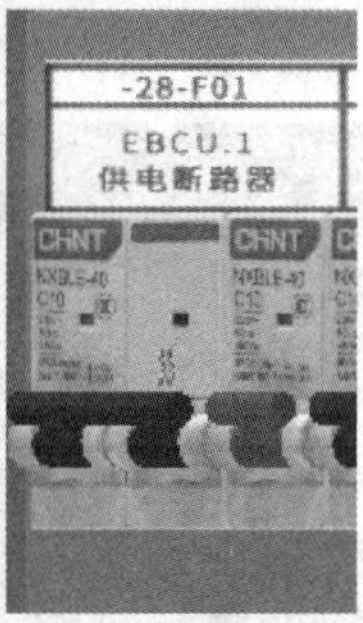
</td><td>进行 BCU 复位：
复位 BCU 时，先断-28-F02，再断-28-F01；10 s 后闭合时，先合-28-F01，再合-28-F02。
若故障未消除，则进行下一步</td></tr>
<tr><td>5</td><td>—</td><td>司机动车</td></tr>
</table>

7. 常用制动不缓解故障应急处置（见表 2–54）

表 2–54　常用制动不缓解故障应急处置作业指导

序号	作业项目	图示	处理过程
故障现象		HMI 屏弹出“常用制动不缓解”故障信息	
1	常用制动不缓解故障	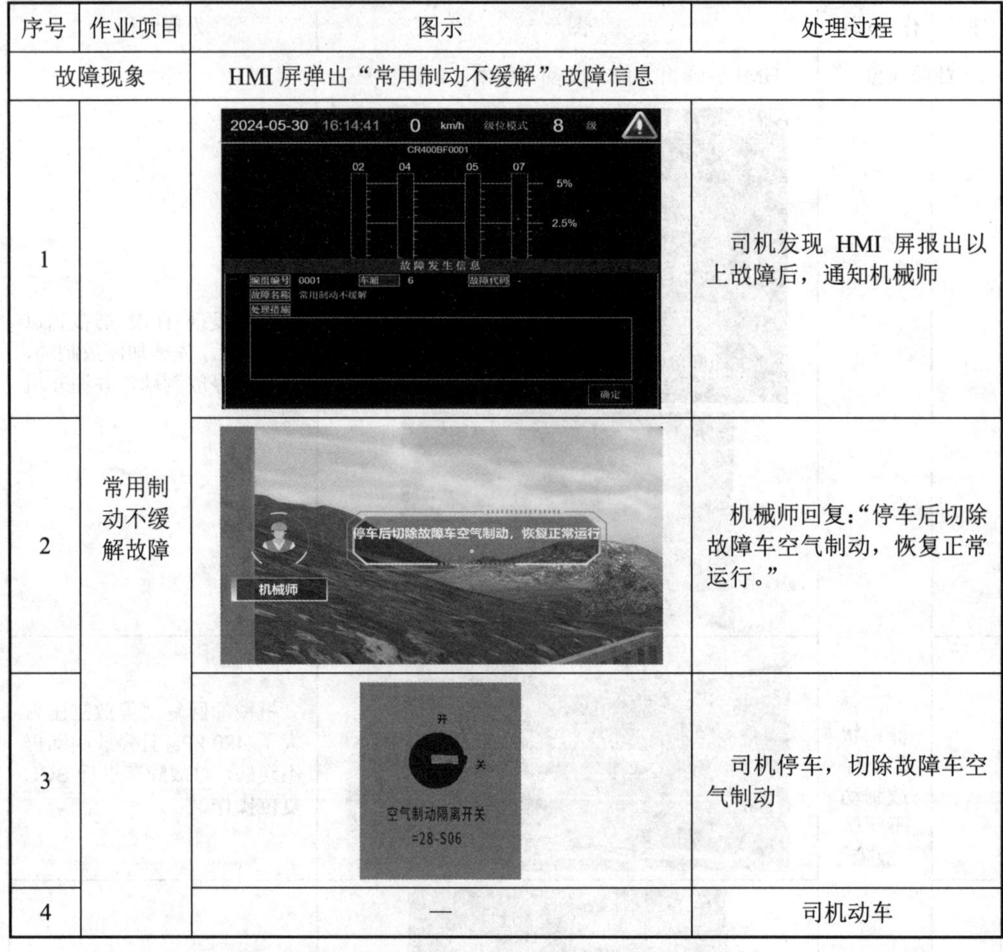	司机发现 HMI 屏报出以上故障后，通知机械师
2			机械师回复：“停车后切除故障车空气制动，恢复正常运行。”
3			司机停车，切除故障车空气制动
4		—	司机动车

8. 常用制动软管断裂故障应急处置（见表 2–55）

表 2–55　常用制动软管断裂故障应急处置作业指导

序号	作业项目	图示	处理过程
故障现象		HMI 屏弹出“常用制动软管断裂”故障信息	
1	常用制动软管断裂故障		司机发现 HMI 屏报出以上故障后，通知机械师、调度、列车长

续表

序号	作业项目	图示	处理过程
2	常用制动软管断裂故障		机械师回复："机械师收到。"
3			调度回复："×××次，前方站停车后下车检查，行调收到。"
4			列车长回复："列车长收到。"
5		—	前方站到站停车
6			通知调度已停车，调度回复："邻线限速 160 km/h 的命令已下达，允许下车检查。"
7			司机通知机械师下车检查，机械师回复："机械师收到。"

续表

序号	作业项目	图示	处理过程
8	常用制动软管断裂故障	 检查完毕，设备无异常，施加停放制动，并缓解常用制动 机械师	机械师检查后回复："检查完毕，设备无异常，施加停放制动，并缓解常用制动。"
9		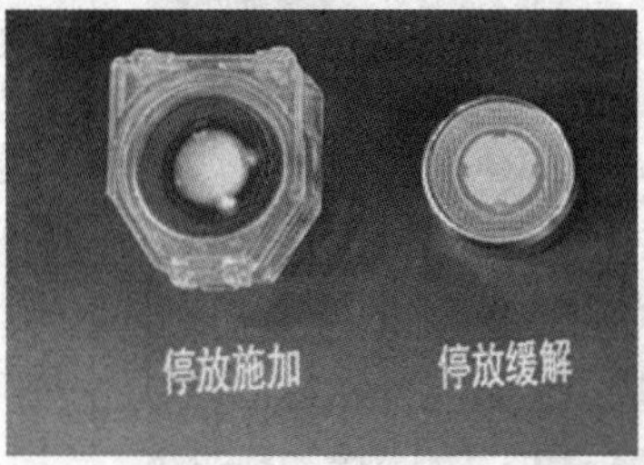 停放施加　停放缓解	司机施加停放制动，缓解常用制动
10		 断裂软管捆扎完毕，切除故障车空气制动后，限速行车。 机械师	机械师下车处理常用制动软管后回复："断裂软管捆扎完毕，切除故障车空气制动后，限速行车。"
11		 开　关 空气制动隔离开关 =28-S06	司机切除空气制动隔离开关
12		 邻线限速已恢复。 调度	司机动车，动车后通知调度，调度回复："邻线限速已恢复。"

9. 防滑阀故障应急处置（见表 2–56）

表 2–56　防滑阀故障应急处置作业指导

<table>
<tr><th>序号</th><th>作业项目</th><th>图示</th><th>处理过程</th></tr>
<tr><td colspan="2">故障现象</td><td colspan="2">HMI 屏弹出“×轴防滑阀故障”信息，代码为 5215</td></tr>
<tr><td>1</td><td rowspan="4">防滑阀故障</td><td>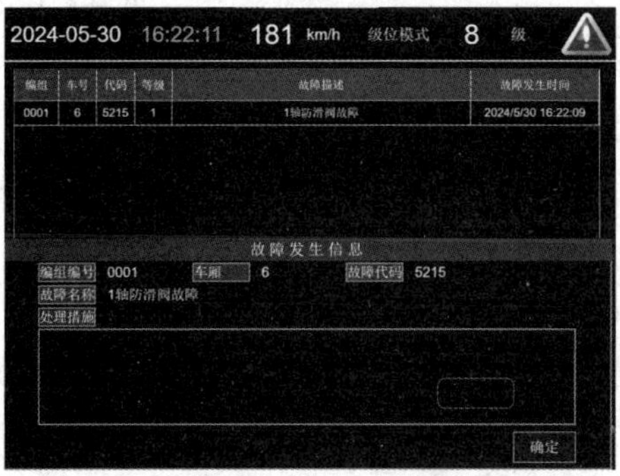
</td><td>司机发现 HMI 屏报出以上故障，通知机械师</td></tr>
<tr><td>2</td><td>
</td><td>机械师回复：“运行至前方站后，切除故障车空气制动。”</td></tr>
<tr><td>3</td><td>—</td><td>前方站到站停车</td></tr>
<tr><td>4</td><td>
</td><td>司机切除故障车空气制动隔离开关，维持运行</td></tr>
</table>

2.7.4 考核评价

考核点及评价标准如表 2-57 所示，考核评价表如表 2-58 所示。

表 2-57 考核点及评价标准

学习任务	考核点	建议考核方式	评价标准		
			优（90 分）	良（80 分）	及格（60 分）
CR400BF 型动车组制动供风系统应急处置	1. 掌握 CR400BF 型动车组制动供风系统应急处置的操作方法	在线评价 + 软件评价 + 教师评价 + 学生互评	5 个考核点合格	4 个考核点合格	3 个考核点合格
	2. 能够进行 CR400BF 型动车组制动供风系统应急处置的计算机模拟操作				
	3. 能够进行CR400BF型动车组制动供风系统应急处置的驾驶台实操				
	4. 能够正确与调度和机械师联控				
	5. 能够准确进行呼唤应答				

表 2-58 考核评价表

实训项目：CR400BF 型动车组制动供风系统应急处置								
班级：				姓名：				
评价内容	评分标准	考核方式	分值	自评	互评	软件评分	教师评分	得分
素质	1. 能够与团队成员合作，合理沟通，接受任务，协作他人完成工作任务； 2. 有集体意识和社会责任心； 3. 遵章守纪	过程考核	30					
知识	1. 掌握 CR400BF 型动车组制动供风系统的故障判断方法； 2. 掌握 CR400BF 型动车组制动供风系统故障处理流程； 3. 能够正确与调度和机械师联控； 4. 能够准确进行呼唤应答	现场操作	40					
能力	1. 能够按照操作规范，考虑环保及文明施工措施，安全完成工作任务； 2. 遵守 7S 管理要求； 3. 具有查阅各类教学资源的能力； 4. 具有制定完成任务或项目的方案的能力	过程考核	30					
总分			100					

实训项目 2.8　CR400BF 型动车组网络及辅助监控系统应急处置

2.8.1　实训目的

通过本实训项目的开展，使学生了解 CR400BF 型动车组网络及辅助监控系统应急作业的处理流程，能够根据实际情况判断故障类型，并独立完成 CR400BF 型动车组网络及辅助监控系统应急作业，提高学生对网络及辅助监控系统故障的应急处置能力。

2.8.2　实训设备

本实训项目的作业设备如表 2–59 所示。

表 2–59　CR400BF 型动车组网络及辅助监控系统应急处置作业设备

名称	型号	数量	备注
动车组模拟驾驶台	CR400BF	3	
电气仿真柜	—	3	

2.8.3　实训内容

1. 同一牵引单元两个 CCU 失效故障应急处置

处理步骤同 CR400AF 型动车组。

2. 模拟量、数字量输入输出设备故障应急处置

处理步骤同 CR400AF 型动车组。

3. 单个 HMI 黑屏或无列车数据故障应急处置（见表 2–60）

表 2–60　单个 HMI 黑屏或无列车数据故障应急处置作业指导

序号	作业项目	图示	处理过程
故障现象		单个 HMI 屏黑屏	
1	单个 HMI 黑屏或无列车数据故障		司机发现单个 HMI 黑屏后，通知机械师

续表

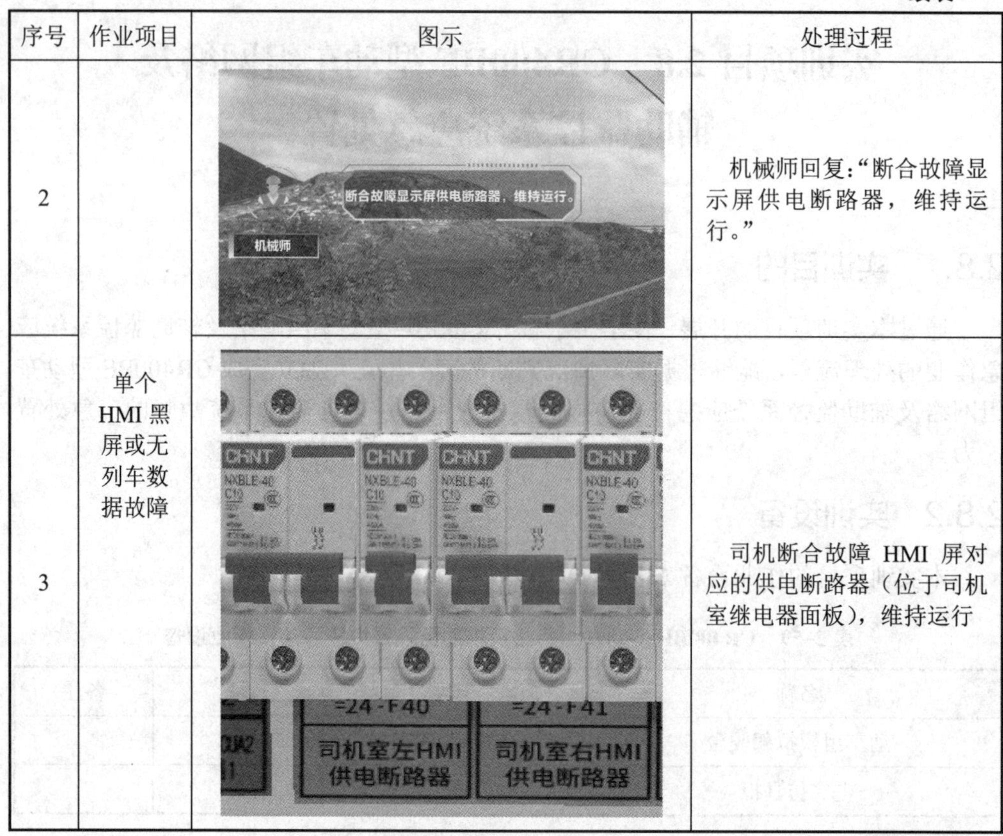

序号	作业项目	图示	处理过程
2	单个HMI黑屏或无列车数据故障		机械师回复：“断合故障显示屏供电断路器，维持运行。”
3			司机断合故障 HMI 屏对应的供电断路器（位于司机室继电器面板），维持运行

两个 HMI 黑屏故障应急处置微课视频

4. 两个 HMI 黑屏故障应急处置（见表 2-61）

表 2-61　两个 HMI 黑屏故障应急处置作业指导

序号	作业项目	图示	处理过程
故障现象		同司机室两个 HMI 都黑屏	
1	两个HMI黑屏故障	CR400BF-Z 列车长　机械师　值班员　调度	两个 HMI 黑屏后，司机施加常用制动停车，并通知机械师、列车长、调度

续表

序号	作业项目	图示	处理过程
2	两个HMI黑屏故障		机械师进行故障 HMI 屏复位操作： 断开“人机接口显示屏 1”“人机接口显示屏 2”（位于司机室配电盘 2），10 s 后重新闭合
3			故障消除后维持运行

5. **停放制动监控环路断开故障应急处置**（见表 2–62）

表 2–62　停放制动监控环路断开故障应急处置作业指导

序号	作业项目	图示	处理过程
故障现象		停放制动监控环路断开，自动触发紧急制动 EB	
1	停放制动监控环路断开故障	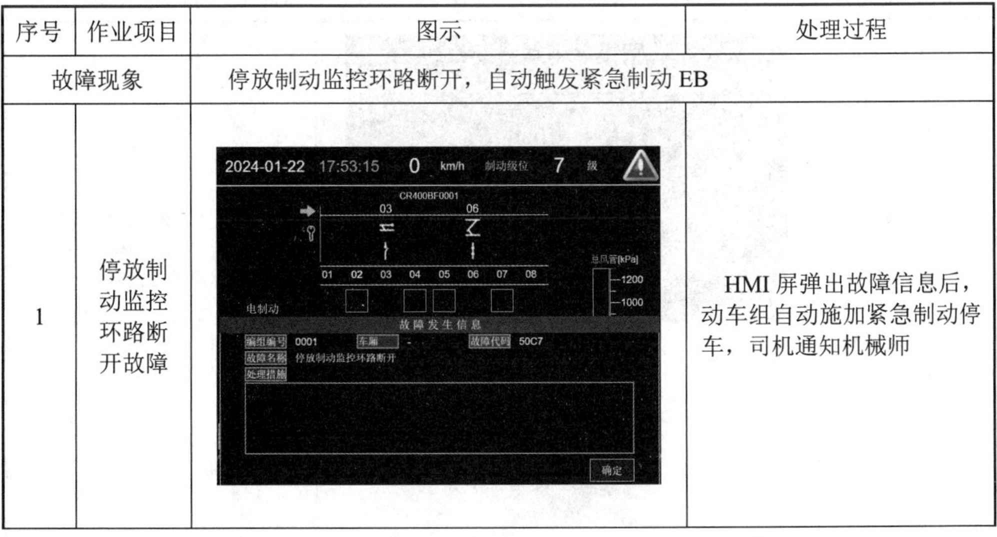	HMI 屏弹出故障信息后，动车组自动施加紧急制动停车，司机通知机械师

续表

序号	作业项目	图示	处理过程
2	停放制动监控环路断开故障	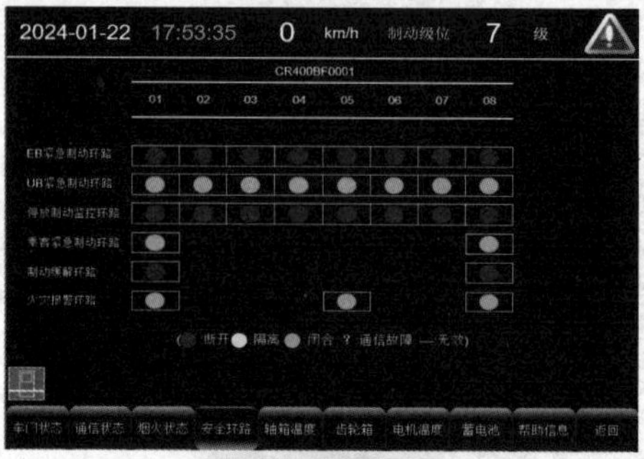 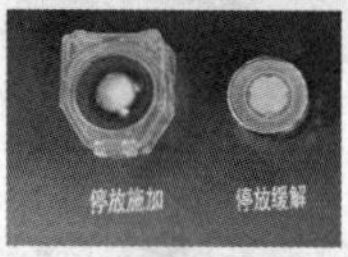	重新施加、缓解停放制动，到安全环路页面确认。 若列车停放制动正常施加、缓解后，故障消除，则继续行车
3		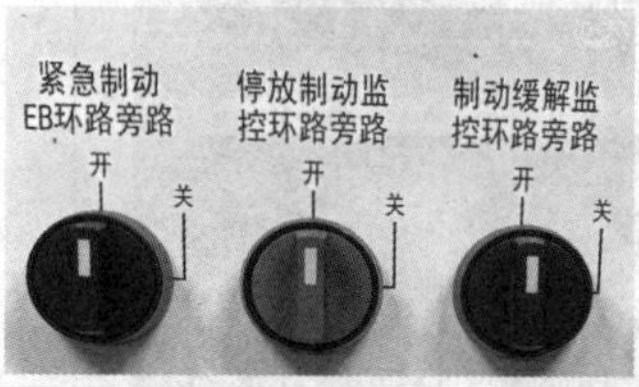	若列车停放制动正常施加、缓解，故障未消除，则操作“停放制动监控环路旁路”旋钮至“开”位，将其隔离

6. 火警主机通信故障应急处置

处理步骤同 CR400AF 型动车组。

7. 乘客紧急制动监控环路断开故障应急处置（见表 2-63）

表 2-63 乘客紧急制动监控环路断开故障应急处置作业指导

序号	作业项目	图示	处理过程
故障现象		HMI 屏弹出“乘客紧急制动监控环路断开”故障信息，代码为 50B7	
1	乘客紧急制动监控环路断开故障	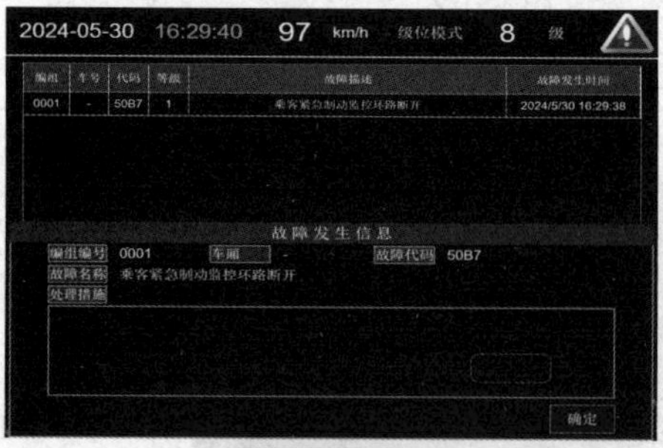 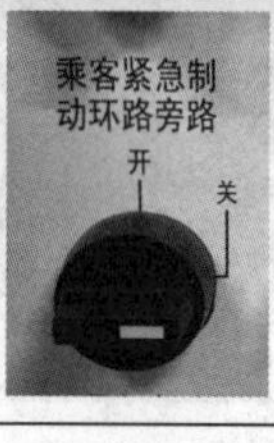	司机发现 HMI 屏报出以上故障后，操作转换开关面板中的“乘客紧急制动环路旁路”按钮至“关”位，通知机械师

续表

序号	作业项目	图示	处理过程
2	乘客紧急制动监控环路断开故障		机械师回复:“复位乘客紧急制动环路断路器，若故障恢复，则继续运行。”
3			司机复位乘客紧急制动环路断路器

8. 单个 CCU 故障应急处置（见表 2-64）

表 2-64　单个 CCU 故障应急处置作业指导

序号	作业项目	图示	处理过程
故障现象		HMI 屏弹出“CCUA 通信故障”信息，代码为 6340	
1	单个 CCU 故障	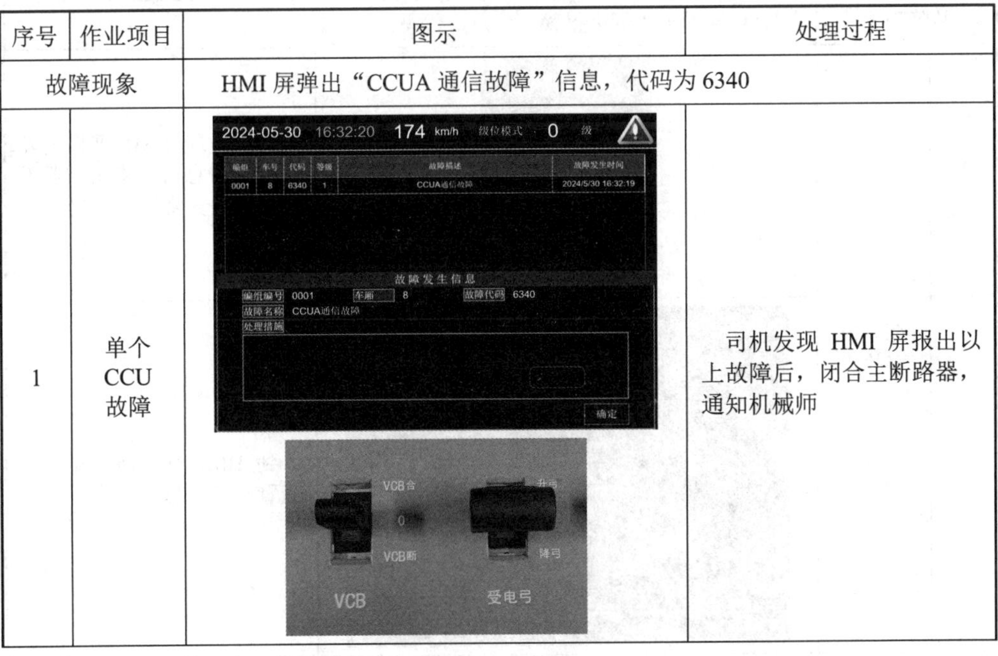	司机发现 HMI 屏报出以上故障后，闭合主断路器，通知机械师

续表

序号	作业项目	图示	处理过程
2	单个CCU故障		机械师回复："在下一站复位CCU供电断路器。"
3		—	前方到站停车
4		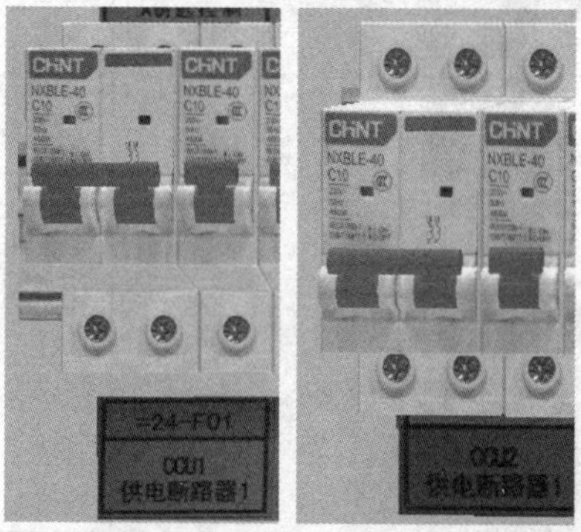	复位CCU1供电断路器，复位CCU2供电断路器

9. **烟火报警故障应急处置**（见表2-65）

表2-65　烟火报警故障应急处置作业指导

序号	作业项目	图示	处理过程
故障现象		HMI屏弹出"烟火报警"信息，代码为D002	
1	烟火报警故障		司机发现HMI屏报出以上故障信息后，将司控器手柄置于最大常用制动位
2		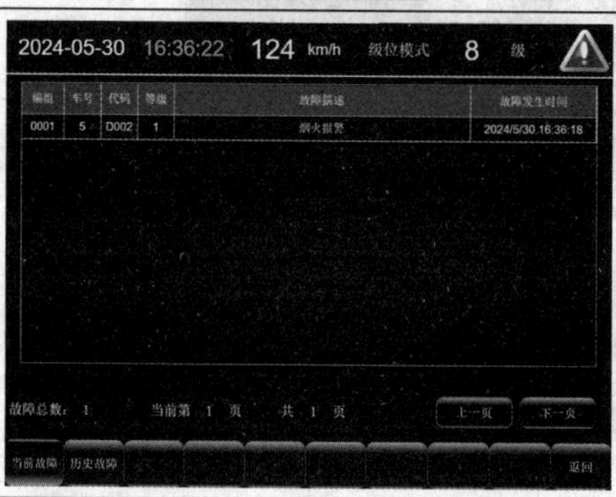	到HMI屏当前故障页面查看故障信息

续表

序号	作业项目	图示	处理过程
3	烟火报警故障	  CR400BF-Z 列车长 机械师 值班员 调度 机械师收到 机械师	将故障信息通知机械师、列车长。机械师（列车长）回复："机械师（列车长）收到。"
4		 系统误报，司机复位烟火报警装置后，恢复正常运行。 机械师	机械师进行检查，若为误报则回复："系统误报，司机复位烟火报警装置后，恢复正常运行。"
5		 烟火报警装置 SmokN	司机复位烟火报警装置，继续运行

2.8.4 考核评价

考核点及评价标准如表 2-66 所示，考核评价表如表 2-67 所示。

表 2-66 考核点及评价标准

学习任务	考核点	建议考核方式	评价标准		
			优（90 分）	良（80 分）	及格（60 分）
CR400BF 型动车组网络及辅助监控系统应急处置	1. 掌握 CR400BF 型动车组网络及辅助监控系统应急处置的操作方法	在线评价 + 软件评价 + 教师评价 + 学生互评	5 个考核点合格	4 个考核点合格	3 个考核点合格
	2. 能够进行 CR400BF 型动车组网络及辅助监控系统应急处置的计算机模拟操作				
	3. 能够进行 CR400BF 型动车组网络及辅助监控系统应急处置的驾驶台实操				
	4. 能够正确与调度和机械师联控				
	5. 能够准确进行呼唤应答				

表 2-67 考核评价表

实训项目：CR400BF 型动车组网络及辅助监控系统应急处置								
班级:				姓名:				
评价内容	评分标准	考核方式	分值	自评	互评	软件评分	教师评分	得分
素质	1. 能够与团队成员合作，合理沟通，接受任务，协作他人完成工作任务； 2. 有集体意识和社会责任心； 3. 遵章守纪	过程考核	30					
知识	1. 掌握 CR400BF 型动车组网络及辅助监控系统的故障判断方法； 2. 掌握 CR400BF 型动车组网络及辅助监控系统故障处理流程； 3. 能够正确与调度和机械师联控； 4. 能够准确进行呼唤应答	现场操作	40					
能力	1. 能够按照操作规范，考虑环保及文明施工措施，安全完成工作任务； 2. 遵守 7S 管理要求； 3. 具有查阅各类教学资源的能力； 4. 具有制定完成任务或项目的方案的能力	过程考核	30					
总分			100					

实训项目 2.9　CR400BF 型动车组辅助设备应急处置

2.9.1　实训目的

通过本实训项目的开展，使学生了解 CR400BF 型动车组辅助设备应急作业的处理流程，能够根据实际情况判断故障类型，并独立完成 CR400BF 型动车组辅助设备应急作业，提高学生对辅助设备故障的应急处置能力。

2.9.2　实训设备

本实训项目的作业设备如表 2-68 所示。

表 2-68　CR400BF 型动车组辅助设备应急处置作业设备

名称	型号	数量	备注
动车组模拟驾驶台	CR400BF	3	
电气仿真柜	—	3	

2.9.3　实训内容

1. 全列无直流电故障应急处置

处理流程同 CR400AF 型动车组。

2. 充电机不工作故障应急处置

处理流程同 CR400AF 型动车组。

充电机不工作故障应急处置微课视频

3. 辅助变流器不工作故障应急处置（见表 2-69）

表 2-69　辅助变流器不工作故障应急处置作业指导

序号	作业项目	图示	处理过程
故障现象		HMI 屏弹出“输入电压超出容许范围”提示信息，代码为 4320	
1	辅助变流器不工作故障		司机发现 HMI 屏报出以上故障后，通知机械师

续表

序号	作业项目	图示	处理过程
2	辅助变流器不工作故障		机械师回复:“进行牵引辅助复位操作。”
3		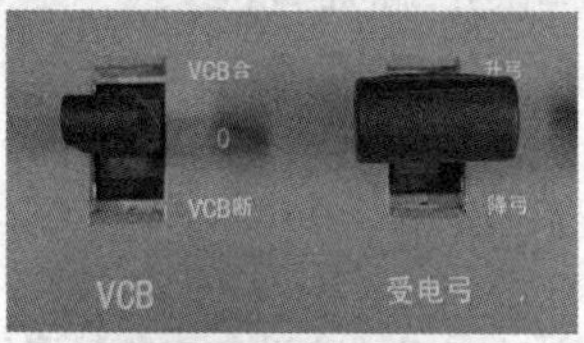	司机断开主断路器，将司控器手柄回“0”位
4		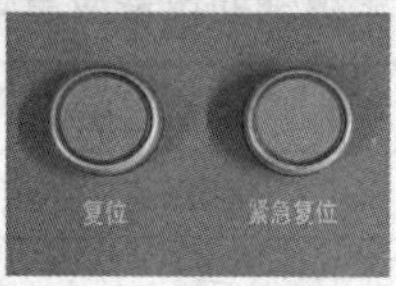	按压“复位”按钮 3 s
5		—	推牵引，继续运行

4. **信息显示器故障应急处置**（见表 2-70）

表 2-70　信息显示器故障应急处置作业指导

序号	作业项目	图示	处理过程
故障现象		HMI 屏弹出“信息显示器故障”提示信息	
1	信息显示器故障	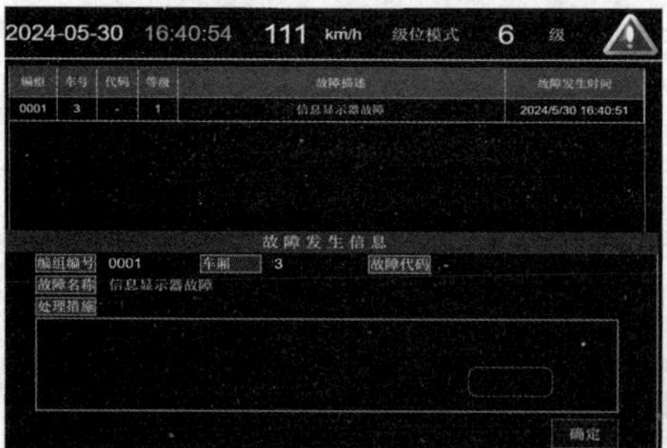	司机发现 HMI 屏报出以上故障后，通知机械师
2			机械师回复:“断合故障车电气柜内外显示器供电断路器 1、2，若故障恢复，则继续运行。”

续表

序号	作业项目	图示	处理过程
3	信息显示器故障		断合“内外显供电断路器 1”，断合“内外显供电断路器 2”

5. 旅客信息系统 MVB 通信故障应急处置

处理流程同 CR400AF 型动车组。

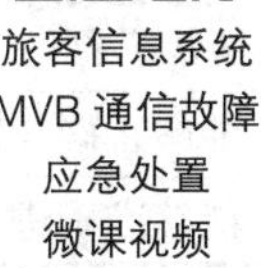

旅客信息系统 MVB 通信故障应急处置微课视频

6. 客室空调系统故障应急处置

处理流程同 CR400AF 型动车组。

客室空调系统故障应急处置微课视频

7. 卫生间便器堵塞故障应急处置（见表 2–71）

表 2–71　卫生间便器堵塞故障应急处置作业指导

序号	作业项目	图示	处理过程
故障现象		HMI 屏弹出“坐便器堵塞”提示信息	
1	卫生间便器堵塞故障		司机发现 HMI 屏报出以上故障后，通知机械师
2			机械师检查后回复：“卫生间便器堵塞，需要司机按压故障卫生间的清空便盆按钮，冲洗完毕后继续运行。”
3			司机按下“清空便盆”按钮

2.9.4 考核评价

考核点及评价标准如表 2–72 所示，考核评价表如表 2–73 所示。

表 2–72 考核点及评价标准

<table>
<tr><th rowspan="2">学习任务</th><th rowspan="2">考核点</th><th rowspan="2">建议考核方式</th><th colspan="3">评价标准</th></tr>
<tr><th>优
（90 分）</th><th>良
（80 分）</th><th>及格
（60 分）</th></tr>
<tr><td rowspan="5">CR400BF 型动车组辅助设备应急处置</td><td>1. 掌握 CR400BF 型动车组辅助设备应急处置的操作方法</td><td rowspan="5">在线评价
+
软件评价
+
教师评价
+
学生互评</td><td rowspan="5">5 个考核点合格</td><td rowspan="5">4 个考核点合格</td><td rowspan="5">3 个考核点合格</td></tr>
<tr><td>2. 能够进行 CR400BF 型动车组辅助设备应急处置的计算机模拟操作</td></tr>
<tr><td>3. 能够进行 CR400BF 型动车组辅助设备应急处置的驾驶台实操</td></tr>
<tr><td>4. 能够正确与调度和机械师联控</td></tr>
<tr><td>5. 能够准确进行呼唤应答</td></tr>
</table>

表 2–73 考核评价表

<table>
<tr><td colspan="9">实训项目：CR400BF 型动车组辅助设备应急处置</td></tr>
<tr><td colspan="4">班级：</td><td colspan="5">姓名：</td></tr>
<tr><td>评价内容</td><td>评分标准</td><td>考核方式</td><td>分值</td><td>自评</td><td>互评</td><td>软件评分</td><td>教师评分</td><td>得分</td></tr>
<tr><td>素质</td><td>1. 能够与团队成员合作，合理沟通，接受任务，协作他人完成工作任务；
2. 有集体意识和社会责任心；
3. 遵章守纪</td><td>过程考核</td><td>30</td><td></td><td></td><td></td><td></td><td></td></tr>
<tr><td>知识</td><td>1. 掌握 CR400BF 型动车组辅助设备故障判断方法；
2. 掌握 CR400BF 型动车组辅助设备故障处理流程；
3. 能够正确与调度和机械师联控；
4. 能够准确进行呼唤应答</td><td>现场操作</td><td>40</td><td></td><td></td><td></td><td></td><td></td></tr>
<tr><td>能力</td><td>1. 能够按照操作规范，考虑环保及文明施工措施，安全完成工作任务；
2. 遵守 7S 管理要求；
3. 具有查阅各类教学资源的能力；
4. 具有制定完成任务或项目的方案的能力</td><td>过程考核</td><td>30</td><td></td><td></td><td></td><td></td><td></td></tr>
<tr><td colspan="3">总分</td><td>100</td><td></td><td></td><td></td><td></td><td></td></tr>
</table>

实训项目 2.10　CR400BF 型动车组车门及车内设施应急处置

2.10.1　实训目的

通过本实训项目的开展，使学生了解 CR400BF 型动车组车门及车内设施应急作业的处理流程，能够根据实际情况判断故障类型，并独立完成 CR400BF 型动车组车门及车内设备应急作业，提高学生对车门及车内设施故障的应急处置能力。

2.10.2　实训设备

本实训项目的作业设备如表 2–74 所示。

表 2–74　CR400BF 型动车组车门及车内设施应急处置作业设备

名称	型号	数量	备注
动车组模拟驾驶台	CR400BF	3	
电气仿真柜	—	3	

2.10.3　实训内容

1. 集控关门时车门未关闭故障应急处置

处理流程同 CR400AF 型动车组。

2. 集控开门时车门未打开故障应急处置

处理流程同 CR400AF 型动车组。

3. 途中运行报车门故障应急处置（见表 2–75）

表 2-75　途中运行报车门故障应急处置作业指导

<table>
<tr><th>序号</th><th>作业项目</th><th>图示</th><th>处理过程</th></tr>
<tr><td colspan="2">故障现象</td><td colspan="2">运行途中 HMI 屏上报车门打开、门状态持续（或瞬间）报红或闪报“？”</td></tr>
<tr><td>1</td><td rowspan="2">途中运行报车门故障</td><td>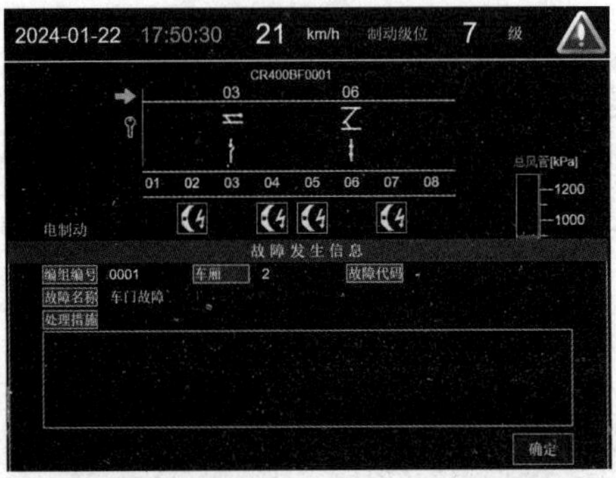

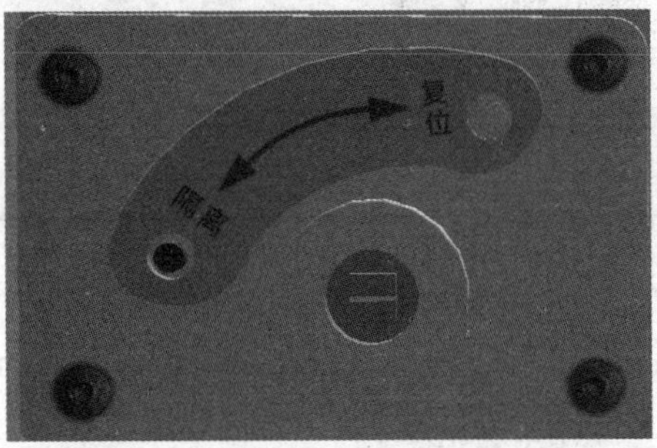
</td><td>运行途中发现 HMI 主屏下中部黄色图标显示车门打开，须将 HMI 屏切换到车门状态，查看故障车门的具体位置，并立即通知机械师前往故障车门处查看并隔离故障车门</td></tr>
<tr><td>2</td><td>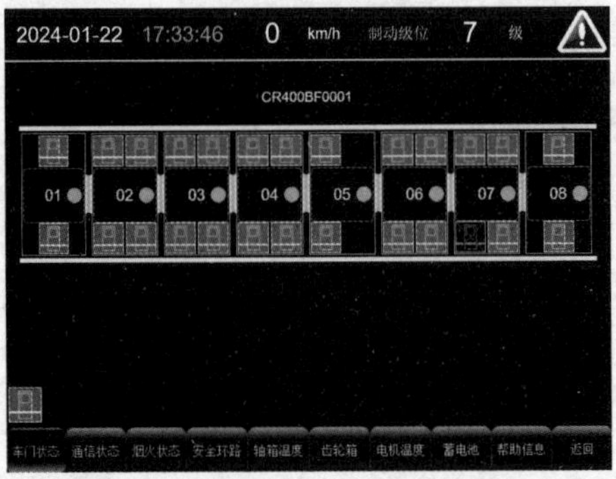
</td><td>机械师操作完成后通知司机确认车门隔离状态，确认后正常行车</td></tr>
</table>

4. 塞拉门机械失效故障应急处置（见表 2–76）

表 2–76　塞拉门机械失效故障应急处置作业指导

序号	作业项目	图示	处理过程
故障现象		HMI 屏弹出“塞拉门机械失效”提示信息	
1	塞拉门机械失效故障		司机发现 HMI 屏报出以上故障，通知机械师
2			机械师回复：“故障车门已处理，司机手动关闭并隔离故障车门后，在 HMI 屏确认车门隔离状态，关门指示灯亮后正常行车。”
3			司机手动关门，并隔离车门
4			司机通过 HMI 屏查看车门状态
5		—	动车，恢复运行

5. 刮雨器故障应急处置

处理流程同 CR400AF 型动车组。

刮雨器故障应急处置微课视频

2.10.4 考核评价

考核点及评价标准如表 2-77 所示，考核评价表如表 2-78 所示。

表 2-77 考核点及评价标准

学习任务	考核点	建议考核方式	评价标准		
			优（90 分）	良（80 分）	及格（60 分）
CR400BF 型动车组车门及车内设施应急处置	1. 掌握 CR400BF 型动车组车门及车内设施应急处置的操作方法	在线评价 + 软件评价 + 教师评价 + 学生互评	5 个考核点合格	4 个考核点合格	3 个考核点合格
	2. 能够进行 CR400BF 型动车组车门及车内设施应急处置的计算机模拟操作				
	3. 能够进行 CR400BF 型动车组车门及车内设施应急处置的驾驶台实操				
	4. 能够正确与调度和机械师联控				
	5. 能够准确进行呼唤应答				

表 2-78 考核评价表

实训项目：CR400BF 型动车组车门及车内设施应急处置								
班级：				姓名：				
评价内容	评分标准	考核方式	分值	自评	互评	软件评分	教师评分	得分
素质	1. 能够与团队成员合作，合理沟通，接受任务，协作他人完成工作任务； 2. 有集体意识和社会责任心； 3. 遵章守纪	过程考核	30					
知识	1. 掌握 CR400BF 型动车组车门及车内设施的故障判断方法； 2. 掌握 CR400BF 型动车组车门及车内设施故障处理流程； 3. 能够正确与调度和机械师联控； 4. 能够准确进行呼唤应答	现场操作	40					
能力	1. 能够按照操作规范，考虑环保及文明施工措施，安全完成工作任务； 2. 遵守 7S 管理要求； 3. 具有查阅各类教学资源的能力； 4. 具有制定完成任务或项目的方案的能力	过程考核	30					
总分			100					

实训项目 2.11　CR400BF 型动车组恶劣天气下非正常行车作业

2.11.1　实训目的

通过本实训项目的开展，使学生了解 CR400BF 型动车组在恶劣天气下非正常行车的处理流程，并独立完成 CR400BF 型动车组在恶劣天气下非正常行车作业，提高学生在恶劣天气下的非正常行车作业能力。

2.11.2　实训设备

本实训项目的作业设备如表 2–79 所示。

表 2–79　CR400BF 型动车组恶劣天气下非正常行车作业设备

名称	型号	数量	备注
动车组模拟驾驶台	CR400BF	3	
电气仿真柜	—	3	

2.11.3　实训内容

1. 雨天行车作业

处理流程同 CR400AF 型动车组。

2. 雾天行车作业

处理流程同 CR400AF 型动车组。

3. 冰雪天气行车作业

处理流程同 CR400AF 型动车组。

4. 大风天气行车作业

处理流程同 CR400AF 型动车组。

2.11.4 考核评价

考核点及评价标准如表 2-80 所示，考核评价表如表 2-81 所示。

表 2-80 考核点及评价标准

<table>
<tr><th rowspan="2">学习任务</th><th rowspan="2">考核点</th><th rowspan="2">建议考核方式</th><th colspan="3">评价标准</th></tr>
<tr><th>优
（90 分）</th><th>良
（80 分）</th><th>及格
（60 分）</th></tr>
<tr><td rowspan="5">CR400BF 型动车组恶劣天气下非正常行车作业</td><td>1. 掌握 CR400BF 型动车组恶劣天气下非正常行车作业的操作方法</td><td rowspan="5">在线评价
+
软件评价
+
教师评价
+
学生互评</td><td rowspan="5">5 个考核点合格</td><td rowspan="5">4 个考核点合格</td><td rowspan="5">3 个考核点合格</td></tr>
<tr><td>2. 能够进行 CR400BF 型动车组恶劣天气下非正常行车作业的计算机模拟操作</td></tr>
<tr><td>3. 能够进行 CR400BF 型动车组恶劣天气下非正常行车作业的驾驶台实操</td></tr>
<tr><td>4. 能够正确与调度和机械师联控</td></tr>
<tr><td>5. 能够准确进行呼唤应答</td></tr>
</table>

表 2-81 考核评价表

<table>
<tr><td colspan="9">实训项目：CR400BF 型动车组恶劣天气下非正常行车作业</td></tr>
<tr><td colspan="4">班级：</td><td colspan="5">姓名：</td></tr>
<tr><td>评价内容</td><td>评分标准</td><td>考核方式</td><td>分值</td><td>自评</td><td>互评</td><td>软件评分</td><td>教师评分</td><td>得分</td></tr>
<tr><td>素质</td><td>1. 能够与团队成员合作，合理沟通，接受任务，协作他人完成工作任务；
2. 有集体意识和社会责任心；
3. 遵章守纪</td><td>过程考核</td><td>30</td><td></td><td></td><td></td><td></td><td></td></tr>
<tr><td>知识</td><td>1. 掌握 CR400BF 型动车组恶劣天气下非正常行车作业处理方法；
2. 掌握 CR400BF 型动车组恶劣天气下非正常行车作业处理流程；
3. 能够正确与调度和机械师联控；
4. 能够准确进行呼唤应答</td><td>现场操作</td><td>40</td><td></td><td></td><td></td><td></td><td></td></tr>
<tr><td>能力</td><td>1. 能够按照操作规范，考虑环保及文明施工措施，安全完成工作任务；
2. 遵守 7S 管理要求；
3. 具有查阅各类教学资源的能力；
4. 具有制定完成任务或项目的方案的能力</td><td>过程考核</td><td>30</td><td></td><td></td><td></td><td></td><td></td></tr>
<tr><td colspan="3">总分</td><td>100</td><td></td><td></td><td></td><td></td><td></td></tr>
</table>

实训项目 2.12　CR400BF 型动车组弓网异常时非正常行车作业

2.12.1　实训目的

通过本实训项目的开展，使学生了解 CR400BF 型动车组在弓网异常时非正常行车的处理流程，并独立完成 CR400BF 型动车组在弓网异常时非正常行车作业，提高学生在应对弓网异常时的非正常行车作业能力。

2.12.2　实训设备

本实训项目的作业设备如表 2-82 所示。

表 2-82　CR400BF 型动车组弓网异常时非正常行车作业设备

名称	型号	数量	备注
动车组模拟驾驶台	CR400BF	3	
电气仿真柜	—	3	

2.12.3　实训内容

1. 接触网挂有异物时非正常行车

处理流程同 CR400AF 型动车组。

2. 接触网停电时非正常行车

处理流程同 CR400AF 型动车组。

3. 受电弓挂有异物时非正常行车

处理流程同 CR400AF 型动车组。

4. 列车停在接触网分相无电区时非正常行车

处理流程同 CR400AF 型动车组。

5. 运行途中自动降弓时非正常行车

处理流程同 CR400AF 型动车组。

2.12.4 考核评价

考核点及评价标准如表 2–83 所示，考核评价表如表 2–84 所示。

表 2–83 考核点及评价标准

<table>
<tr><th rowspan="2">学习任务</th><th rowspan="2">考核点</th><th rowspan="2">建议考核方式</th><th colspan="3">评价标准</th></tr>
<tr><th>优
（90 分）</th><th>良
（80 分）</th><th>及格
（60 分）</th></tr>
<tr><td rowspan="5">CR400BF 型动车组弓网异常时非正常行车作业</td><td>1. 掌握 CR400BF 型动车组弓网异常时非正常行车作业的操作方法</td><td rowspan="5">在线评价
+
软件评价
+
教师评价
+
学生互评</td><td rowspan="5">5 个考核点合格</td><td rowspan="5">4 个考核点合格</td><td rowspan="5">3 个考核点合格</td></tr>
<tr><td>2. 能够进行 CR400BF 型动车组弓网异常时非正常行车作业的计算机模拟操作</td></tr>
<tr><td>3. 能够进行 CR400BF 型动车组弓网异常时非正常行车作业的驾驶台实操</td></tr>
<tr><td>4. 能够正确与调度和机械师联控</td></tr>
<tr><td>5. 能够准确进行呼唤应答</td></tr>
</table>

表 2–84 考核评价表

<table>
<tr><td colspan="9">实训项目：CR400BF 型动车组弓网异常时非正常行车作业</td></tr>
<tr><td colspan="4">班级：</td><td colspan="5">姓名：</td></tr>
<tr><th>评价内容</th><th>评分标准</th><th>考核方式</th><th>分值</th><th>自评</th><th>互评</th><th>软件评分</th><th>教师评分</th><th>得分</th></tr>
<tr><td>素质</td><td>1. 能够与团队成员合作，合理沟通，接受任务，协作他人完成工作任务；
2. 有集体意识和社会责任心；
3. 遵章守纪</td><td>过程考核</td><td>30</td><td></td><td></td><td></td><td></td><td></td></tr>
<tr><td>知识</td><td>1. 掌握CR400BF型动车组弓网异常时非正常行车作业处理方法；
2. 掌握CR400BF型动车组弓网异常时非正常行车作业处理流程；
3. 能够正确与调度和机械师联控；
4. 能够准确进行呼唤应答</td><td>现场操作</td><td>40</td><td></td><td></td><td></td><td></td><td></td></tr>
<tr><td>能力</td><td>1. 能够按照操作规范，考虑环保及文明施工措施，安全完成工作任务；
2. 遵守 7S 管理要求；
3. 具有查阅各类教学资源的能力；
4. 具有制定完成任务或项目的方案的能力</td><td>过程考核</td><td>30</td><td></td><td></td><td></td><td></td><td></td></tr>
<tr><td colspan="3">总分</td><td>100</td><td></td><td></td><td></td><td></td><td></td></tr>
</table>

实训项目 2.13　CR400BF 型动车组信号异常时非正常行车作业

2.13.1　实训目的

通过本实训项目的开展，使学生了解 CR400BF 型动车组在信号异常时非正常行车的处理流程，并独立完成 CR400BF 型动车组在信号异常时非正常行车作业，提高学生应对在信号异常时的非正常行车作业能力。

2.13.2　实训设备

本实训项目的作业设备如表 2-85 所示。

表 2-85　CR400BF 型动车组信号异常时非正常行车作业设备

名称	型号	数量	备注
动车组模拟驾驶台	CR400BF	3	
电气仿真柜	—	3	

2.13.3　实训内容

1. 列车冒进信号机时非正常行车

处理流程同 CR400AF 型动车组。

2. 区间红光带时非正常行车

处理流程同 CR400AF 型动车组。

3. 区间信号不开放时非正常行车

处理流程同 CR400AF 型动车组。

4. 天气恶劣难以辨认信号时非正常行车

处理流程同 CR400AF 型动车组。

5. 出站不开放信号时非正常行车

处理流程同 CR400AF 型动车组。

6. 进站不开放信号时非正常行车

处理流程同 CR400AF 型动车组。

2.13.4 考核评价

考核点及评价标准如表 2-86 所示，考核评价表如表 2-87 所示。

表 2-86 考核点及评价标准

学习任务	考核点	建议考核方式	评价标准		
			优（90 分）	良（80 分）	及格（60 分）
CR400BF 型动车组信号异常时非正常行车作业	1. 掌握 CR400BF 型动车组信号异常时非正常行车作业的操作方法	在线评价 + 软件评价 + 教师评价 + 学生互评	5 个考核点合格	4 个考核点合格	3 个考核点合格
	2. 能够进行 CR400BF 型动车组信号异常时非正常行车作业的计算机模拟操作				
	3. 能够进行 CR400BF 型动车组信号异常时非正常行车作业的驾驶台实操				
	4. 能够正确与调度和机械师联控				
	5. 能够准确进行呼唤应答				

表 2-87 考核评价表

实训项目：CR400BF 型动车组信号异常时非正常行车作业								
班级：				姓名：				
评价内容	评分标准	考核方式	分值	自评	互评	软件评分	教师评分	得分
素质	1. 能够与团队成员合作，合理沟通，接受任务，协作他人完成工作任务； 2. 有集体意识和社会责任心； 3. 遵章守纪	过程考核	30					
知识	1. 掌握 CR400BF 型动车组信号异常时非正常行车作业处理方法； 2. 掌握 CR400BF 型动车组信号异常时非正常行车作业处理流程； 3. 能够正确与调度和机械师联控； 4. 能够准确进行呼唤应答	现场操作	40					
能力	1. 能够按照操作规范，考虑环保及文明施工措施，安全完成工作任务； 2. 遵守 7S 管理要求； 3. 具有查阅各类教学资源的能力； 4. 具有制定完成任务或项目的方案的能力	过程考核	30					
总分			100					

实训项目 2.14　CR400BF 型动车组运行异常时非正常行车作业

2.14.1　实训目的

通过本实训项目的开展，使学生了解 CR400BF 型动车组在运行异常时非正常行车的处理流程，并独立完成 CR400BF 型动车组在运行异常时非正常行车作业，提高学生在动车组运行异常时的非正常行车作业能力。

2.14.2　实训设备

本实训项目的作业设备如表 2-88 所示。

表 2-88　CR400BF 型动车组运行异常时非正常行车作业设备

名称	型号	数量	备注
动车组模拟驾驶台	CR400BF	3	
电气仿真柜	—	3	

2.14.3　实训内容

1. 列车占用丢失时非正常行车

处理流程同 CR400AF 型动车组。

2. 列车碰撞异物时非正常行车

处理流程同 CR400AF 型动车组。

3. 列车区间晃车时非正常行车

处理流程同 CR400AF 型动车组。

4. 区间被迫停车时非正常行车

处理流程同 CR400AF 型动车组。

5. 异物侵限报警时非正常行车

处理流程同 CR400AF 型动车组。

6. 自动过分相地面设备故障时非正常行车

处理流程同 CR400AF 型动车组。

7. 列车退行时非正常行车

处理流程同 CR400AF 型动车组。

8. 双向区间反方向行车

处理流程同 CR400AF 型动车组。

9. 列车发生火灾时非正常行车

处理流程同 CR400AF 型动车组。

2.14.4 考核评价

考核点及评价标准如表 2–89 所示，考核评价表如表 2–90 所示。

表 2–89　考核点及评价标准

<table>
<tr><td rowspan="2">学习任务</td><td rowspan="2">考核点</td><td rowspan="2">建议考核方式</td><td colspan="3">评价标准</td></tr>
<tr><td>优
（90 分）</td><td>良
（80 分）</td><td>及格
（60 分）</td></tr>
<tr><td rowspan="5">CR400BF 型动车组运行异常时非正常行车作业</td><td>1. 掌握 CR400BF 型动车组运行异常时非正常行车作业的操作方法</td><td rowspan="5">在线评价
+
软件评价
+
教师评价
+
学生互评</td><td rowspan="5">5 个考核点合格</td><td rowspan="5">4 个考核点合格</td><td rowspan="5">3 个考核点合格</td></tr>
<tr><td>2. 能够进行 CR400BF 型动车组运行异常时非正常行车作业的计算机模拟操作</td></tr>
<tr><td>3. 能够进行 CR400BF 型动车组运行异常时非正常行车作业的驾驶台实操</td></tr>
<tr><td>4. 能够正确与调度和机械师联控</td></tr>
<tr><td>5. 能够准确进行呼唤应答</td></tr>
</table>

表 2–90　考核评价表

<table>
<tr><td colspan="9">实训项目：CR400BF 型动车组运行异常时非正常行车作业</td></tr>
<tr><td colspan="4">班级：</td><td colspan="5">姓名：</td></tr>
<tr><td>评价内容</td><td>评分标准</td><td>考核方式</td><td>分值</td><td>自评</td><td>互评</td><td>软件评分</td><td>教师评分</td><td>得分</td></tr>
<tr><td>素质</td><td>1. 能够与团队成员合作，合理沟通，接受任务，协作他人完成工作任务；
2. 有集体意识和社会责任心；
3. 遵章守纪</td><td>过程考核</td><td>30</td><td></td><td></td><td></td><td></td><td></td></tr>
<tr><td>知识</td><td>1. 掌握 CR400BF 型动车组运行异常时非正常行车作业处理方法；
2. 掌握 CR400BF 型动车组运行异常时非正常行车作业处理流程；
3. 能够正确与调度和机械师联控；
4. 能够准确进行呼唤应答</td><td>现场操作</td><td>40</td><td></td><td></td><td></td><td></td><td></td></tr>
<tr><td>能力</td><td>1. 能够按照操作规范，考虑环保及文明施工措施，安全完成工作任务；
2. 遵守 7S 管理要求；
3. 具有查阅各类教学资源的能力；
4. 具有制定完成任务或项目的方案的能力</td><td>过程考核</td><td>30</td><td></td><td></td><td></td><td></td><td></td></tr>
<tr><td colspan="3">总分</td><td>100</td><td></td><td></td><td></td><td></td><td></td></tr>
</table>

模块3　CR200J型动车组模拟驾驶实训指导书

CR200J 型动车组模拟驾驶实训设备由 CR200J 型动车组模拟驾驶台和与之配套的配电柜组成，模拟驾驶台与实际 CR200J 型动车组司机操纵台有相同的功能与控制逻辑。本模块中，主要开展以下实训项目教学：

（1）CR200J 型动车组司机室设备认知；

（2）CR200J 型动车组司机一次乘务标准化作业；

（3）CR200J 型动车组随车机械师应急故障处理；

（4）CR200J 型动车组非正常行车作业。

实训项目 3.1　CR200J 型动车组司机室设备认知

3.1.1　实训目的

本项目分为 CR200J 型动车组司机室显示装置认知及操纵方法、司机操纵台设备认知及操纵方法，司机室侧边柜设备认知及操纵方法。

通过本项目的学习，使学生了解司机操纵台整体结构、布局及外观，了解驾驶台设备（司控器、开关、按钮（键）、脚踏、仪表）的操纵方法及控制逻辑，为后续实训项目打下基础。

3.1.2　实训设备

1. 出退勤乘务一体机

出退勤乘务一体机集成 LKJ 运行记录文件转储装置、动车组数据转储装置、饮酒检测仪、指纹仪等设备，实训学员通过该设备的终端界面（见图 3–1）自助进行出勤、退勤作业办理，系统自动对作业的标准化程度进行评判，考查学员出退勤作业是否规范。

2. EOAS 数据转储卡

学员在出退勤一体机（见图 3–2）办理出勤手续时，可领取 EOAS 数据转储卡（见图 3–3）。

图 3-1　出退勤终端主界面显示

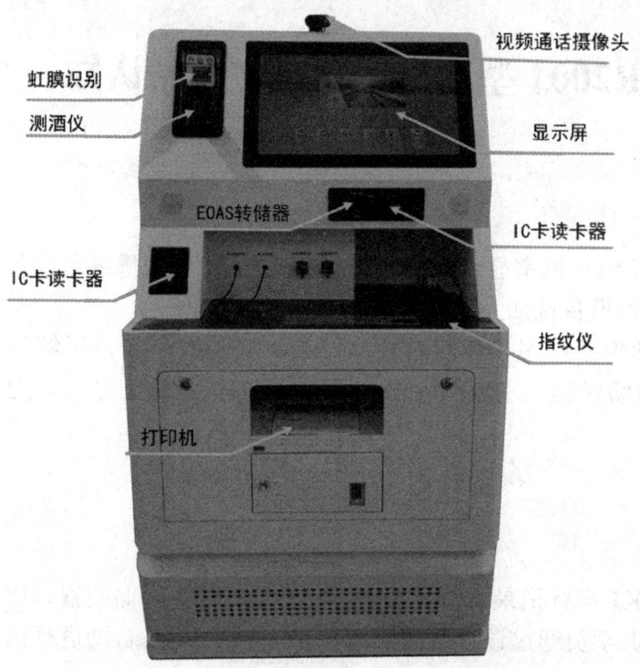

图 3-2　出退勤乘务一体机

图 3-3　EOAS 数据转储卡

3. CR200J 型动车组模拟驾驶台

CR200J 型动车组模拟驾驶台（见图 3-4）通过对 CR200J 型动车组进行仿真设计，使学员掌握相应车型模拟驾驶操作要点。

4. 实训室智慧管理系统

实训室可以通过管理平台一键控制设备开关机，并进行实时监测，教员端管理系统界面如图 3-5 所示。

图 3-4　CR200J 型动车组模拟驾驶台

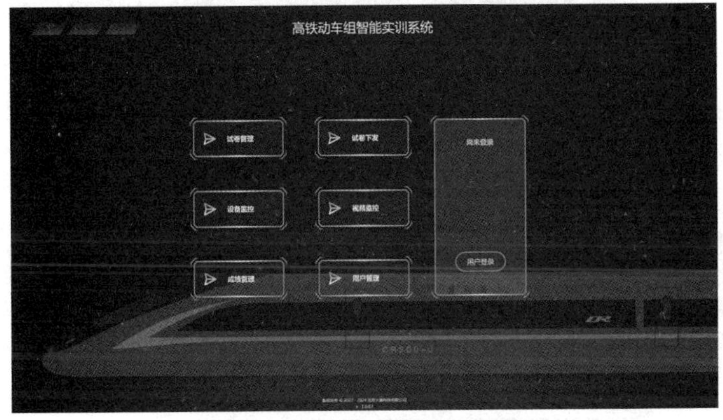

图 3-5　教员端管理系统界面

3.1.3　实训内容

1. 司机室显示装置认知及操纵方法（见表 3-1）

表 3-1　司机室显示装置认知及操纵方法

序号	作业项目	图示	注释
1	司机室显示装置认知及操纵方法		列车运行监控模拟装置（LKJ）显示屏能显示监控信息，实速、限速、线路状态信息，隧道、桥梁、坡度、弯道等信息

续表

序号	作业项目	图示	注释
2	司机室显示装置认知及操纵方法	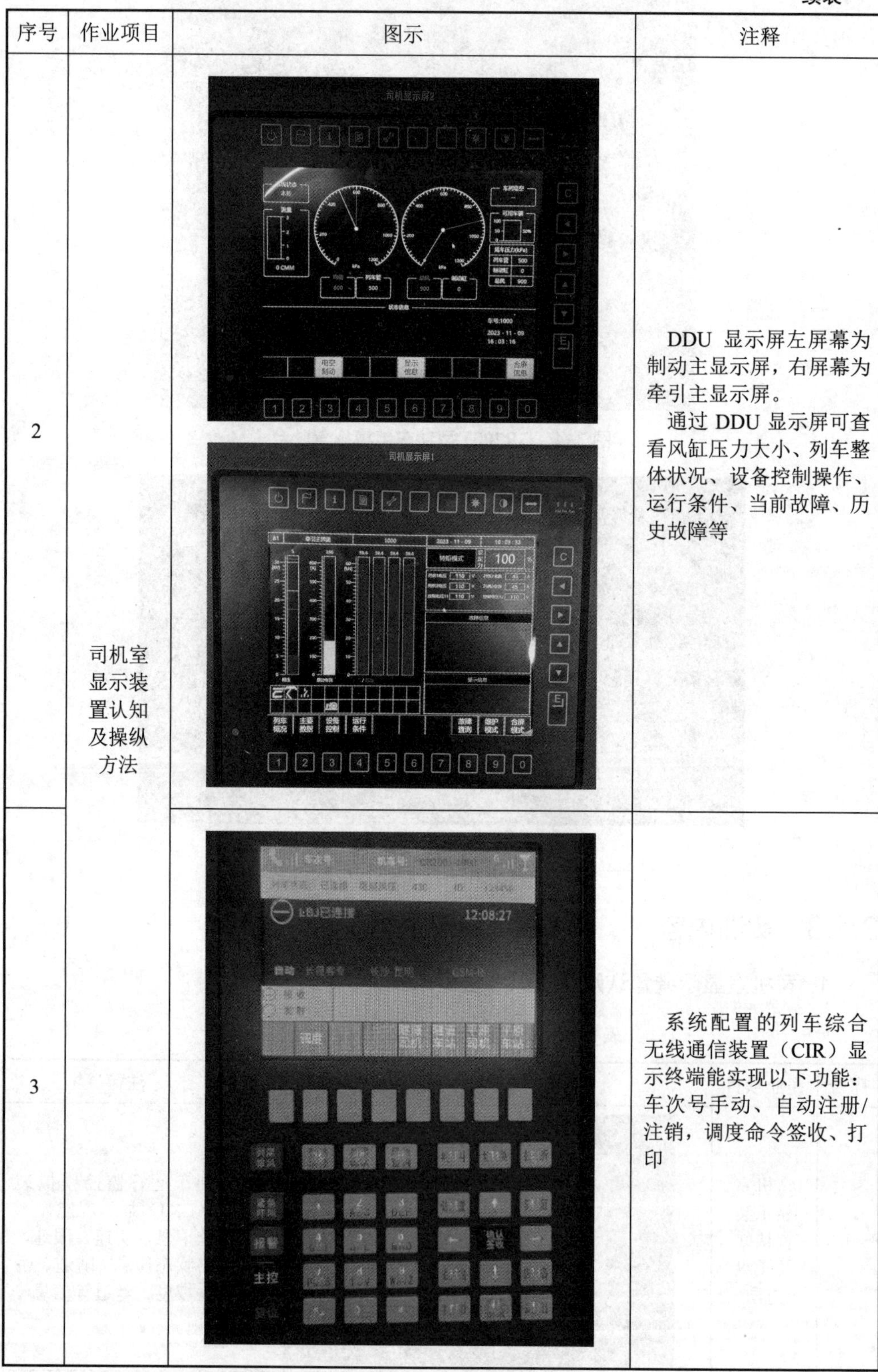	DDU 显示屏左屏幕为制动主显示屏，右屏幕为牵引主显示屏。 通过 DDU 显示屏可查看风缸压力大小、列车整体状况、设备控制操作、运行条件、当前故障、历史故障等
3			系统配置的列车综合无线通信装置（CIR）显示终端能实现以下功能：车次号手动、自动注册/注销，调度命令签收、打印

2. 司机操纵台设备认知及操纵方法（见表 3–2）

表 3–2　司机操纵台设备认知及操纵方法

1	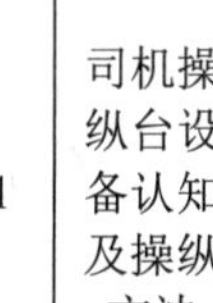 司机操纵台设备认知及操纵方法	 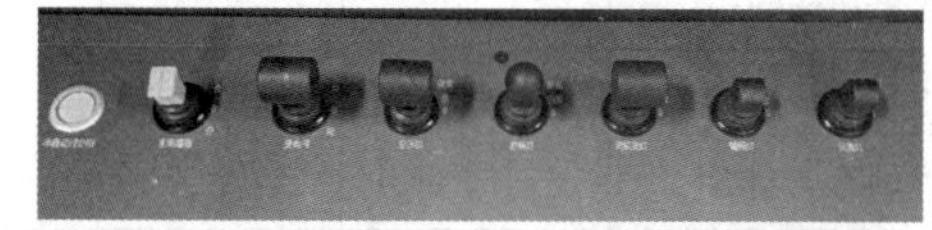 	司机操纵台设备包含开关、按钮、指示灯、制动控制器、司控器手柄等

注：司机室显示装置的操纵方法与 CR400AF 型动车组类似，表中未详细介绍。

3. 司机室侧边柜设备认知及操纵方法（见表 3–3）

表 3–3　司机室侧边柜设备认知及操纵方法

1	司机室侧边柜设备认知及操纵方法		司机室侧边柜开关盘中提供控制电源、CIR 电源、紧急牵引、电风扇、监控隔离、地脚灯等旋钮

3.1.4 考核评价

考核点及评价标准如表 3-4 所示，考核评价表如表 3-5 所示。

表 3-4 考核点及评价标准

<table>
<tr><td rowspan="2">学习任务</td><td rowspan="2">考核点</td><td rowspan="2">建议考核方式</td><td colspan="3">评价标准</td></tr>
<tr><td>优
（90 分）</td><td>良
（80 分）</td><td>及格
（60 分）</td></tr>
<tr><td rowspan="5">CR200J 型动车组司机室设备认知</td><td>1. 能够正确认识实训室设备</td><td rowspan="5">在线评价
+
小组汇报
+
现场口试
+
作业评分</td><td rowspan="5">5 个考核点合格</td><td rowspan="5">4 个考核点合格</td><td rowspan="5">3 个考核点合格</td></tr>
<tr><td>2. CR200J 型动车组司机室显示装置认知及操纵方法</td></tr>
<tr><td>3. CR200J 型动车组司机操纵台设备认知及操纵方法</td></tr>
<tr><td>4. CR200J 型动车组司机室侧边柜设备认知及操纵方法</td></tr>
<tr><td>5. 会使用出退勤乘务一体机</td></tr>
</table>

表 3-5 考核评价表

<table>
<tr><td colspan="9">实训项目：CR200J 型动车组司机室设备认知</td></tr>
<tr><td colspan="4">班级：</td><td colspan="5">姓名：</td></tr>
<tr><td>评价内容</td><td>评分标准</td><td>考核方式</td><td>分值</td><td>自评</td><td>互评</td><td>软件评分</td><td>教师评分</td><td>得分</td></tr>
<tr><td>素质</td><td>1. 能够与团队成员合作，合理沟通，接受任务，协作他人完成工作任务；
2. 有集体意识和社会责任心；
3. 遵章守纪</td><td>过程考核</td><td>30</td><td></td><td></td><td></td><td></td><td></td></tr>
<tr><td>知识</td><td>1. 能够正确认识实训室设备；
2. 能够正确说出动车组模拟驾驶台上各开关键的名称和功能；
3. 会使用出退勤乘务一体机；
4. 会使用实训管理系统</td><td>现场口试</td><td>40</td><td></td><td></td><td></td><td></td><td></td></tr>
<tr><td>能力</td><td>1. 能够按照操作规范，考虑环保及文明施工措施，安全完成工作任务；
2. 遵守 7S 管理要求；
3. 具有查阅各类教学资源的能力；
4. 具有制定完成任务或项目的方案的能力</td><td>过程考核</td><td>30</td><td></td><td></td><td></td><td></td><td></td></tr>
<tr><td colspan="3">总分</td><td>100</td><td></td><td></td><td></td><td></td><td></td></tr>
</table>

实训项目 3.2　CR200J 型动车组司机一次乘务标准化作业

3.2.1　实训目的

通过本实训项目的开展，使学生了解 CR200J 型动车组司机一次乘务作业流程，能够独立完成 CR200J 型动车组司机一次乘务作业。同时，熟悉动车组一次乘务标准化作业的手比口呼的标准用语，在操纵过程中能够进行精准呼唤。

3.2.2　实训设备

本实训项目作业设备如表 3-6 所示。

表 3-6　CR200J 型动车组司机一次乘务标准化作业设备

名称	型号	数量	备注
出退勤乘务一体机	—	1	
动车组模拟驾驶台	CR200J	4	
EOAS 数据转储卡	—	4	

3.2.3　实训内容

1. 出勤作业（见表 3-7）

表 3-7　出勤作业内容及要求

序号	作业内容	图示	作业内容及要求
1	进入出退勤乘务一体机主界面		（1）闭合出退勤乘务一体机背面开关，使设备通电。 （2）按压设备内侧启动按钮，使设备开机。 （3）设备开机后，等待程序启动，自动进入出退勤主界面
2	出勤人员在出勤调度台报到	—	司机呼唤："司机×××，司机×××出勤报到。" 领取司机手账、列车时刻表等
3	出勤登记	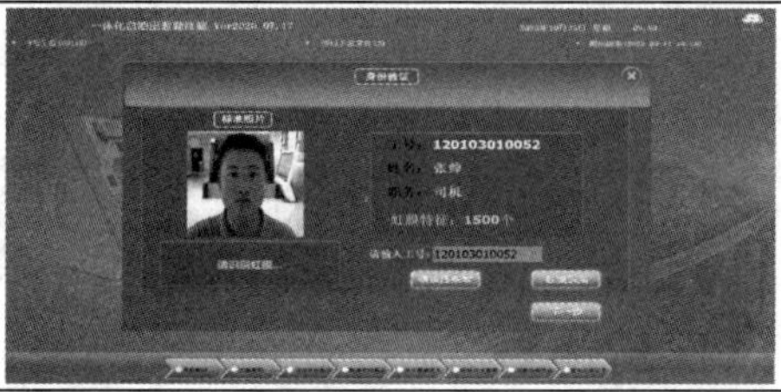	按出勤计划规定时间在出退勤乘务一体机上办理出勤手续。按【出勤登记】按钮，进行虹膜或指纹识别，完成登记。当指纹（虹膜）无法识别时，系统允许乘务员手工录入工号

续表

序号	作业内容	图示	作业内容及要求
4	酒精检测		按“测酒仪测试”按钮，系统语音提示“请测酒”，听到语音提示后开始吹气，吹气过程中系统实时检测人脸，应避免移动或扭头引起测酒失败
5	办理出勤		有多个乘务员需要办理出勤手续时，需要按【继续登记】按钮进行第二个人的出勤登记，等机组所有乘务员完成出勤登记后，按【下一步】按钮
6	出示证件和规章	—	乘务员应携带工作证、动车组司机驾驶证、岗位培训合格证、电气化作业安全合格证、《铁路技术管理规程（高速铁路部分）》、《铁路局行车组织规则》（以下简称《行规》）、《动车组非正常情况下行车作业指导书》，以及所使用车型的应急故障处理手册等相关行车资料
7	打印交付揭示	—	按“打印”按钮，对交付揭示进行打印
8	公布揭示与交付揭示核对	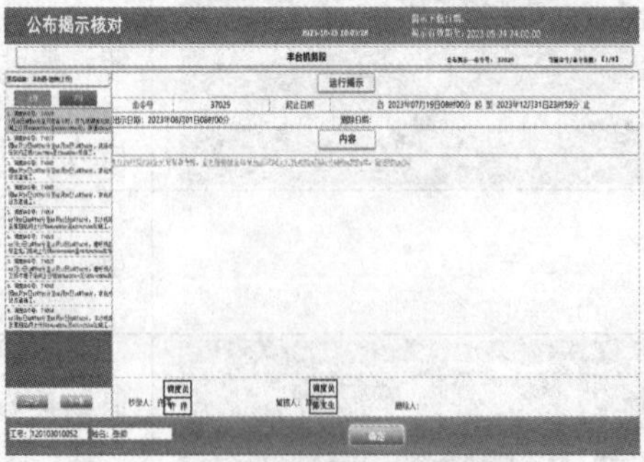	进入“公布揭示核对”窗口，机班两人根据担当的车次，进行区段选择，进入交付揭示核对界面。 通过触摸屏在限速、时间、公里标、线路、车站、设备变化等关键要素上进行点按勾画。 两名学员进行交付揭示复诵
9	司机手册填写	—	学员在司机手册中填写“运行注意事项”和“运行揭示内容”

续表

序号	作业内容	图示	作业内容及要求
10	出勤传达	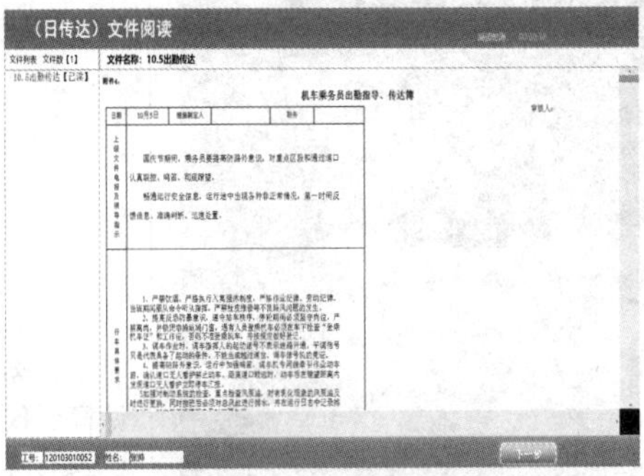	开小会，进行出勤传达，包括上级文件电报及领导指示，以及行车具体要求
11	出勤调度员审核	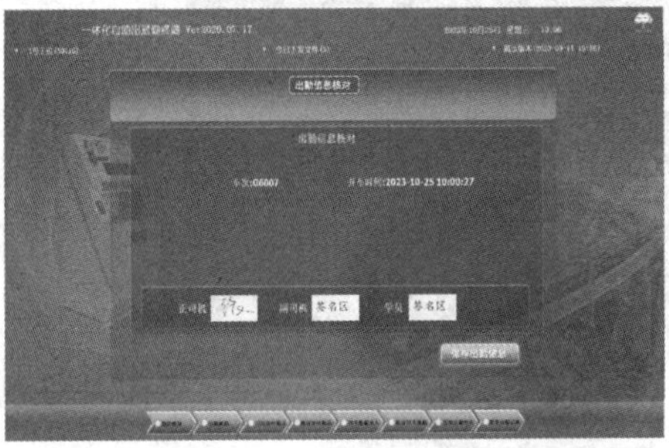	机班将司机手册、运行揭示等资料交出勤调度员审核签认，出勤调度员认真核对运行揭示，审核完司机手册后在司机手册上盖章、签点。 审核完成后将相关资料交出勤乘务员，出勤完成

2. 静态检查（见表 3-8）

表 3-8　静态检查

序号	作业项目	图示	注释
1	下发作业		选择一次乘务作业，按右下角【开始】键开始作业。 按照主视景屏检查列表和语音提示，开始动车组检查及常见操作
2	检查司机配电柜		检查司机配电柜各开关，均应在闭合位；CIR 打印机终端、广播电话应外观状态良好

续表

序号	作业项目	图示	注释
3	检查操纵台	  	司机操纵台布置有各系统显示设备、司机控制器、CIR话筒、仪表、指示灯等部件，以及行车过程中司机必须操作的按钮、开关等元器件，应逐项仔细检查
3.1	检查显示屏及按钮	 喷淋 停止 间歇 低速 高速 刮雨器	检查操纵台显示屏及按钮，应外观良好。刮雨器开关处于“停止”位
3.2	检查司控器手柄、方向手柄	 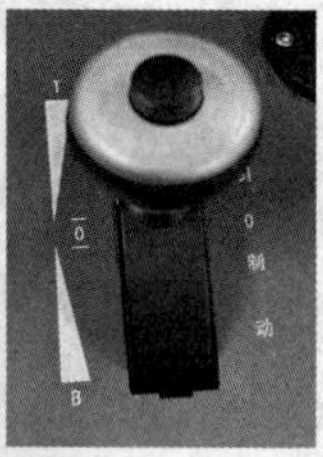	司控器手柄、方向手柄均应在“0”位
3.3	检查“紧急制动”“紧急断电”按钮	 紧急制动	“紧急制动”“紧急断电”按钮位置正确（右旋）

续表

序号	作业项目	图示	注释
3.4	检查空调开关位置		操纵台右下侧的司机室空调开关温度设置合理
3.5	选择车型	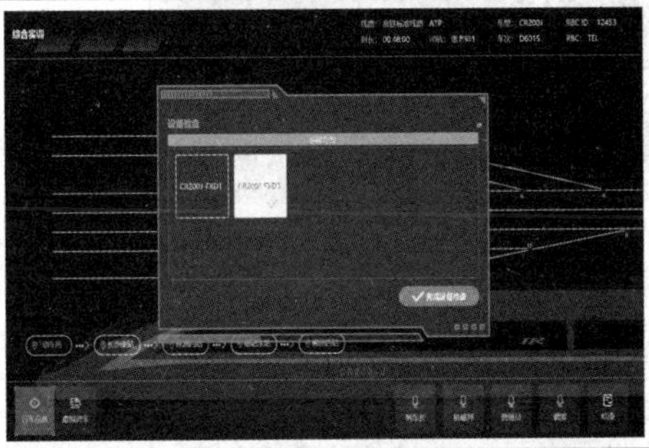	选择车型后，在右侧辅助屏按“完成设备检查”键，进入下一实训项目

3. **设备上电**（见表 3–9）

表 3-9　设备上电

序号	作业项目	图示	注释
1	打开主控钥匙		将司机电钥匙（即主控钥匙）插入钥匙孔，按压并右旋，将钥匙从“0”位转至“1”位
2	打开蓄电池	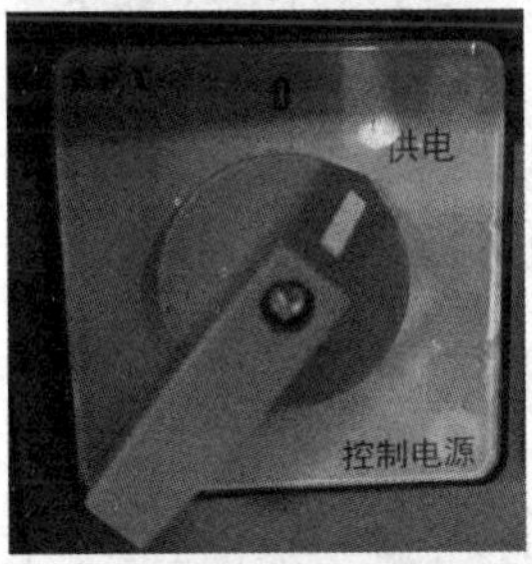	将司机室侧边柜内的“控制电源”旋钮转至“供电”位，确认 EOAS 数据转储卡工作指示灯亮，确认 DDU 屏、LKJ 屏、CIR 启动
3	操作方向手柄、司控器手柄	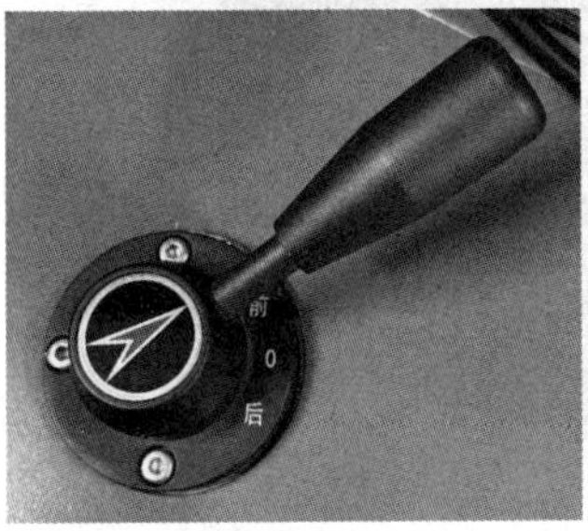 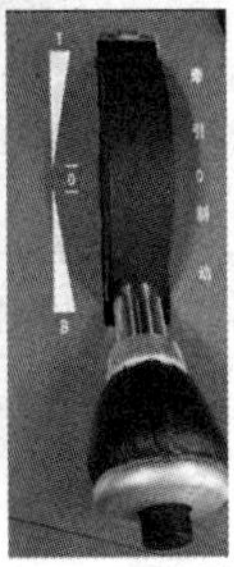	将方向手柄置于“前”位，将司控器手柄置于最大常用制动位

续表

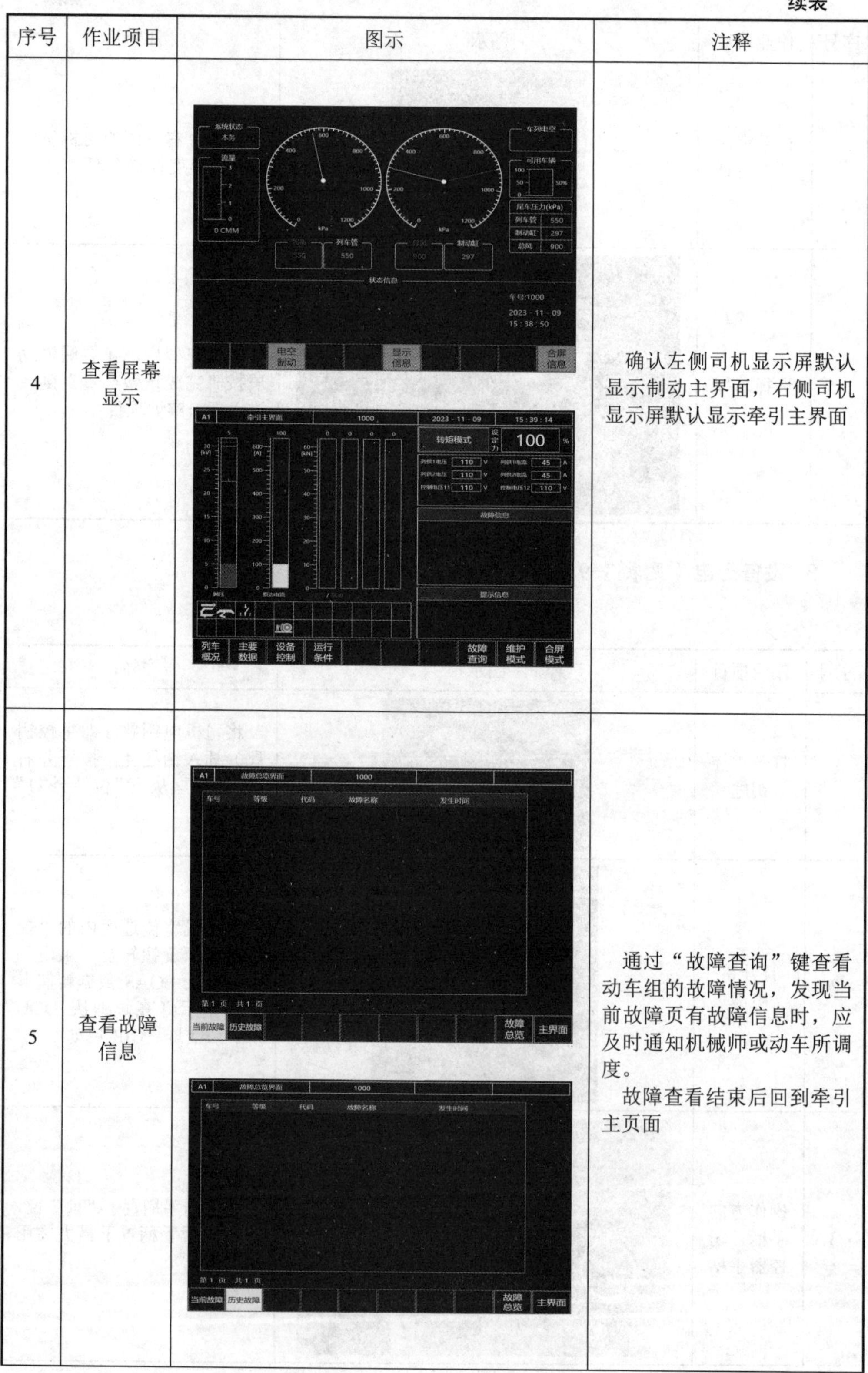

序号	作业项目	图示	注释
4	查看屏幕显示		确认左侧司机显示屏默认显示制动主界面，右侧司机显示屏默认显示牵引主界面
5	查看故障信息		通过“故障查询”键查看动车组的故障情况，发现当前故障页有故障信息时，应及时通知机械师或动车所调度。 故障查看结束后回到牵引主页面

续表

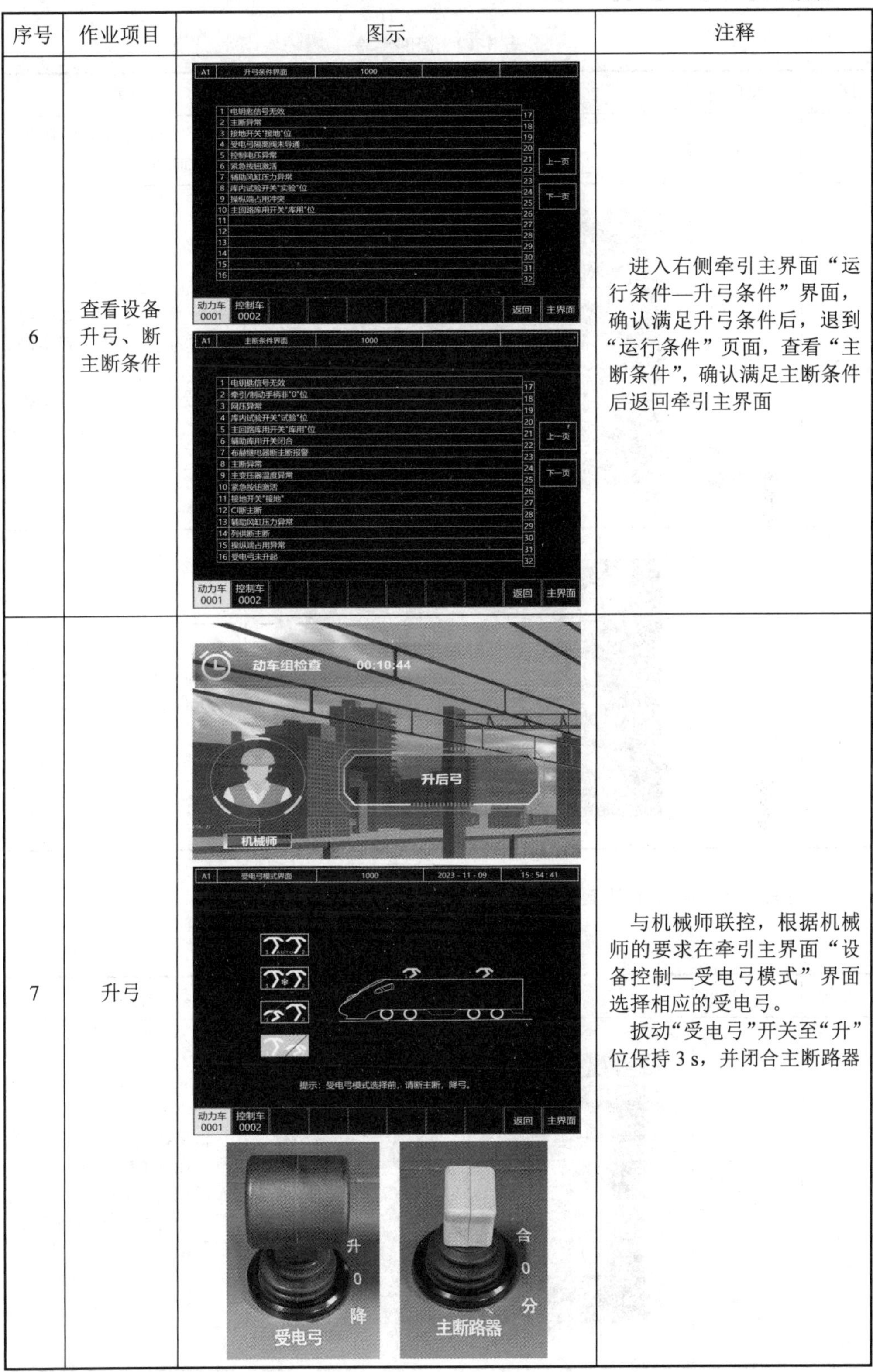

序号	作业项目	图示	注释
6	查看设备升弓、断主断条件		进入右侧牵引主界面“运行条件—升弓条件”界面，确认满足升弓条件后，退到“运行条件”页面，查看“主断条件”，确认满足主断条件后返回牵引主界面
7	升弓		与机械师联控，根据机械师的要求在牵引主界面“设备控制—受电弓模式”界面选择相应的受电弓。 扳动“受电弓”开关至“升”位保持 3 s，并闭合主断路器

4. 简略实验（见表 3-10）

表 3-10　简略实验

序号	作业项目	图示	注释
1	简略试验	—	断开虚拟列车低压柜电空制动开关
2		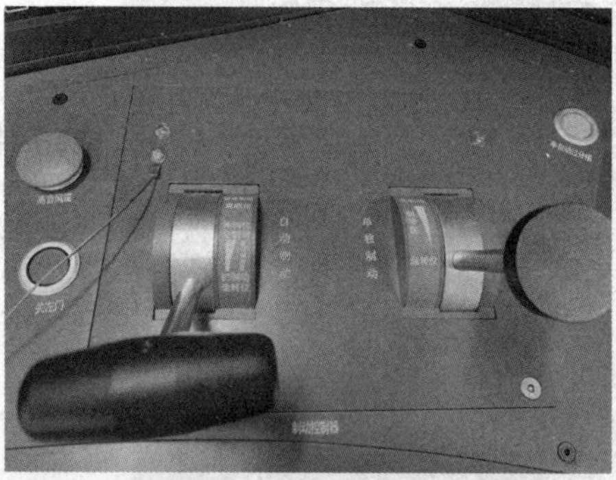	将大闸置于“运转”位，压力显示达到 600 kPa 后，按风压查询、列尾确认。 **注意**：风压确认需多次按压
3			大闸减压 100 kPa，按风压查询、列尾确认

5. LKJ 参数输入（见表 3-11）

表 3-11　LKJ 参数输入

序号	作业项目	图示	注释
1	LKJ 参数输入	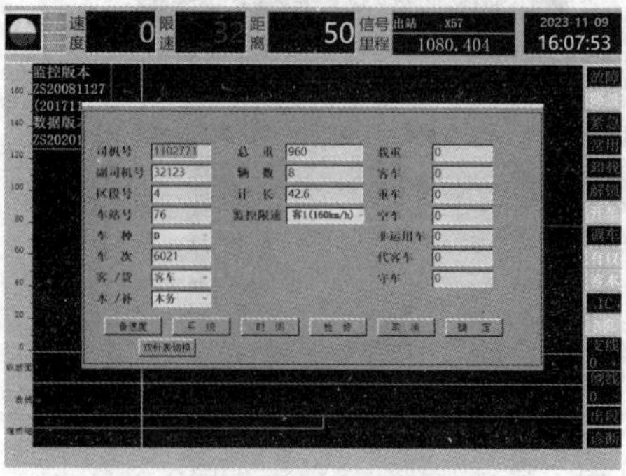	将司控器手柄置于“0”位，在 KLJ 设定界面输入司机号、辆数、车种、车次，输入完毕后按“设定”键

6. 模式操作（见表 3–12）

表 3–12　模式操作

序号	作业项目	图示	注释
说明		—	通过模式选择，确定是以调车模式还是出入库模式行车
1	调车模式	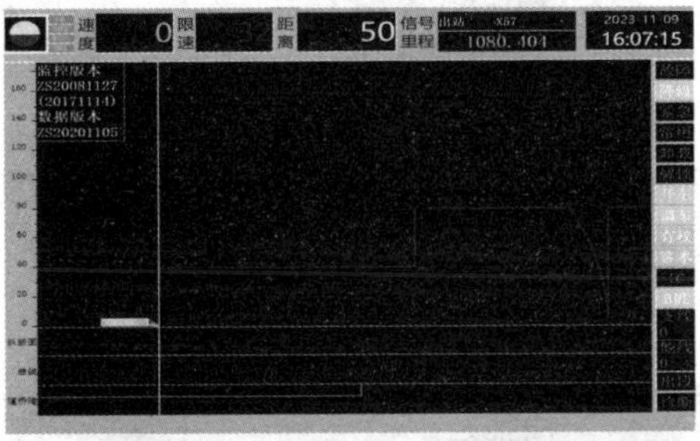	以调车模式行车时，按 KPL 键选择“调车”
2	出入库模式	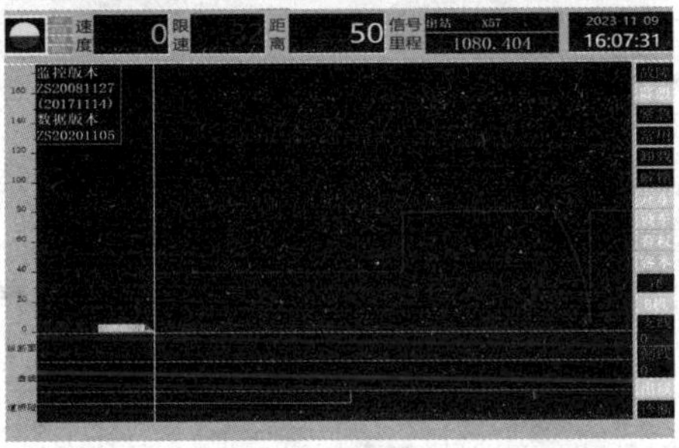	以出入库模式行车时，按 KPL 键选择“出入库”

7. 基本操作（见表 3–13）

表 3–13　基本操作

序号	作业项目	图示	注释
说明		—	基本操作包括查看车门状态、完成开关门操作
1	查看车门状态	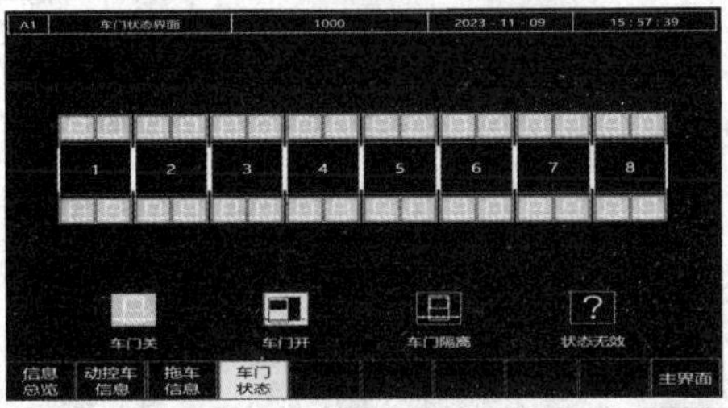	在 HMI 屏“列车概况—车门状态”界面查看车门状态，查看后恢复主界面
2	开关门操作		按“释放左门”按钮，按钮灯亮起，然后长按“开左门”按钮，待按钮灯亮起后完成开门操作。长按“关左门”按钮，按钮灯亮起后完成关门操作

8. 复位隔离操作（见表 3–14）

表 3-14　复位隔离操作

序号	作业项目	图示	注释
1	复位隔离操作	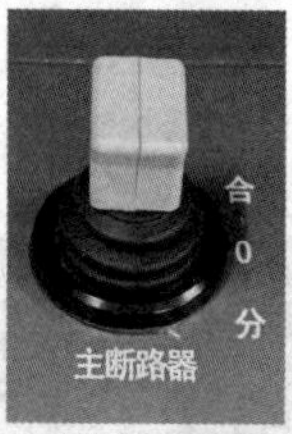 合 0 分 主断路器	扳动“主断路器”开关至“合”位持续 3 s

9. 出所作业（见表 3–15）

表 3-15　出所作业

序号	作业项目	图示	注释
1	按列车方式出所	  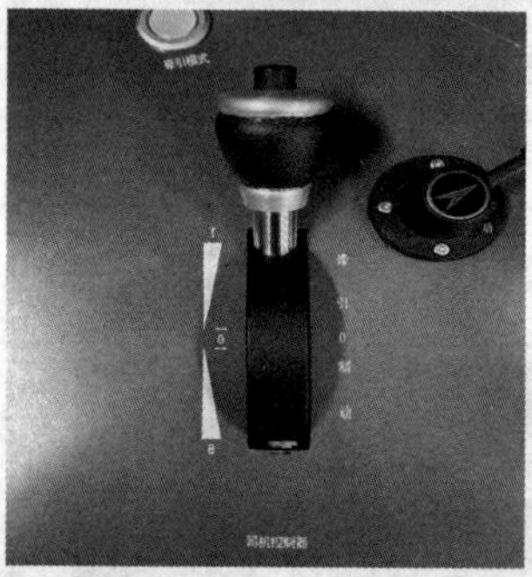 列车长 机械师 值班员 调度 结束	（1）将左侧司机显示屏置制动主界面，右侧司机显示屏置牵引主界面。 （2）与机械师联系，确认是否具备出段（所）条件。 （3）具备出段（所）条件时，与所属动车所值班员联系，待主视景屏显示值班员手动摇旗后，信号灯变绿。 （4）确认司机室门锁闭好了，各仪表显示正常。 （5）确认行车凭证，呼唤：“出站凭证好了，×××灯，限速×××km，部分监控模式。” （6）确认行车凭证后开车，呼唤：“信号开放，车门关闭，到点开车；注意警惕。” （7）鸣笛起动列车。使用“速度模式”，将司控器手柄置于“牵引”位起动列车，鸣笛（限鸣区除外），起动列车后报点：“×××站正点（晚点）×分开车。” （8）出所后，ATP 正常接收信号后，呼唤：“×××灯。” （9）列车出站越过最外方道岔后，记点并进行仪表确认
2	始发站停车	  门关闭	（1）进入车站，按停车位置标志，做到一次稳准停妥；停车后，实施最大常用制动，确认停车位置正确。 （2）停车 10 s 后，司机通过侧窗手比站台盲道，呼唤：“左（右）侧站台。”手比对应站台侧呼唤“左（右）侧门释放按钮、开门按钮”并操作。 （3）确认车门指示灯熄灭，呼唤：“左（右）侧车门开启正常。”

10. 始发站发车（见表 3–16）

表 3–16　始发站作业

序号	作业项目	图示	注释
1	ATP 参数修改	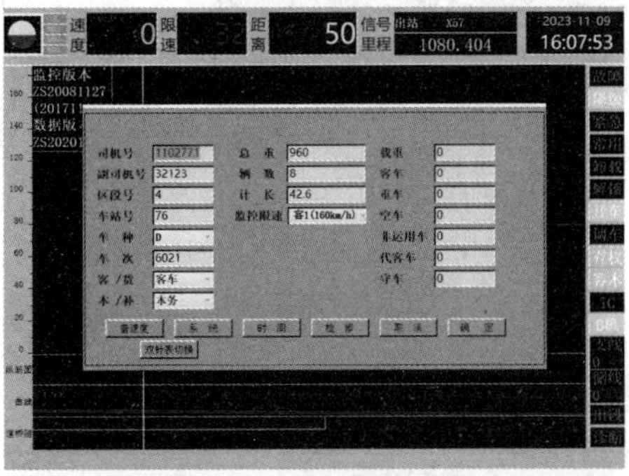	按压【设定】键，进入 ATP 参数修改界面。修改车次号
2	修改 CIR 车次号	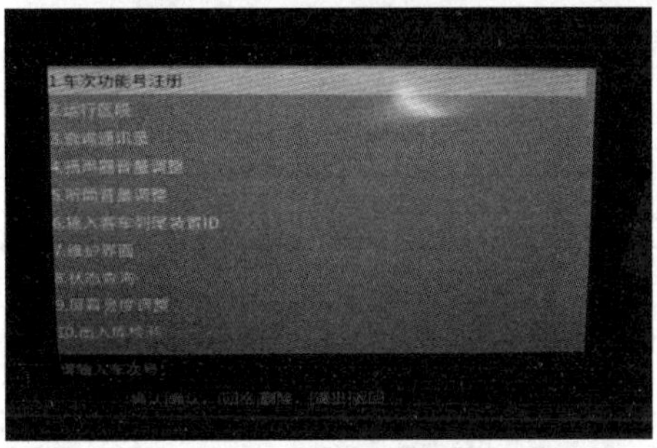	进入设置界面，注销原车次号后，再次注册车次号为 G1268
3	与值班员联控，操作全列车门关闭	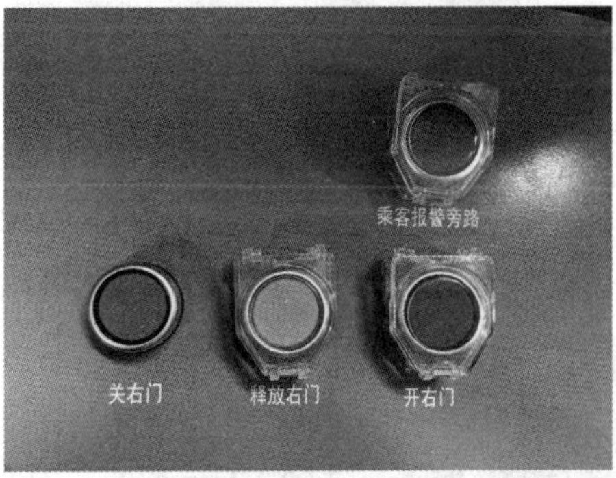	（1）乘客上车完毕，等待列车长通知关门后，点按右侧辅屏呼叫值班员，询问：“×××次列车是否可以关门？”二次确认后回复：“×××次关门，司机明白。” （2）身体向站台侧微倾，使用左/右手指向站台，呼唤：“左/右侧关门。”然后按关左/右门按钮。 （3）手指 HMI 屏的门界面，确认全列车门关闭正常后，呼唤：“全列车门关闭正常。”
4	确认发车信号显示正确		（1）出站信号开放后，呼唤：“手柄制动，出站凭证好了，×××灯，侧线，限速×××km。” （2）确认行车凭证后开车，呼唤：“信号开放，车门关闭，到点开车；注意警惕。”

续表

序号	作业项目	图示	注释
5	鸣笛起动列车	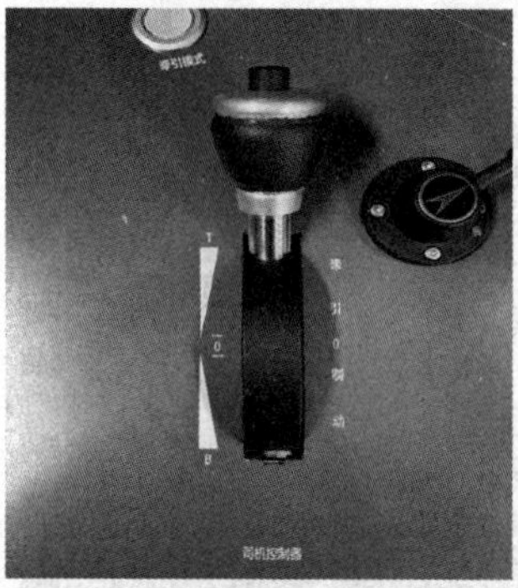	（1）使用“速度模式”，将司控器手柄置于“牵引”位起动列车，鸣笛（限鸣区除外），起动列车后报点：“×××站正点（晚点）×分开车。” （2）出站后，ATP 正常接收信号后，呼唤：“×××灯。”

11. 终点站停车及换端作业（见表 3–17）

表 3-17　终点站停车及换端作业

序号	作业项目	图示	注释
1	停车	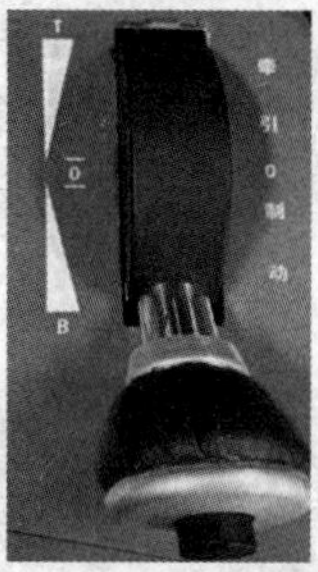	（1）终点站站内停车，按动车组停车位置标一次稳准停妥。 （2）准确对标停车后，将制动手柄置于最大制动位
2	开门	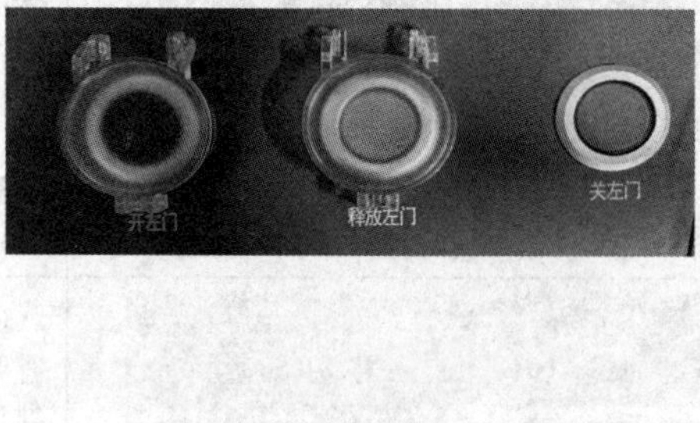	（1）开门前，必须确认动车组停车位置正确。 （2）面对站台确认侧盲道后，再开启相应侧车门。 （3）打开车门后，必须在车门页面确认，确保站台侧车门打开正常。若发现某一门未开启，及时通知机械师、列车长；若发现一侧门未打开，再操作一次开门按钮
3	司机手册登记	—	开门完毕后，在司机手册中记录前方站开车、本站停车时间，并对运行揭示销号（没有运行揭示除外）

续表

序号	作业项目	图示	注释
4	离开司机室	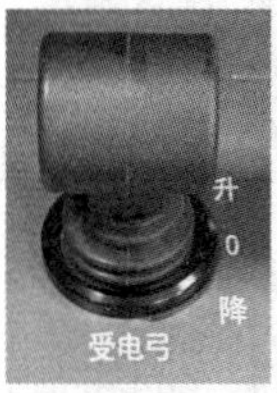 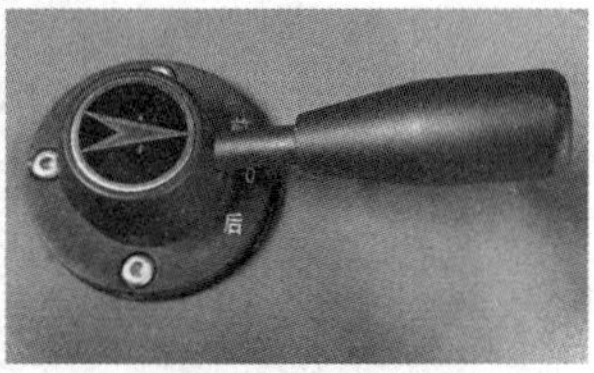 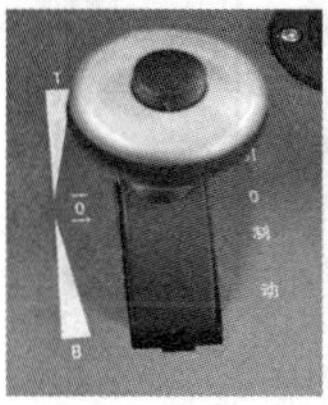 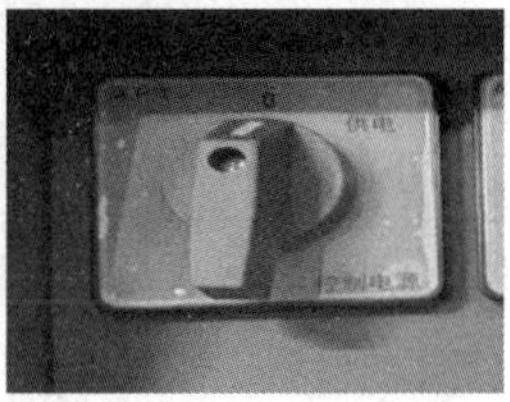	断电降弓，司控器手柄回“0”位，停放制动施加。方向开关至“0”位，拔出主控钥匙，控制电源开关回“0”位。 **注意：司机离开司机室时必须关闭司机室照明**
5	操作自阀、单阀手柄		将自阀手柄置于重联位（插上锁闭插销），将单阀手柄置于全制动位
6	“换端”按钮操作	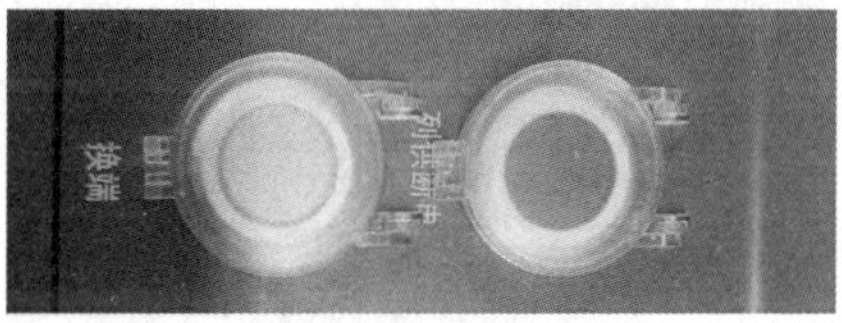	按压“换端”按钮，确认换端操作指示灯点亮
7	退出主控占用		断开司机电钥匙，退出主控占用，确认操纵台各手柄、开关、旋钮位置正确
8	另一司机室操作		前往另一司机室（在模拟驾驶台上原有设备处操作即可），打开主控钥匙，投入 CIR 电源，确认主控占用，完成换端作业

3.2.4 考核评价

考核点及评价标准如表 3-18 所示，考核评价表如表 3-19 所示。

表 3-18 考核点及评价标准

学习任务	考核点	建议考核方式	评价标准		
			优（90 分）	良（80 分）	及格（60 分）
CR200J 型动车组司机一次乘务标准化作业	1. CR200J 型动车组司机出勤作业	在线评价 + 小组汇报 + 现场口试 + 作业评分	5 个考核点合格	4 个考核点合格	3 个考核点合格
	2. CR200J 型动车组司机出所作业				
	3. CR200J 型动车组司机始发作业				
	4. CR200J 型动车组司机途中运行作业				
	5. CR200J 型动车组司机终到及换端作业				

表 3-19 考核评价表

实训项目：CR200J 型动车组司机一次乘务标准化作业								
班级：				姓名：				
评价内容	评分标准	考核方式	分值	自评	互评	软件评分	教师评分	得分
素质	1. 能够与团队成员合作，合理沟通，接受任务，协作他人完成工作任务； 2. 有集体意识和社会责任心； 3. 遵章守纪	过程考核	30					
知识	1. 掌握 CR200J 型动车组司机一次乘务标准化作业流程； 2. 能独立完成 CR200J 型动车组司机一次乘务标准化作业驾驶台练习； 3. 能够正确与调度和机械师联控； 4. 能够准确进行呼唤应答	现场操作	40					
能力	1. 能够按照操作规范，考虑环保及文明施工措施，安全完成工作任务； 2. 遵守 7S 管理要求； 3. 具有查阅各类教学资源的能力； 4. 具有制定完成任务或项目的方案的能力	过程考核	30					
总分			100					

实训项目 3.3　CR200J 型动车组应急处置基本操作

3.3.1　实训目的

通过本实训项目的开展，使学生了解 CR200J 型动车组随车机械师应急故障处理流程，能够根据实际情况判断故障类型，并独立完成 CR200J 型动车组随车机械师应急故障处理。提高学生针对行车过程中出现的故障提示信息，按照行车组织的有关规章进行故障应急处置的能力。

3.3.2　实训设备

本实训项目作业设备如表 3-20 所示。

表 3-20　CR200J 型动车组应急处置基本操作作业设备

名称	型号	数量	备注
动车组模拟驾驶台	CR200J	4	

3.3.3　实训内容

大复位操作微课视频

1. **大复位操作**（见表 3-21）

表 3-21　大复位操作指导

序号	作业项目	图示	处理过程
1	大复位		停车
2			断开主断路器，降下对应受电弓

续表

序号	作业项目	图示	处理过程
3	大复位	 0 1 司机电钥匙	关闭司机电钥匙
4			在司机室侧边柜中将“控制电源”旋钮转至“0”位，断电3 s以上
5		 0 1 司机电钥匙	将司机电钥匙从“0”位转至“1”位
6			将“控制电源”旋钮转至“供电”位，完成大复位操作

2. 作业准备（见表 3–22）

表 3–22　作业准备内容及要求

序号	作业内容	图示	作业内容及要求
1	故障处理前	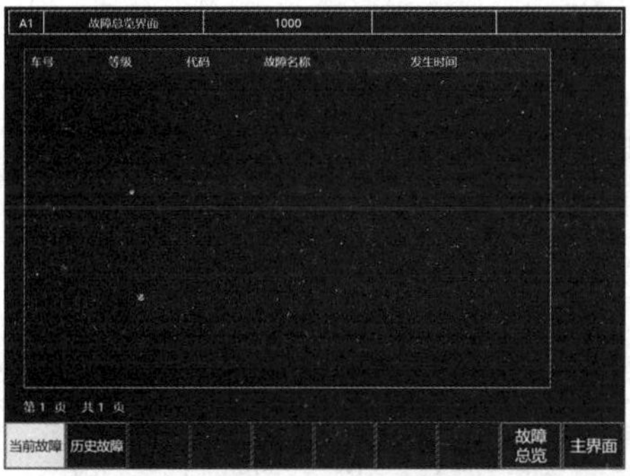 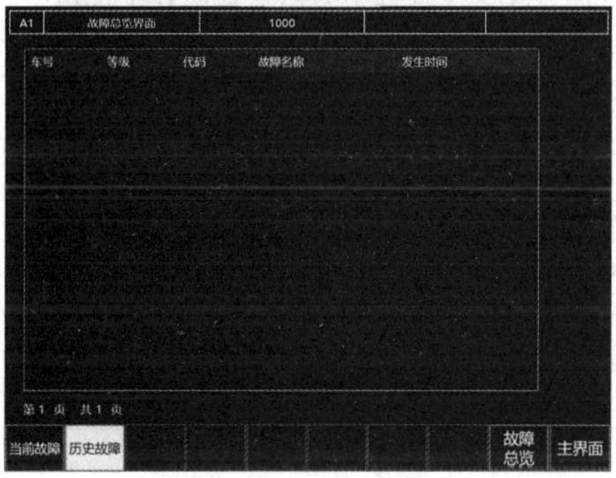	CR200J 型动车组一、二级故障信息集成在动车组司机显示屏上，发生故障时，司机可通过 DDU 查看当前故障记录、历史故障记录及相应解决办法。故障排除后，故障信息在“当前故障”信息页面不再显示，转至“历史故障”页面显示
2	故障处理中	—	熟练掌握 CR200J 型动车组的复位、切换及切除方法。 **注意：**CR200J 型动车组在进行断路器复位时，必须在断开断路器 10 s 以后再将其闭合

3.3.4 考核评价

考核点及评价标准如表 3–23 所示，考核评价表如表 3–24 所示。

表 3–23 考核点及评价标准

学习任务	考核点	建议考核方式	评价标准		
			优（90 分）	良（80 分）	及格（60 分）
CR200J 型动车组应急处置基本操作	1. 掌握 CR200J 型动车组各级复位的操作方法 2. 掌握空气制动切除的操作方法 3. 掌握应急处置的基本内容和操作方法 4. 能够正确与调度、机械师联控 5. 能够准确进行呼唤应答	在线评价＋软件评价＋教师评价＋学生互评	5 个考核点合格	4 个考核点合格	3 个考核点合格

表 3–24 考核评价表

实训项目：CR200J 型动车组应急处置基本操作								
班级：				姓名：				
评价内容	评分标准	考核方式	分值	自评	互评	软件评分	教师评分	得分
素质	1. 能够与团队成员合作，合理沟通，接受任务，协作他人完成工作任务； 2. 有集体意识和社会责任心； 3. 遵章守纪	过程考核	30					
知识	1. 掌握 CR200J 型动车组各级复位的操作方法； 2. 掌握空气制动切除的操作方法； 3. 掌握应急处置的基本内容和操作方法； 4. 能够正确与调度和机械师联控； 5. 能够准确进行呼唤应答	现场操作	40					
能力	1. 能够按照操作规范，考虑环保及文明施工措施，安全完成工作任务； 2. 遵守 7S 管理要求； 3. 具有查阅各类教学资源的能力； 4. 具有制定完成任务或项目的方案的能力	过程考核	30					
总分			100					

实训项目 3.4　CR200J 型动车组主供电系统应急处置

3.4.1　实训目的

通过本实训项目的开展，使学生了解 CR200J 型动车组主供电系统应急作业的处理流程，能够根据实际情况判断故障类型，并独立完成 CR200J 型动车组主供电系统应急作业，提高学生针对行车过程中出现的故障提示信息，按照行车组织的有关规章进行故障应急处置的能力。

3.4.2　实训设备

本实训项目作业设备如表 3-25 所示。

表 3-25　CR200J 型动车组主供电系统应急处置作业设备

名称	型号	数量	备注
动车组模拟驾驶台	CR200J	4	

3.4.3　实训内容

1. 受电弓无法升起故障应急处置（见表 3-26）

表 3-26　受电弓无法升起故障应急处置作业指导

序号	作业项目	图示	处理过程
1	受电弓无法升起故障	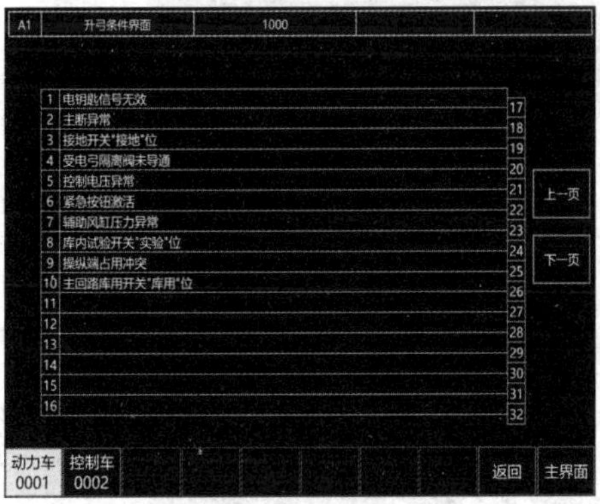	停车，通过司机显示屏进入升弓条件界面，按照升弓条件提示，对未满足升弓条件项点（白底黑字）进行检查处理，确认受电弓升弓条件均满足（均为黑底白字）之后重新升弓
2		—	升弓若失败，检查升弓风缸压力表，满足条件时升弓风缸压力表风压不低于 480 kPa

续表

<table>
<tr><th>序号</th><th>作业项目</th><th>图示</th><th>处理过程</th></tr>
<tr><td>3</td><td rowspan="4">受电弓无法升起故障</td><td>
</td><td>确认“紧急制动”按钮是否被按下，若被按下，则将其顺时针旋起</td></tr>
<tr><td>4</td><td>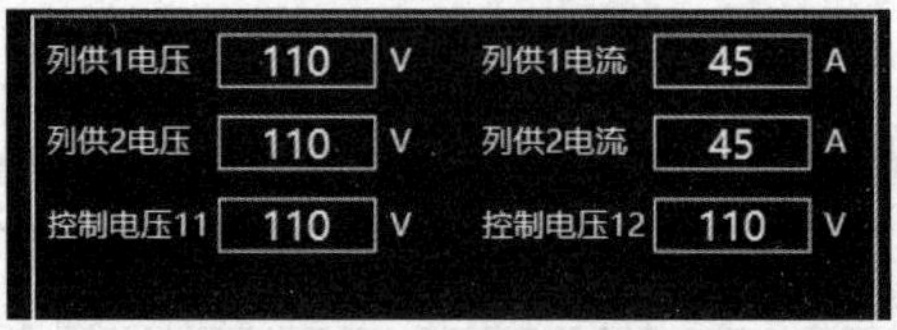
</td><td>检查司机显示屏，控制电压均应高于 77 V</td></tr>
<tr><td>5</td><td>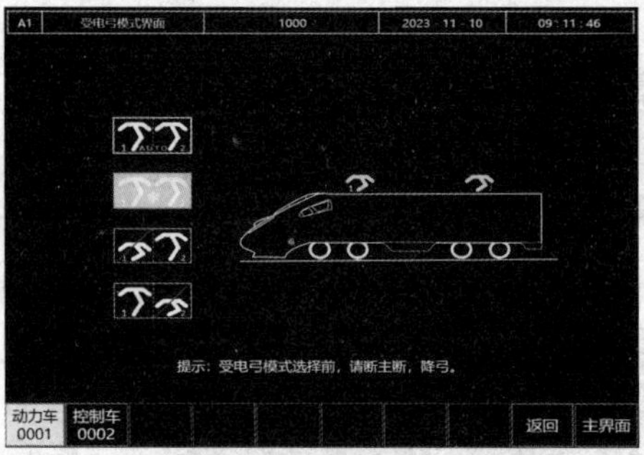
</td><td>以上均正常后，在司机显示屏进入受电弓选择界面，选择另一受电弓支路，进行升弓操作</td></tr>
<tr><td>6</td><td></td><td>若以上操作均无效，且动车组无法继续运行，则在适宜地点和时机停车后，断开主断路器，降下受电弓，进行大复位操作</td></tr>
</table>

2. 受电弓无法降下故障应急处置（见表 3-27）

表 3-27　受电弓无法降下故障应急处置作业指导

序号	作业项目	图示	处理过程
1	受电弓无法降下故障		停车，确认主断路器断开后，将制动柜上升弓蓝钥匙置于水平位，并确认受电弓降下
2			确认故障受电弓降下后，将受电弓隔离塞门打至水平位 **注意：**受电弓 1 对应的隔离塞门（P87/5）在列供管理柜内，受电弓 2 对应的隔离塞门（P87/7）在空气箱内
3		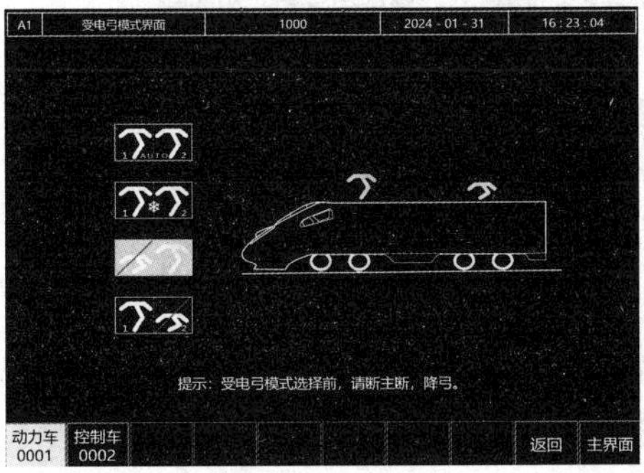	降下受电弓后，在司机显示屏上进入受电弓选择界面，选择另一受电弓支路，维持运行

3. 受电弓 ADD 装置动作故障应急处置（见表 3-28）

受电弓 ADD 装置动作故障应急处置微课视频

表 3-28　受电弓 ADD 装置动作故障应急处置作业指导

序号	作业项目	图示	处理过程
1	受电弓ADD装置动作故障	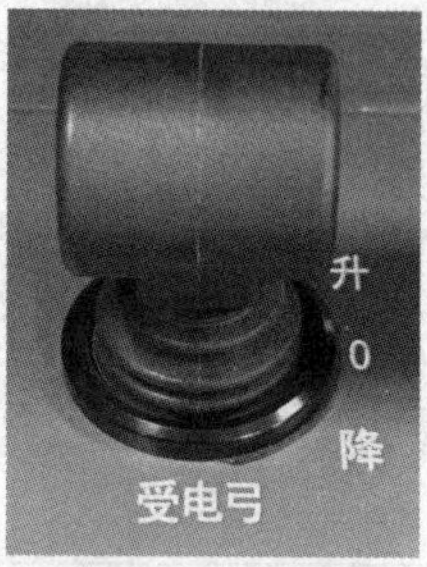	操作受电弓扳键置于“降”位，故障消失
2			操作受电弓扳键置于“升”位，若受电弓能正常升起，则闭合主断路器维持运行
3		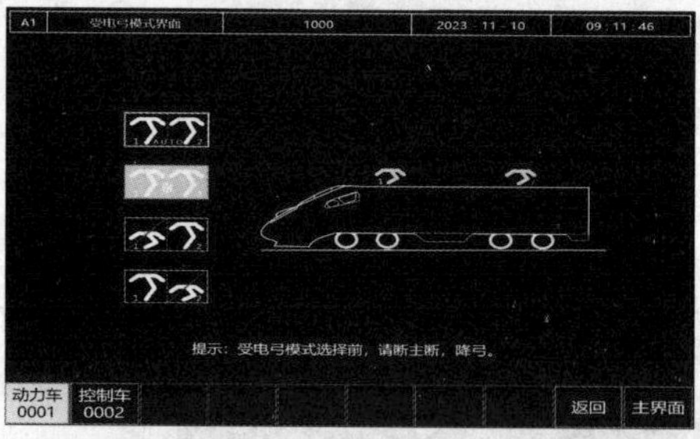	若受电弓升起后再次报出故障导致降弓，则选择另一受电弓支路：自动模式下，重新操作受电弓扳键置于“升”位；其他模式下，需在受电弓模式界面重新选择
4			若以上操作均无效且动车组无法维持运行，则在适宜地点和时机停车后，断开主断路器、降下受电弓，进行大复位操作

4. 主断路器无法闭合故障应急处置（见表 3-29）

主断路器无法闭合故障应急处置微课视频

表 3-29　主断路器无法闭合故障应急处置作业指导

序号	作业项目	图示	处理过程
1	主断路器无法闭合故障		停车，通过司机显示屏进入主断条件界面，按照运行条件提示，对未满足主断闭合条件项点（白底黑字）进行检查，确认主断条件均满足（均为黑底白字）之后重新闭合。若无效则换升另一受电弓
2			确认司控器主手柄处于“0”位
3			确认“半自动过分相”按钮在弹起位
4			若自动过分相后主断路器无法合上，先将牵引手柄回“0”位，将主断路器扳键置于“分”位，之后再置于“合”位
5			降下故障主断路器对应的受电弓，在司机显示屏上进入受电弓模式界面，选择另一受电弓支路

续表

序号	作业项目	图示	处理过程
6	主断路器无法闭合故障		若可正常升弓、合主断，则正常运行。若以上操作均无效且动车组无法维持运行，则在适宜地点和时机停车后，断开主断路器，降下受电弓，进行大复位操作

5. 主断路器无法断开故障应急处置（见表 3-30）

主断路器无法断开故障应急处置微课视频

表 3-30　主断路器无法断开故障应急处置作业指导

序号	作业项目	图示	处理过程
1	主断路器无法断开故障		过分相后停车处理：若自动过分相时主断路器未自动断开，则将牵引手柄置于“0”位，手动将操纵台“主断路器”扳键置于“分”位
2			手动操纵分主断，无效时通过将“受电弓”扳键置于“降”位降下受电弓，断开高压电
3			降下故障主断路器对应的受电弓，在司机显示屏上进入受电弓模式界面，选择另一受电弓支路，尝试升弓、合主断
4			如可正常升弓、合主断，则正常运行。若以上操作均无效且动车组无法维持运行，则在适宜地点和时机停车后，断开主断路器，降下受电弓，进行大复位操作

6. 网压异常故障应急处置（见表 3-31）

网压异常故障应急处置微课视频

表 3-31　网压异常故障应急处置作业指导

序号	作业项目	图示	处理过程
1	网压异常故障		若出现网压过高或过低，则需停车处理
2			若由于网压异常导致分主断，待网压恢复到正常范围后，重新闭合主断路器
3			检查低压柜内受电弓Ⅰ/Ⅱ网压断路器 QA1、QA2，均应处于闭合位
4			在司机显示屏上进入受电弓模式界面，选择另一受电弓支路，升弓、合主断，维持正常运行

3.4.4 考核评价

考核点及评价标准如表 3-32 所示，考核评价表如表 3-33 所示。

表 3-32 考核点及评价标准

<table>
<tr><th rowspan="2">学习任务</th><th rowspan="2">考核点</th><th rowspan="2">建议考核方式</th><th colspan="3">评价标准</th></tr>
<tr><th>优
（90 分）</th><th>良
（80 分）</th><th>及格
（60 分）</th></tr>
<tr><td rowspan="5">CR200J 型动车组主供电系统应急处置</td><td>1. 掌握 CR200J 型动车组主供电系统应急处置的操作方法</td><td rowspan="5">在线评价
+
软件评价
+
教师评价
+
学生互评</td><td rowspan="5">5 个考核点合格</td><td rowspan="5">4 个考核点合格</td><td rowspan="5">3 个考核点合格</td></tr>
<tr><td>2. 能够进行 CR200J 型动车组主供电系统应急处置的计算机模拟操作</td></tr>
<tr><td>3. 能够进行 CR200J 型动车组主供电系统应急处置的驾驶台实操</td></tr>
<tr><td>4. 能够正确与调度和机械师联控</td></tr>
<tr><td>5. 能够准确进行呼唤应答</td></tr>
</table>

表 3-33 考核评价表

<table>
<tr><td colspan="9">实训项目：CR200J 型动车组主供电系统应急处置</td></tr>
<tr><td colspan="4">班级：</td><td colspan="5">姓名：</td></tr>
<tr><th>评价内容</th><th>评分标准</th><th>考核方式</th><th>分值</th><th>自评</th><th>互评</th><th>软件评分</th><th>教师评分</th><th>得分</th></tr>
<tr><td>素质</td><td>1. 能够与团队成员合作，合理沟通，接受任务，协作他人完成工作任务；
2. 有集体意识和社会责任心；
3. 遵章守纪</td><td>过程考核</td><td>30</td><td></td><td></td><td></td><td></td><td></td></tr>
<tr><td>知识</td><td>1. 掌握 CR200J 型动车组主供电系统的故障判断方法；
2. 掌握 CR200J 型动车组主供电系统的故障处理流程；
3. 能够正确与调度和机械师联控；
4. 能够准确进行呼唤应答</td><td>现场操作</td><td>40</td><td></td><td></td><td></td><td></td><td></td></tr>
<tr><td>能力</td><td>1. 能够按照操作规范，考虑环保及文明施工措施，安全完成工作任务；
2. 遵守 7S 管理要求；
3. 具有查阅各类教学资源的能力；
4. 具有制定完成任务或项目的方案的能力</td><td>过程考核</td><td>30</td><td></td><td></td><td></td><td></td><td></td></tr>
<tr><td colspan="3">总分</td><td>100</td><td></td><td></td><td></td><td></td><td></td></tr>
</table>

实训项目 3.5　CR200J 型动车组牵引系统应急处置

3.5.1　实训目的

通过本实训项目的开展，使学生了解 CR200J 型动车组牵引系统应急作业的处理流程，能够根据实际情况判断故障类型，并独立完成 CR200J 型动车组牵引系统应急作业，提高学生针对行车过程中出现的故障提示信息，按照行车组织的有关规章进行故障应急处置的能力。

3.5.2　实训设备

本实训项目相关作业设备如表 3–34 所示。

表 3–34　CR200J 型动车组牵引系统应急处置作业设备

名称	型号	数量	备注
动车组模拟驾驶台	CR200J	4	

3.5.3　实训内容

1. 动力车牵引变压器气体/压力保护故障应急处置（见表 3–35）

表 3–35　动力车牵引变压器气体/压力保护故障应急处置作业指导

<table>
<tr><th>序号</th><th>作业项目</th><th>图示</th><th>处理过程</th></tr>
<tr><td colspan="2">故障现象</td><td colspan="2">主断路器断开、布赫继电器报警、压力释放阀动作</td></tr>
<tr><td>1</td><td rowspan="2">动力车牵引变压器气体/压力保护</td><td>—</td><td>出现以上故障时，立即停车处理</td></tr>
<tr><td>2</td><td> 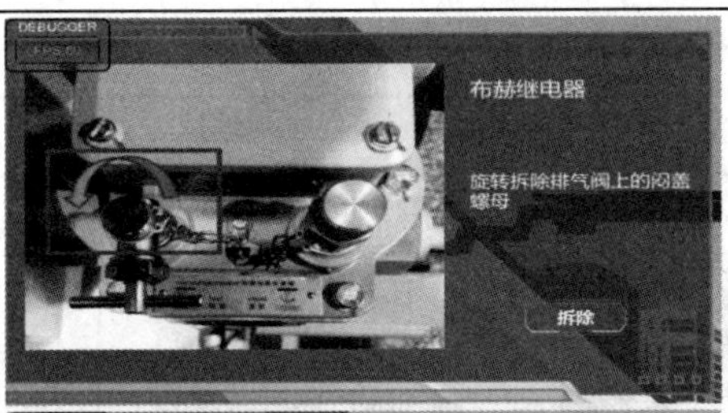 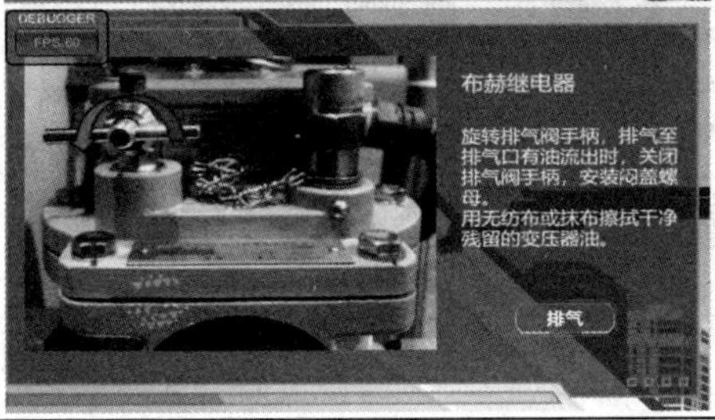</td><td>若司机显示屏报布赫继电器分主断，说明此时主断路器自动断开，应手动将布赫继电器排气、复位</td></tr>
</table>

续表

序号	作业项目	图示	处理过程
2	动力车牵引变压器气体/压力保护	 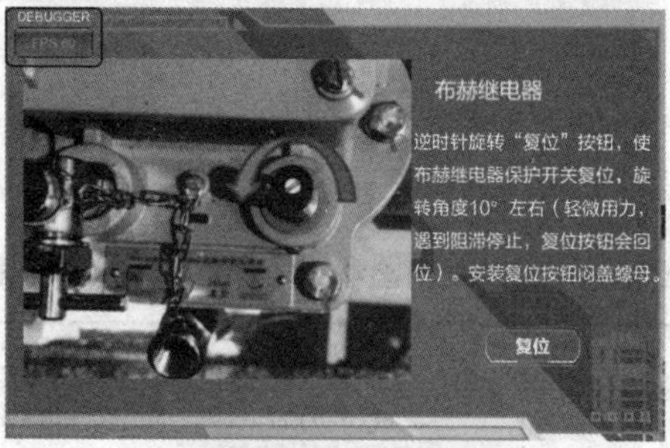	
3			故障消失后，可以重新闭合主断路器继续行车

2. 牵引逆变器模块故障应急处置（见表 3–36）

表 3–36　牵引逆变器模块故障应急处置作业指导

序号	作业项目	图示	处理过程
故障现象		司机显示屏故障栏显示牵引逆变器模块故障	
1	牵引逆变器模块故障	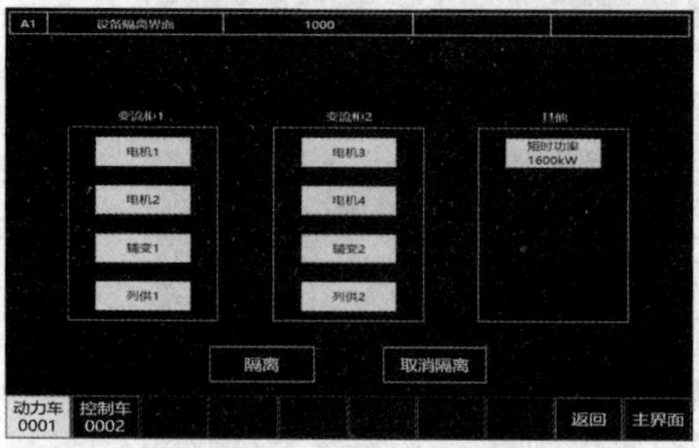	出现以上故障后，确认故障逆变器所在轴自动隔离
2		—	维持运行

3. 提司控器主手柄无牵引力输出故障应急处置（见表 3–37）

提司控器手柄无牵引力输出故障应急处置微课视频

表 3–37　提司控器主手柄无牵引力输出故障应急处置作业指导

序号	作业项目	图示	处理过程
1	提司控器主手柄无牵引力输出故障		出现此故障后，须停车检查确认： （1）网压为 17.5～31 kV； （2）总风缸压力在 500 kPa 以上； （3）无惩罚制动、停放制动施加； （4）无安全环路动作； （5）低压柜所有断路器处于闭合位； 检查完毕后，确认提司控器主手柄后司机显示屏无牵引力矩显示（蓝色），则将调速手柄回“0”位，再推至牵引区
2			若车门释放按钮指示灯常亮，可按压关门按钮（适宜时机）复位车门释放功能，车门释放指示灯熄火。将调速手柄回“0”位，再推至牵引区
3			进入司机显示屏的牵引条件界面，确认牵引条件满足要求（均为黑底白字）

续表

序号	作业项目	图示	处理过程
4	提司控器主手柄无牵引力输出故障	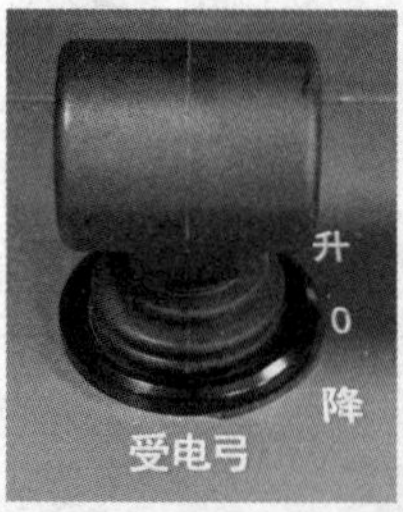  	若以上操作均无效，则断开主断路器，降下受电弓，进行大复位操作

4. **变流器四象限模块故障应急处置**（见表 3-38）

表 3-38　变流器四象限模块故障应急处置作业指导

序号	作业项目	图示	处理过程
故障现象		司机显示屏故障栏显示牵引四象限模块故障	
1	变流器四象限模块故障		故障报出后，须停车处理
2		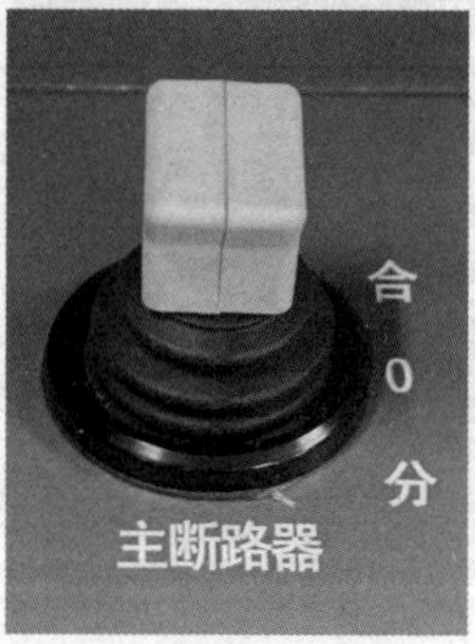	将“主断路器”扳键置于“分”位，确认故障逆变器所在轴自动隔离

续表

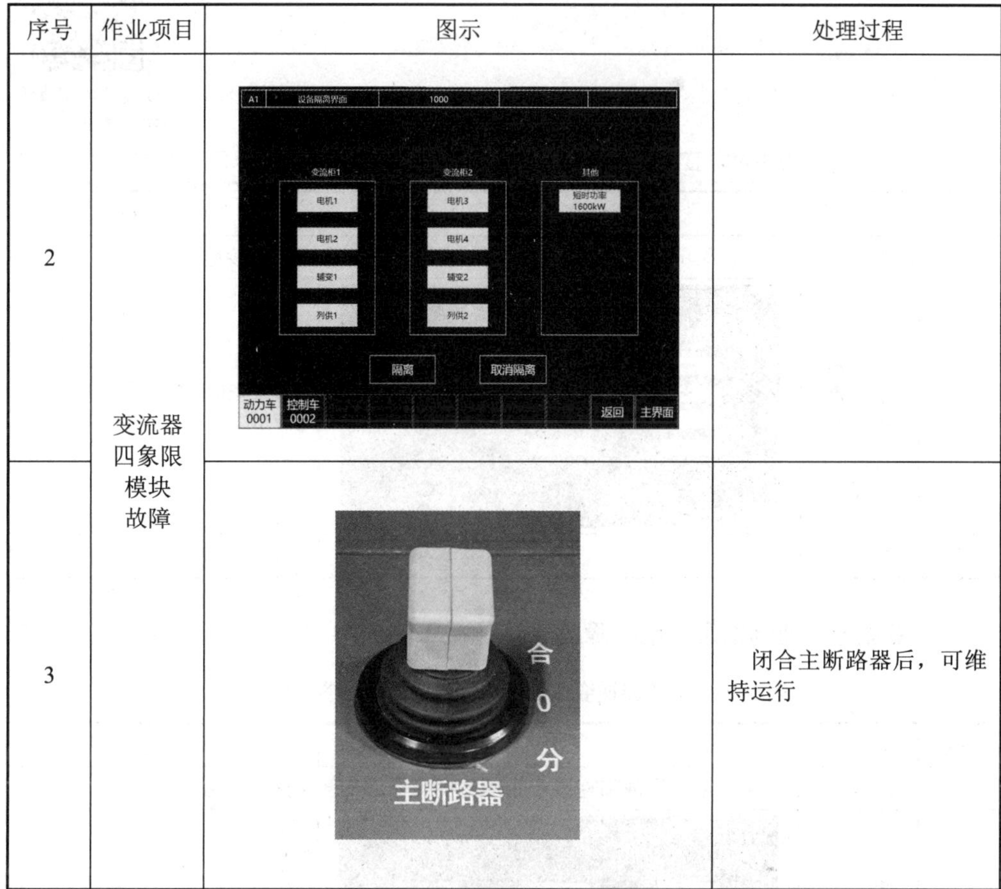

序号	作业项目	图示	处理过程
2	变流器四象限模块故障		
3			闭合主断路器后，可维持运行

5. 变流器四象限输入侧接地故障应急处置（见表 3-39）

表 3-39　变流器四象限输入侧接地故障应急处置作业指导

序号	作业项目	图示	处理过程
故障现象		司机显示屏故障栏显示相应的四象限输入侧接地故障	
1	变流器四象限输入侧接地故障	合 0 分 主断路器	合主断路器后，如无异常，可维持运行

6. 变流器中间直流环节接地故障应急处置（见表 3-40）

变流器中间直流环节接地故障应急处置微课视频

表 3-40　变流器中间直流环节接地故障应急处置作业指导

序号	作业项目	图示	处理过程
故障现象		司机显示屏故障栏显示相应的变流器中间直流回路接地故障	
1	变流器中间直流环节接地故障		故障报出后，确认故障轴自动隔离
2		—	维持运行

7. 变流器逆变侧输出接地故障应急处置（见表 3-41）

表 3-41　变流器逆变侧输出接地故障应急处置作业指导

序号	作业项目	图示	处理过程
故障现象		司机显示屏故障栏显示相应的变流器逆变侧输出接地故障	
1	变流器逆变侧输出接地故障		故障报出后，须确认对应牵引电机自动隔离
2		—	维持运行

8. 牵引变压器次边短路故障应急处置（见表 3-42）

表 3-42　牵引变压器次边短路故障应急处置作业指导

序号	作业项目	图示	处理过程
故障现象		司机显示屏故障栏显示牵引变压器次边短路故障或牵引变压器功率差异常故障	
1	牵引变流器次边短路故障		故障报出后，主断路器会自动断开。待允许合主断后，重新闭合主断路器，维持运行

9. 牵引变流器短接接触器无法断开故障应急处置（见表 3-43）

表 3-43　牵引变流器短接接触器无法断开故障应急处置作业指导

序号	作业项目	图示	处理过程
故障现象		司机显示屏故障栏显示牵引变流器×轴短接接触器无法断开	
1	牵引变流器短接接触器无法断开故障		故障报出后，故障车主断路器被禁止，无法再次闭合。待允许合主断后，重新闭合主断路器，维持运行

10. 牵引变流器充电超时故障应急处置（见表 3-44）

表 3-44　牵引变流器充电超时故障应急处置作业指导

序号	作业项目	图示	处理过程
故障现象		司机显示屏故障栏显示牵引变流器×轴充电超时故障	
1	牵引变流器充电超时故障		故障报出后，主断路器将自动断开，故障架变流器将自动隔离
2			待允许合主断后，重新闭合主断路器，维持运行

11. 牵引变流器 TCU 通信故障应急处置（见表 3-45）

牵引变流器 TCU2 通信故障应急处置微课视频

表 3-45　牵引变流器 TCU 通信故障应急处置作业指导

序号	作业项目	图示	处理过程
故障现象		司机显示屏故障栏显示 TCU2 通信故障	
1	牵引变流器 TCU 通信故障	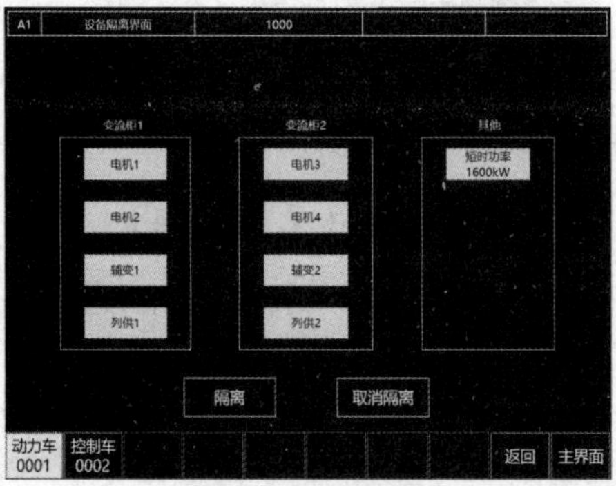	故障报出后主断路器将自动断开，故障架变流器将自动隔离
2		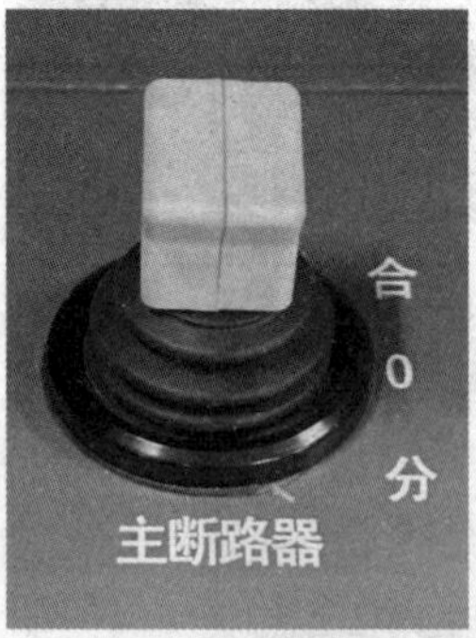	待允许合主断后，重新闭合主断路器，维持运行

12. 受电弓、主断路器、车顶避雷器、高压电压互感器故障应急处置（见表 3-46）

表 3-46　受电弓、主断路器、车顶避雷器、高压电压互感器故障应急处置作业指导

序号	作业项目	图示	处理过程
故障现象		受电弓、主断路器、车顶避雷器、高压电压互感器故障，一路高压不可用	
1	受电弓、主断路器、车顶避雷器、高压电压互感器故障	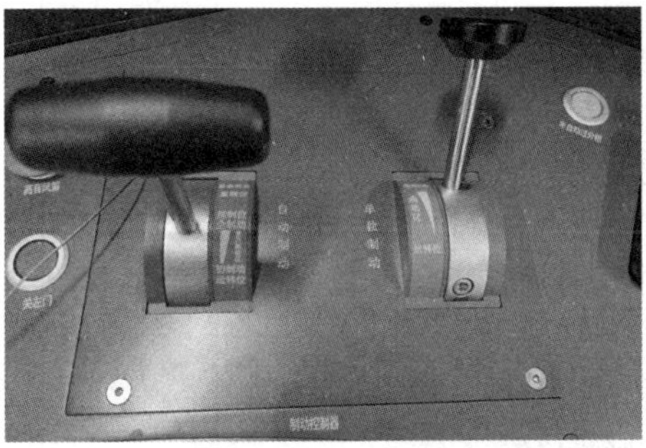	出现以上故障后，立即停车处理
2		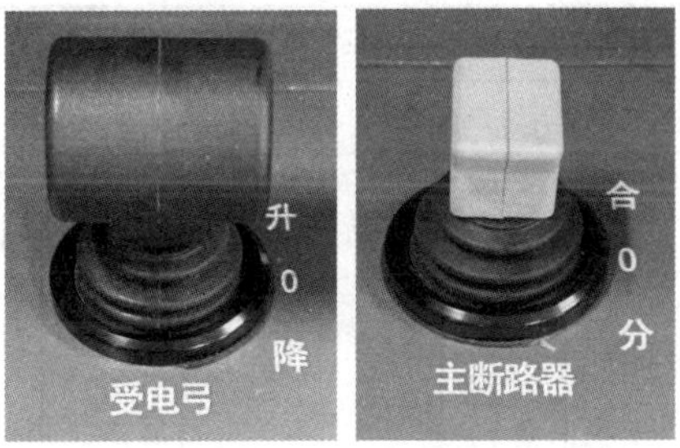 升 0 降 受电弓　合 0 分 主断路器	断开主断路器，降下故障回路对应受电弓
3		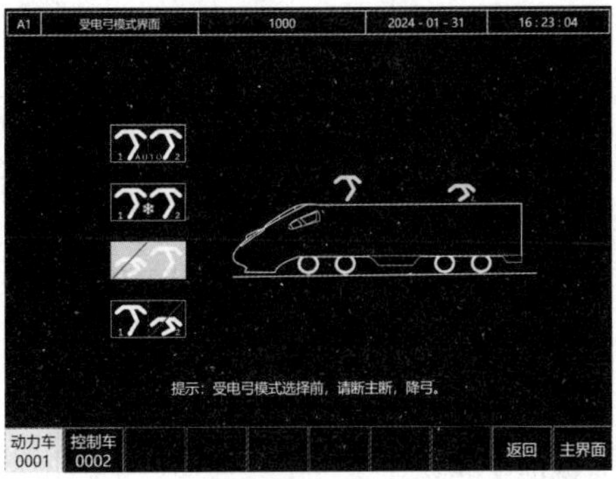 A1 受电弓模式界面 1000 2024-01-31 16:23:04 提示：受电弓模式选择前，请断主断，降弓。 动力车 0001 控制车 0002 返回 主界面	在司机显示屏上进入受电弓模式界面，选择另一受电弓支路
4		—	维持运行

3.5.4 考核评价

考核点及评价标准如表 3-47 所示，考核评价表如表 3-48 所示。

表 3-47 考核点及评价标准

<table>
<tr><th rowspan="2">学习任务</th><th rowspan="2">考核点</th><th rowspan="2">建议考核方式</th><th colspan="3">评价标准</th></tr>
<tr><th>优
（90 分）</th><th>良
（80 分）</th><th>及格
（60 分）</th></tr>
<tr><td rowspan="5">CR200J 型动车组牵引系统应急处置</td><td>1. 掌握 CR200J 型动车组牵引系统应急处置的操作方法</td><td rowspan="5">在线评价
+
软件评价
+
教师评价
+
学生互评</td><td rowspan="5">5 个考核点合格</td><td rowspan="5">4 个考核点合格</td><td rowspan="5">3 个考核点合格</td></tr>
<tr><td>2. 能够进行 CR200J 型动车组牵引系统应急处置的计算机模拟操作</td></tr>
<tr><td>3. 能够进行 CR200J 型动车组牵引系统应急处置的驾驶台实操</td></tr>
<tr><td>4. 能够正确与调度和机械师联控</td></tr>
<tr><td>5. 能够准确进行呼唤应答</td></tr>
</table>

表 3-48 考核评价表

<table>
<tr><td colspan="10">实训项目：CR200J 型动车组牵引系统应急处置</td></tr>
<tr><td colspan="4">班级：</td><td colspan="6">姓名：</td></tr>
<tr><th>评价内容</th><th>评分标准</th><th>考核方式</th><th>分值</th><th>自评</th><th>互评</th><th>软件评分</th><th>教师评分</th><th>得分</th></tr>
<tr><td>素质</td><td>1. 能够与团队成员合作，合理沟通，接受任务，协作他人完成工作任务；
2. 有集体意识和社会责任心；
3. 遵章守纪</td><td>过程考核</td><td>30</td><td></td><td></td><td></td><td></td><td></td></tr>
<tr><td>知识</td><td>1. 掌握 CR200J 型动车组牵引系统的故障判断方法；
2. 掌握 CR200J 型动车组牵引系统故障处理流程；
3. 能够正确与调度和机械师联控；
4. 能够准确进行呼唤应答</td><td>现场操作</td><td>40</td><td></td><td></td><td></td><td></td><td></td></tr>
<tr><td>能力</td><td>1. 能够按照操作规范，考虑环保及文明施工措施，安全完成工作任务；
2. 遵守 7S 管理要求；
3. 具有查阅各类教学资源的能力；
4. 具有制定完成任务或项目的方案的能力</td><td>过程考核</td><td>30</td><td></td><td></td><td></td><td></td><td></td></tr>
<tr><td colspan="3">总分</td><td>100</td><td></td><td></td><td></td><td></td><td></td></tr>
</table>

实训项目 3.6　CR200J 型动车组辅助设备应急处置

3.6.1　实训目的

通过本实训项目的开展，使学生了解 CR200J 型动车组辅助设备应急作业的处理流程，能够根据实际情况判断故障类型，并独立完成 CR200J 型动车组辅助设备应急作业，提高学生针对行车过程中出现的故障提示信息、按照行车组织的有关规章进行故障应急处置的能力。

3.6.2　实训设备

本实训项目相关作业设备如表 3-49 所示。

表 3-49　CR200J 型动车组辅助设备处置作业设备

名称	型号	数量	备注
动车组模拟驾驶台	CR200J	4	

3.6.3　实训内容

1. 辅助逆变器故障应急处置（见表 3-50）

表 3-50　辅助逆变器故障应急处置作业指导

序号	作业项目	图示	处理过程
故障现象		司机显示屏故障栏显示辅助逆变器模块、元件故障	
1	辅助逆变器故障		故障报出后，故障辅助逆变器将被自动隔离，可维持运行

2. 充电机不工作故障应急处置（见表 3–51）

表 3-51　充电机不工作故障应急处置作业指导

序号	作业项目	图示	处理过程
故障现象		司机显示屏故障栏显示充电机故障等信息，充电机不能正常工作	
1	充电机不工作故障	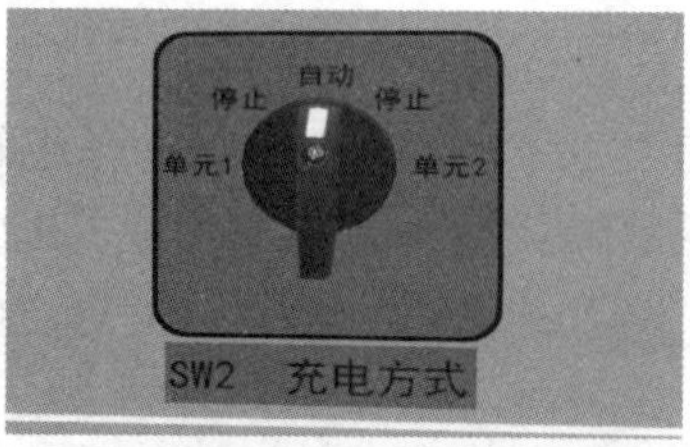	故障报出后，将牵引/制动主手柄回“0”位，断开主断路器，将“充电方式”旋钮从“自动”位转至“单元 1”或“单元 2”，闭合主断路器，充电正常后继续运行
2		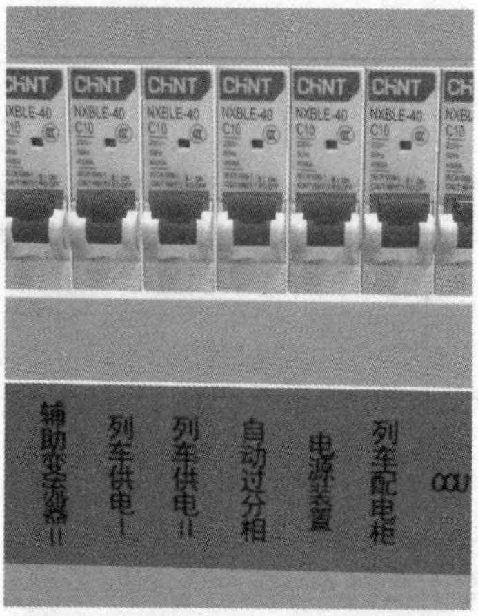	若故障仍未消除，在低压柜上将“电源装置”断路器（QA53）自动开关复位
3			将电源柜内部的 AC 380 V 和 DC 600 V 转换开关打至 DC 600 V 位置，将控制电源柜输入电源调整为 DC 600 V 供电
4		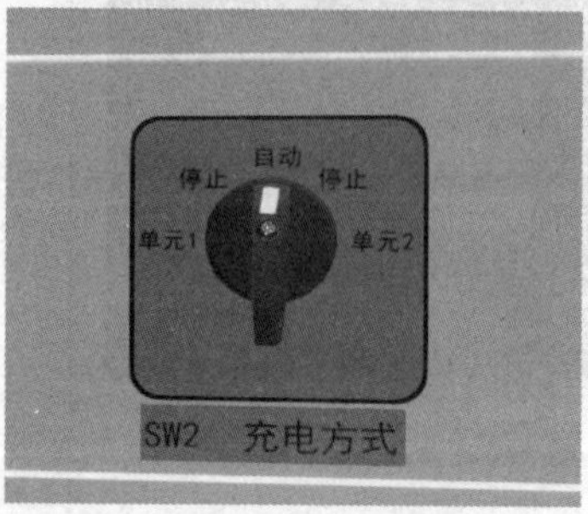	若仍不能充电，维持进行至前方站停车进行大复位操作，并且将“充电方式”旋钮从“自动”位转至非故障单元位，间隔 1 min 后，升受电弓，闭合主断路器，观察控制电压，显示 110 V 且不下降后，可继续运行

3. 辅助类电机故障应急处置（见表 3–52）

辅助类电机故障
应急处置微课视频

表 3–52　辅助类电机故障应急处置作业指导

序号	作业项目	图示	处理过程
故障现象		司机显示屏上会出现“牵引风机×断路器断开”等相关故障信息	
1	辅助类电机故障	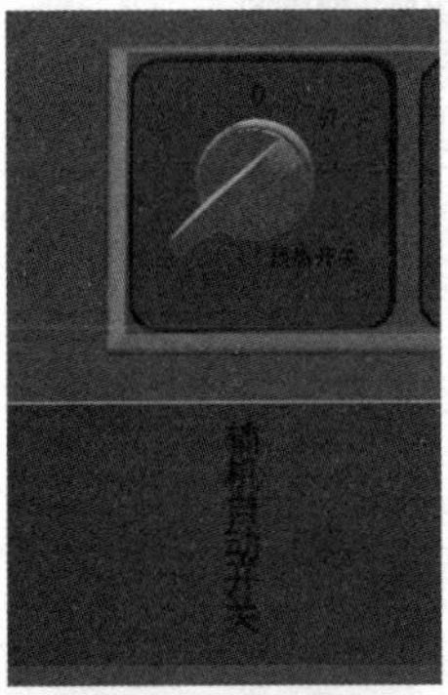	故障报出后，若动力车可维持运行，则继续运行，待列车进站后，检查低压柜的辅机自动开关是否均处于闭合位。若有辅机自动开关处于开位，可在分断主断路器后，重新闭合低压柜上已断开的辅机自动开关
2		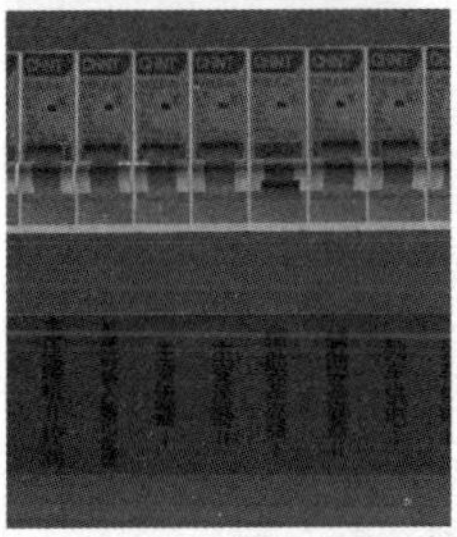	若无法继续运行，立即断开主断路器，检查低压柜的辅机自动开关是否均处于闭合位。若有辅机自动开关处于开位，将其重新闭合后维持运行

4. 辅助回路接地故障应急处置（见表 3–53）

辅助回路接地故障
应急处置微课视频

表 3–53　辅助回路接地故障应急处置作业指导

序号	作业项目	图示	处理过程
故障现象		司机显示屏显示辅助回路接地等信息	
1	辅助回路接地故障	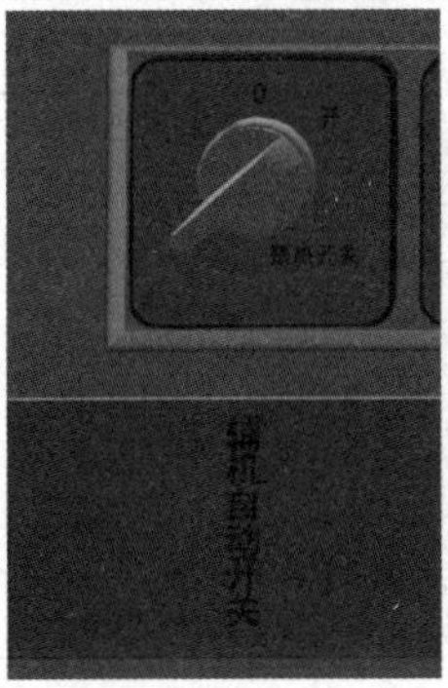	故障报出后，若动力车可维持运行，则继续运行，待列车进站后，检查低压柜的辅机自动开关是否均处于闭合位，若有辅机开关处于开位，可在断开主断路器后，重新闭合低压柜上已断开的辅机自动开关

续表

序号	作业项目	图示	处理过程
2	辅助回路接地故障	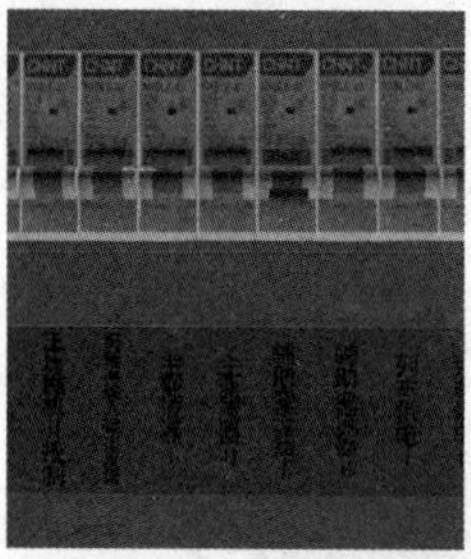	若无法继续运行，停车后立即断开主断路器，检查低压柜的辅机自动开关是否均处于闭合位，若有辅机开关处于开位，重新将其闭合后维持运行

5. 110 V 接地故障应急处置（见表 3-54）

表 3-54　110 V 接地故障应急处置作业指导

序号	作业项目	图示	处理过程
故障现象		司机显示屏显示 110 V 接地故障	
1	110 V 接地故障	—	故障报出后，若动力车可维持运行，则继续运行
2		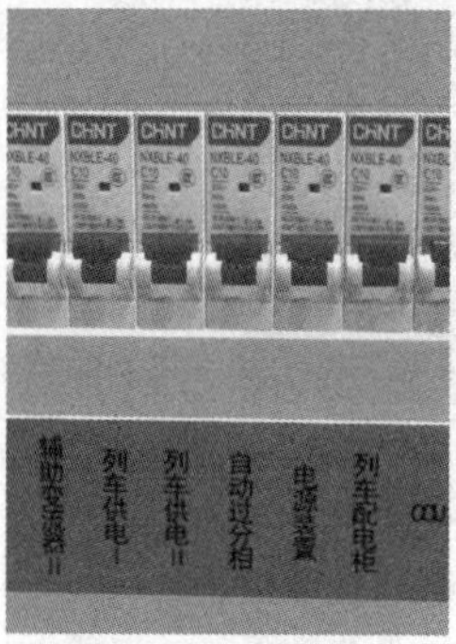	若动力车无法继续运行，确认低压柜内充电机面板的断路器均处于闭合状态，若有断路器断开，将其重新闭合后维持运行

6. 列车供电系统两路均无 DC 600 V 输出故障应急处置（见表 3-55）

表 3-55　列车供电系统两路均无 DC 600 V 输出故障应急处置作业指导

序号	作业项目	图示	处理过程
故障现象		列车供电系统两路均无 DC 600 V 输出	
1	列车供电系统两路均无 DC 600 V 输出故障	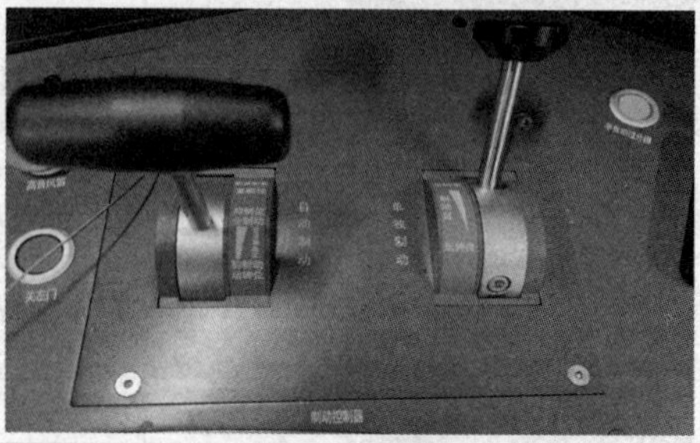	出现故障后，停车处理

续表

序号	作业项目	图示	处理过程
2	列车供电系统两路均无 DC 600 V 输出故障	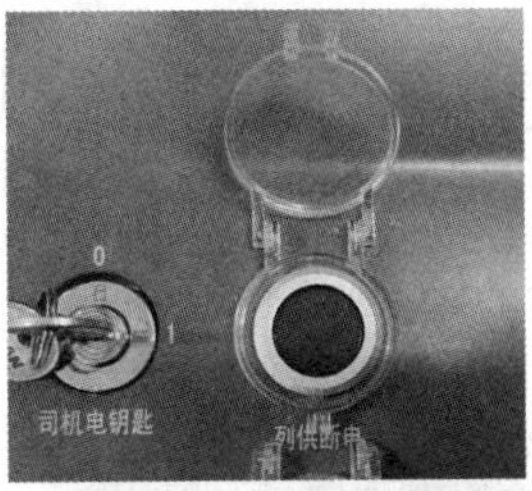 —	检查司机操纵台左边柜“列供断电”按钮是否被按下
3		 —	检查司机电钥匙开关，应处于“1”位，可断开供电钥匙后再闭合一次
4		 —	若以上操作均无效且动车组无法维持运行，则断开主断路器，降下受电弓，进行大复位操作

7. 辅助逆变器接触器无法闭合故障应急处置（见表 3-56）

表 3-56　辅助逆变器接触器无法闭合故障应急处置作业指导

序号	作业项目	图示	处理过程
故障现象		司机显示屏报出“辅助逆变器 1 接触器无法闭合”或“辅助逆变器 2 接触器无法闭合”	
1	辅助逆变器接触器无法闭合故障	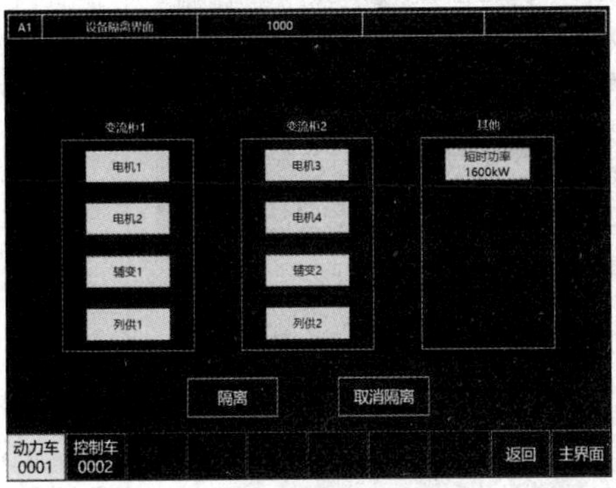 —	故障报出后，确认故障接触器对应的辅助逆变器已自动隔离，完成冗余切换后可维持运行。 若未能自动隔离，可手动隔离对应的辅助逆变器
2		—	若以上操作均无效且动车组无法维持运行，则在适宜地点和时机停车后，断开主断路器，降下受电弓，进行大复位操作
3		—	大复位后维持运行

8. 油泵、油流故障应急处置（见表 3-57）

表 3-57　油泵、油流故障应急处置作业指导

<table>
<tr><th>序号</th><th>作业项目</th><th>图示</th><th>处理过程</th></tr>
<tr><td colspan="2">故障现象</td><td colspan="2">司机显示屏显示“油泵断路器×断开”或“油流×故障”（×可为 1 或 2），提示车辆级牵引封锁，对应转向架无牵引力输出。
注意：若伴随油温过高、布赫继电器分主断、压力释放阀动作等故障，应立即停车检查</td></tr>
<tr><td>1</td><td rowspan="3">油泵、油流故障</td><td rowspan="2"> 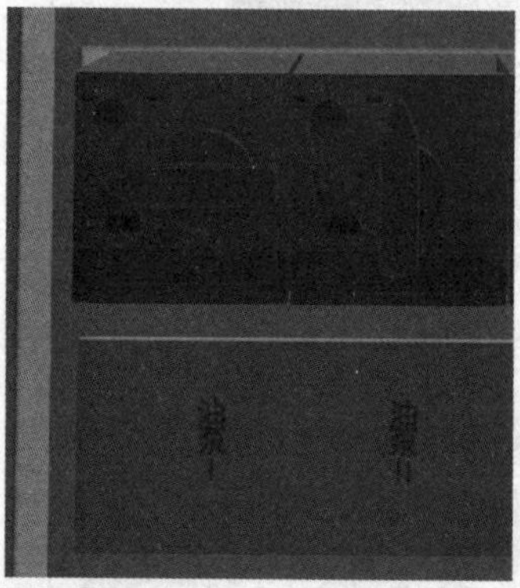</td><td>故障报出后，尝试将低压柜上对应的油泵断路器重新闭合，若闭合后故障消失，则维持运行；若无法闭合或闭合后又断开，则利用剩余牵引力维持运行</td></tr>
<tr><td>2</td><td>若以上操作均无效且动车组无法维持运行，则在适宜地点和时机停车后，断开主断路器，降下受电弓，进行大复位操作</td></tr>
<tr><td>3</td><td>—</td><td>大复位后维持运行</td></tr>
</table>

9. 变流器跳主断故障应急处置（见表 3-58）

表 3-58　变流器跳主断故障应急处置作业指导

<table>
<tr><th>序号</th><th>作业项目</th><th>图示</th><th>处理过程</th></tr>
<tr><td colspan="2">故障现象</td><td colspan="2">司机显示屏显示“变流器×跳主断”（×可为 1 或 2）的提示信息，主断路器自动断开</td></tr>
<tr><td>1</td><td rowspan="2">变流器跳主断故障</td><td> 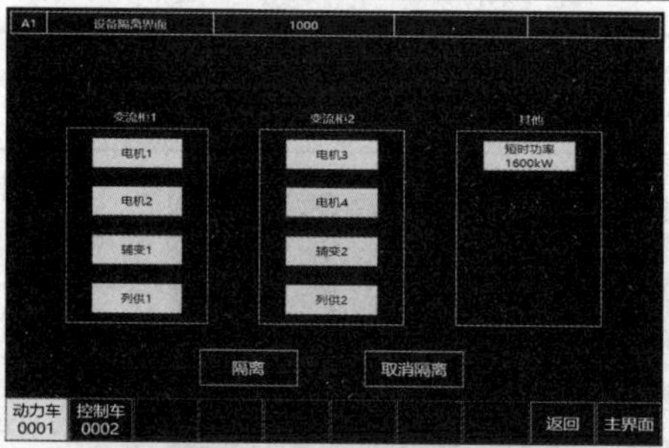</td><td>若提示“变流器 1 跳主断”信息，在设备隔离界面将“电机 1”隔离，确认提示信息消除后，闭合主断路器维持运行</td></tr>
<tr><td>2</td><td> 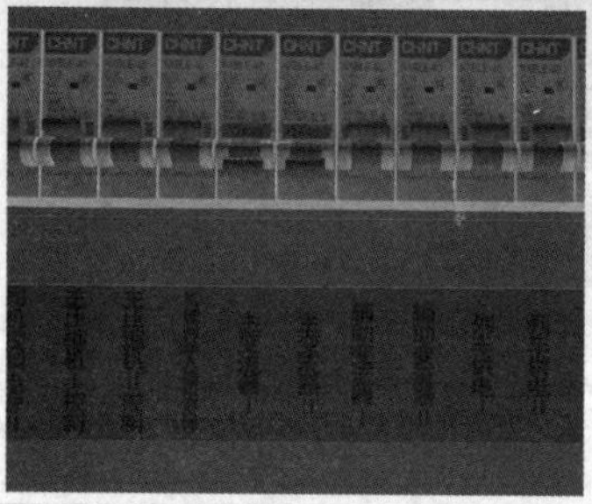</td><td>若上述操作无效，将对应主变流器断路器（QA45 或 QA46）断开，维持运行</td></tr>
</table>

10. 牵引电机速度传感器故障应急处置（见表 3–59）

表 3–59　牵引电机速度传感器故障应急处置作业指导

序号	作业项目	图示	处理过程
故障现象		司机显示屏报出“牵引电机×速度传感器故障”（×可为 1、2、3、4）	
1	牵引电机速度传感器故障		当速度传感器单个通道故障时，司机显示屏上报故障，相应轴可正常使用。 当速度传感器两个通道均故障时，司机显示屏上报故障，相应轴自动隔离，可维持运行

11. 牵引四象限输入电压频率异常故障应急处置（见表 3–60）

表 3–60　牵引四象限输入电压频率异常故障应急处置作业指导

序号	作业项目	图示	处理过程
故障现象		司机显示屏报出“牵引四象限×输入电压频率异常故障”（×可为 1、2、3、4）	
1	牵引四象限输入电压频率异常故障	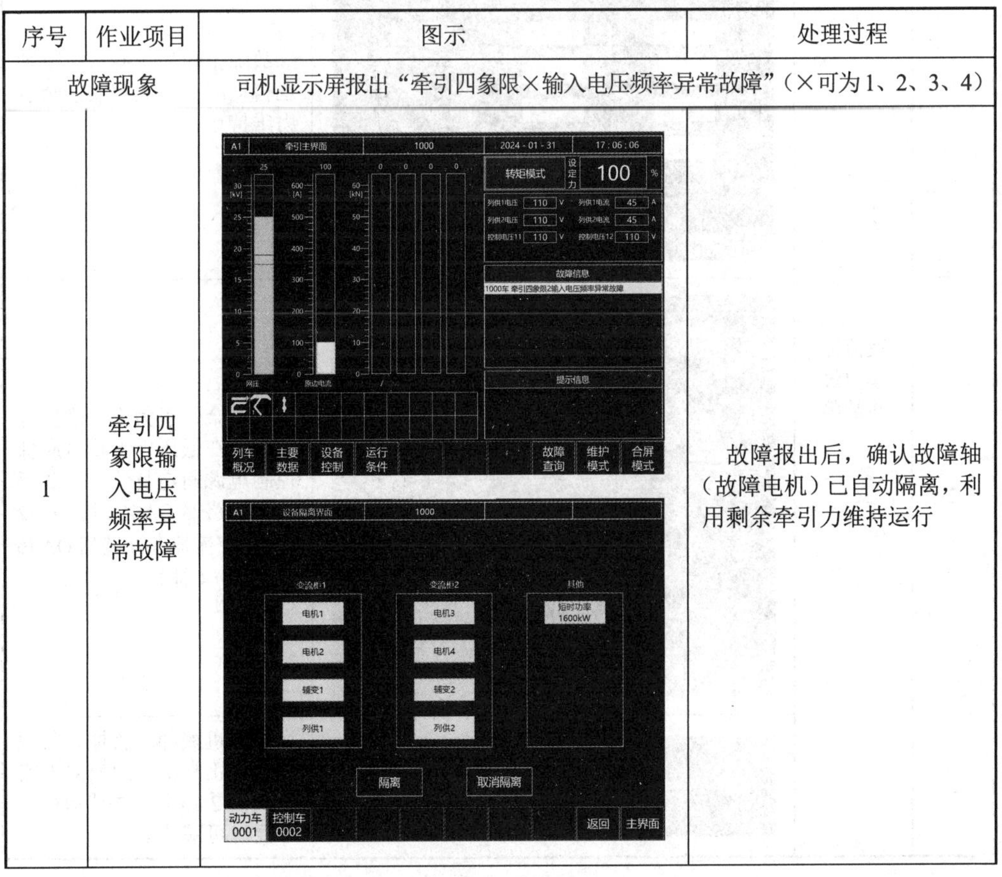	故障报出后，确认故障轴（故障电机）已自动隔离，利用剩余牵引力维持运行

续表

序号	作业项目	图示	处理过程
2	牵引四象限输入电压频率异常故障		若剩余牵引力无法维持运行，则在适宜地点和时机停车后，断开主断路器，降下受电弓，进行大复位操作
3		—	大复位后维持运行

12. 变流器模块过热故障应急处置（见表 3-61）

表 3-61　变流器模块过热故障应急处置作业指导

序号	作业项目	图示	处理过程
故障现象		司机显示屏报出交流器模块过热故障	
1	变流器模块过热故障	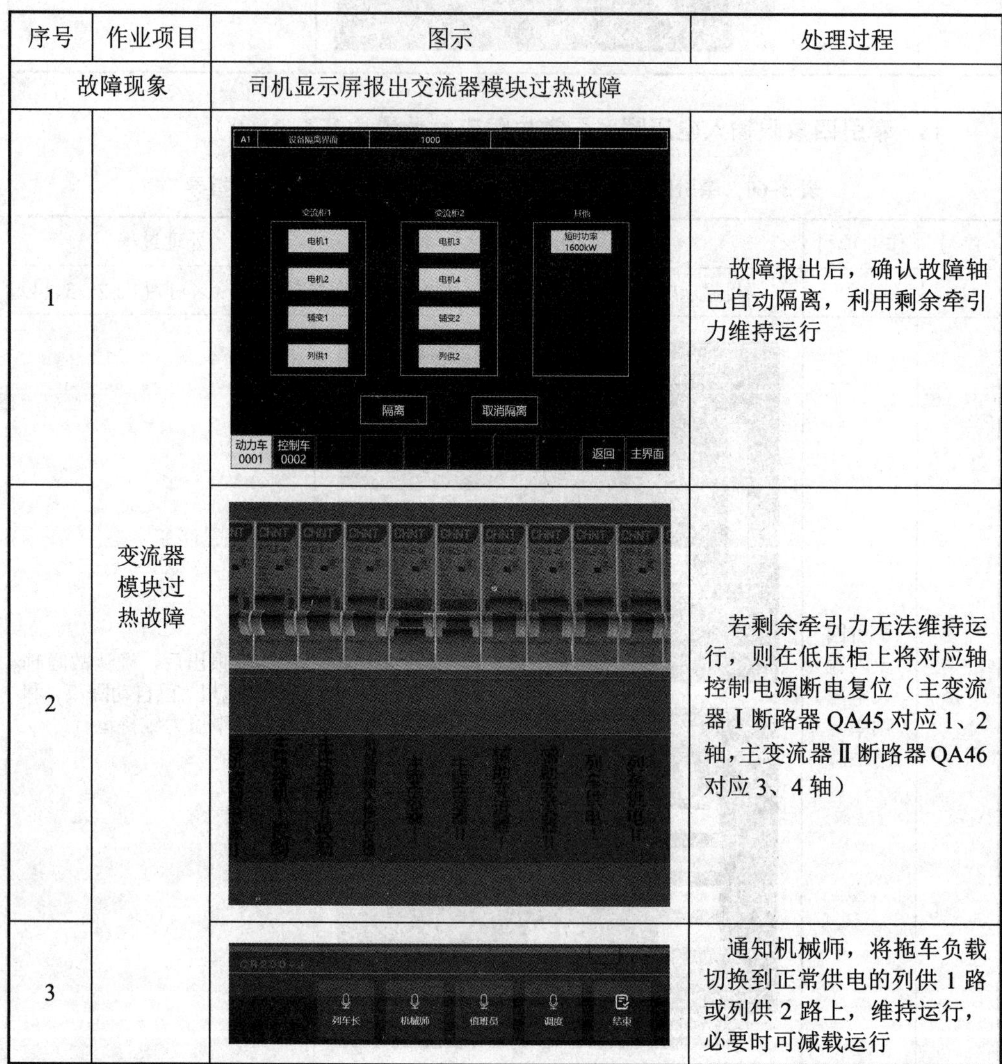	故障报出后，确认故障轴已自动隔离，利用剩余牵引力维持运行
2			若剩余牵引力无法维持运行，则在低压柜上将对应轴控制电源断电复位（主变流器Ⅰ断路器 QA45 对应 1、2 轴，主变流器Ⅱ断路器 QA46 对应 3、4 轴）
3			通知机械师，将拖车负载切换到正常供电的列供 1 路或列供 2 路上，维持运行，必要时可减载运行

13. 列供四象限模块过热故障应急处置（见表 3-62）

列供四象限 2 模块过热故障应急处置微课视频

表 3-62 列供四象限模块过热故障应急处置作业指导

序号	作业项目	图示	处理过程
故障现象		司机显示屏报出“列供四象限×模块过热”（×可为 1、2），故障列供单元自动隔离	
1	列供四象限模块过热故障		故障报出后，确认故障列供单元已自动隔离，利用剩余列供维持运行
2			若剩余列供无法维持运行，则在低压柜上将对应列车供电单元的控制电源断电复位（QA49 或 QA50），复位后维持运行

14. 辅变输出过压、中间回路过压故障应急处置（见表 3-63）

辅变输出过压、中间回路过压故障应急处置微课视频

表 3-63 辅变输出过压、中间回路过压故障应急处置作业指导

序号	作业项目	图示	处理过程
故障现象		司机显示屏报出“辅变×逆变器输出过压”“辅变×中间回路过压”（×可为 1、2），故障辅变自动隔离，冗余切换	

续表

序号	作业项目	图示	处理过程
1	辅变输出过压、中间回路过压故障		故障报出后，若故障辅变已自动隔离，则进行冗余切换；若未自动隔离，则手动隔离，隔离后维持运行

15. 水压差异常故障应急处置（见表 3-64）

水压差异常故障应急处置微课视频

表 3-64　水压差异常故障应急处置作业指导

序号	作业项目	图示	处理过程
故障现象		司机显示屏故障栏显示水冷系统水压差异常、辅变水压异常或列供单元水压异常故障，损失部分牵引力或列供输出	
1	水压差异常故障		当发生水冷系统 1 水压差异常故障时，将低压柜上主变流器 I 断路器（QA45）断电复位； 当发生水冷系统 2 水压差异常故障时，将低压柜上主变流器 II 断路器（QA46）断电复位
2			若以上操作均无效且动车组无法维持运行，则在适宜地点和时机停车后，断开主断路器，降下受电弓，进行大复位操作
3		—	大复位后维持运行

3.6.4　考核评价

考核点及评价标准如表 3-65 所示，考核评价表如表 3-66 所示。

表 3-65　考核点及评价标准

<table>
<tr><th rowspan="2">学习任务</th><th rowspan="2">考核点</th><th rowspan="2">建议考核方式</th><th colspan="3">评价标准</th></tr>
<tr><th>优（90 分）</th><th>良（80 分）</th><th>及格（60 分）</th></tr>
<tr><td rowspan="5">CR200J 型动车组辅助设备应急处置</td><td>1. 掌握 CR200J 型动车组辅助设备应急处置的操作方法</td><td rowspan="5">在线评价
+
软件评价
+
教师评价
+
学生互评</td><td rowspan="5">5 个考核点合格</td><td rowspan="5">4 个考核点合格</td><td rowspan="5">3 个考核点合格</td></tr>
<tr><td>2. 能够进行 CR200J 型动车组辅助设备应急处置的计算机模拟操作</td></tr>
<tr><td>3. 能够进行 CR200J 型动车组辅助设备应急处置的驾驶台实操</td></tr>
<tr><td>4. 能够正确与调度和机械师联控</td></tr>
<tr><td>5. 能够准确进行呼唤应答</td></tr>
</table>

表 3-66　考核评价表

<table>
<tr><td colspan="9">实训项目：CR200J 型动车组辅助设备应急处置</td></tr>
<tr><td colspan="4">班级：</td><td colspan="5">姓名：</td></tr>
<tr><th>评价内容</th><th>评分标准</th><th>考核方式</th><th>分值</th><th>自评</th><th>互评</th><th>软件评分</th><th>教师评分</th><th>得分</th></tr>
<tr><td>素质</td><td>1. 能够与团队成员合作，合理沟通，接受任务，协作他人完成工作任务；
2. 有集体意识和社会责任心；
3. 遵章守纪</td><td>过程考核</td><td>30</td><td></td><td></td><td></td><td></td><td></td></tr>
<tr><td>知识</td><td>1. 掌握 CR200J 型动车组辅助设备的故障判断方法；
2. 掌握 CR200J 型动车组辅助设备的故障处理流程；
3. 能够正确与调度和机械师联控；
4. 能够准确进行呼唤应答</td><td>现场操作</td><td>40</td><td></td><td></td><td></td><td></td><td></td></tr>
<tr><td>能力</td><td>1. 能够按照操作规范，考虑环保及文明施工措施，安全完成工作任务；
2. 遵守 7S 管理要求；
3. 具有查阅各类教学资源的能力；
4. 具有制定完成任务或项目的方案的能力</td><td>过程考核</td><td>30</td><td></td><td></td><td></td><td></td><td></td></tr>
<tr><td colspan="3">总分</td><td>100</td><td></td><td></td><td></td><td></td><td></td></tr>
</table>

实训项目 3.7 CR200J 型动车组司机室设备应急处置

3.7.1 实训目的

通过本实训项目的开展，使学生了解 CR200J 型动车组司机室设备应急作业的处理流程，能够根据实际情况判断故障类型，并独立完成 CR200J 型动车组司机室设备应急作业，提高学生针对行车过程中出现的故障提示信息、按照行车组织的有关规章进行故障应急处置的能力。

3.7.2 实训设备

本实训项目作业设备如表 3-67 所示。

表 3-67 CR200J 型动车组司机室设备应急处置作业设备

名称	型号	数量	备注
动车组模拟驾驶台	CR200J	4	

3.7.3 实训内容

1. 自动过分相装置故障应急处置（见表 3-68）

表 3-68 自动过分相装置故障应急处置作业指导

<table>
<tr><th>序号</th><th>作业项目</th><th>图示</th><th>处理过程</th></tr>
<tr><td colspan="2">故障现象</td><td colspan="2">司机显示屏故障栏显示“自动过分相装置故障”或“自动过分相功能不正常”等</td></tr>
<tr><td>1</td><td rowspan="2">自动过分相装置故障</td><td></td><td>第一次过分相时，通过人工断合主断路器扳键的方式通过该分相区</td></tr>
<tr><td>2</td><td></td><td>后续过分相时，可使用半自动或手动过分相方式维持运行</td></tr>
</table>

续表

序号	作业项目	图示	处理过程
3	自动过分相装置故障	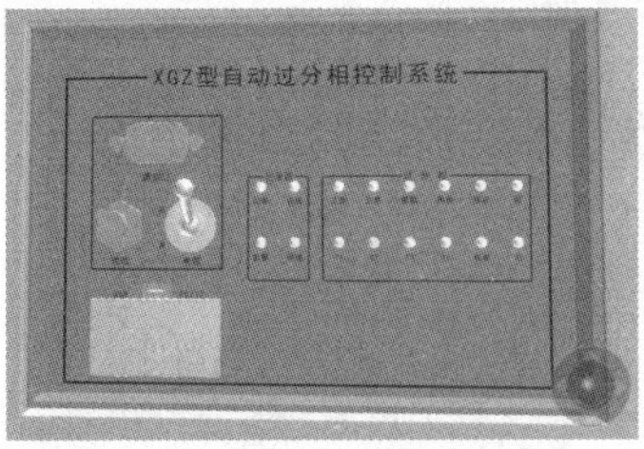	观察自动过分相装置电源灯是否亮起，复位电源开关
4		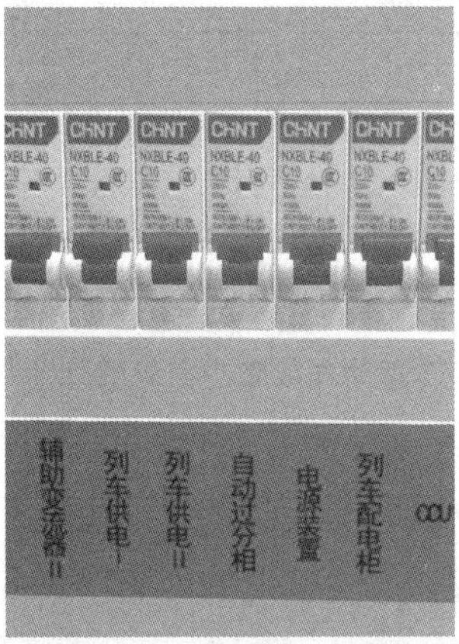	对低压柜“自动过分相”自动开关（QA52）进行复位
5			如以上操作均无效且动车组无法维持运行，则在适宜地点和时机停车后，断开主断路器，降下受电弓，进行大复位操作
6		—	大复位后维持进行

2. 司机显示屏故障应急处置（见表 3-69）

表 3-69　司机显示屏故障应急处置作业指导

序号	作业项目	图示	处理过程
故障现象		黑屏、画面卡滞、触控失效等	
1	司机显示屏故障		当两个司机显示屏均故障时，需停车处理

续表

序号	作业项目	图示	处理过程
2	司机显示屏故障		断开主断路器，降下受电弓，进行大复位操作

3. 警惕装置动作故障应急处置（见表 3-70）

警惕装置动作故障应急处置微课视频

表 3-70　警惕装置动作故障应急处置作业指导

序号	作业项目	图示	处理过程
故障现象		司机显示屏显示“警惕装置动作故障”提示信息	
1	警惕装置动作故障		在无人警惕报警时，有效操作以下部件，均可解锁：手动操作司机操纵台上的“司机警惕”按钮、“电笛”按钮、“高音风笛”按钮、脚踏警惕开关、风笛脚踏开关、撒砂脚踏开关、司控器手柄、制动机手柄等
2			当以上操作均不能解锁时可通过司机显示屏警惕设置界面隔离警惕装置，维持运行

4. 列供输出接触器配置错误故障应急处置（见表 3–71）

表 3–71　列供输出接触器配置错误故障应急处置作业指导

序号	作业项目	图示	处理过程
故障现象		列供输出接触器配置和编组模式不一致：长编动车组列供双路输出，短编动车组列供单路输出	
1	列供输出接触器配置错误故障		出现故障后，在适宜地点和时机停车，将主断路器断开
2		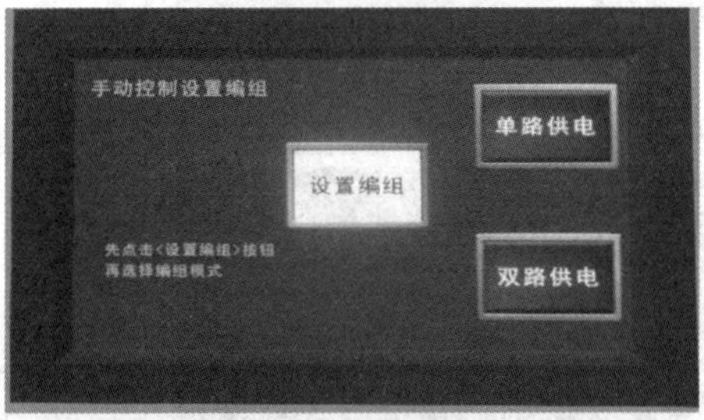	在列供管理柜显示屏强制设置“单路供电”或“双路供电”（依次按“设置编组”|“单路供电”或“双路供电”）
3			通知机械师，将拖车负载切换到正常供电的列供 1 路或列供 2 路上，维持运行，必要时可减载运行
4			若以上操作均无效且动车组无法维持运行，则需要进行大复位操作
5		—	大复位后维持运行

5. 列车总线 A/B 路故障应急处置（见表 3–72）

表 3–72　列车总线 A/B 路故障应急处置作业指导

序号	作业项目	图示	处理过程
故障现象		司机显示屏显示“列车总线 A 路故障”或“列车总线 B 路故障”	
1	列车总线 A/B 路故障	—	当司机显示屏单独报出“列车总线 A 路故障”或者“列车总线 B 路故障”时，可维持运行，回库后对相关 WTB 线缆进行检查处理

6. 列车总线节点故障应急处置（见表 3-73）

表 3-73　列车总线节点故障应急处置作业指导

序号	作业项目	图示	处理过程
故障现象		司机显示屏显示列车总线节点故障、网关故障等；主控车与从控车通信中断，从控动力车断主断、降弓；惩罚制动	
1	列车总线节点故障	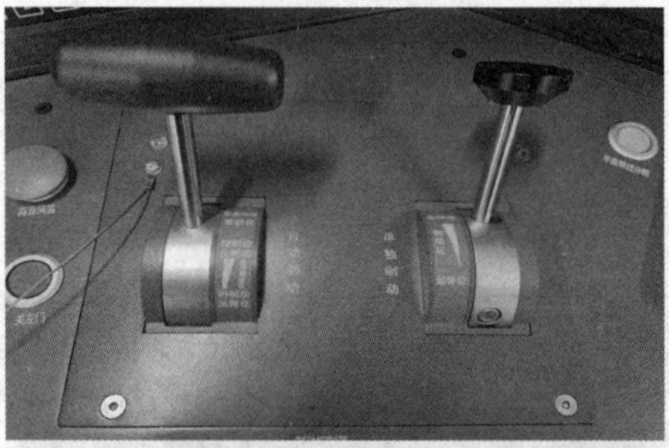	出现故障后，停车处理
2		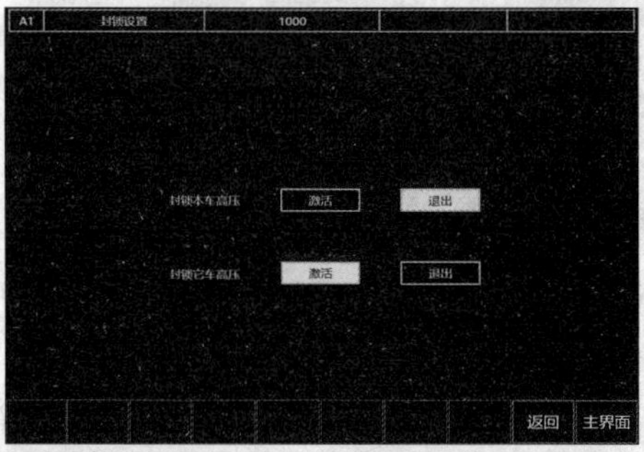	在司机显示屏激活“封锁它车高压”
3		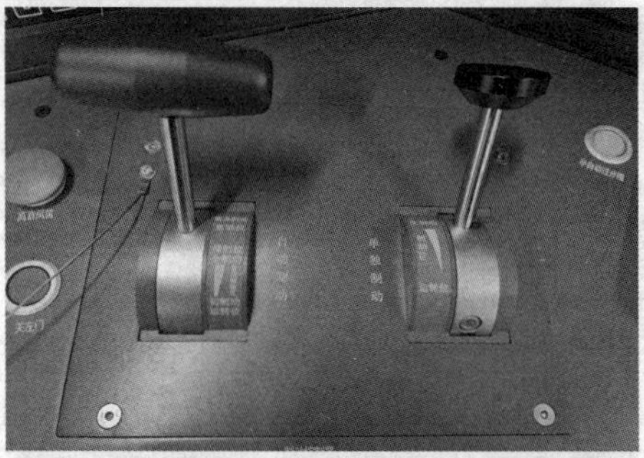 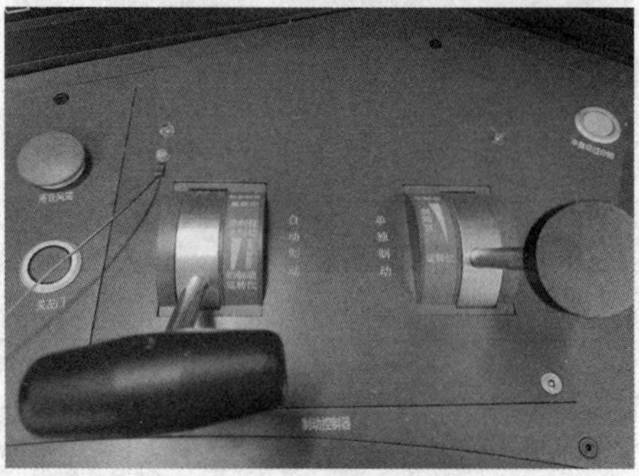	将自闸手柄放在抑制位 1 s 以上，再拉回运转位，消除惩罚制动
4		—	单动力车维持运行

3.7.4　考核评价

考核点及评价标准如表 3–74 所示，考核评价表如表 3–75 所示。

表 3–74　考核点及评价标准

学习任务	考核点	建议考核方式	评价标准		
			优（90 分）	良（80 分）	及格（60 分）
CR200J 型动车组司机室设备应急处置	1. 掌握 CR200J 型动车组司机室设备应急处置的操作方法	在线评价 + 软件评价 + 教师评价 + 学生互评	5 个考核点合格	4 个考核点合格	3 个考核点合格
	2. 能够进行 CR200J 型动车组司机室设备应急处置的计算机模拟操作				
	3. 能够进行 CR200J 型动车组司机室设备应急处置的驾驶台实操				
	4. 能够正确与调度和机械师联控				
	5. 能够准确进行呼唤应答				

表 3–75　考核评价表

实训项目：CR200J 型动车组司机室设备应急处置								
班级：				姓名：				
评价内容	评分标准	考核方式	分值	自评	互评	软件评分	教师评分	得分
素质	1. 能够与团队成员合作，合理沟通，接受任务，协作他人完成工作任务； 2. 有集体意识和社会责任心； 3. 遵章守纪	过程考核	30					
知识	1. 掌握 CR200J 型动车组司机室设备的故障判断方法； 2. 掌握 CR200J 型动车组司机室设备的故障处理流程； 3. 能够正确与调度和机械师联控； 4. 能够准确进行呼唤应答	现场操作	40					
能力	1. 能够按照操作规范，考虑环保及文明施工措施，安全完成工作任务； 2. 遵守 7S 管理要求； 3. 具有查阅各类教学资源的能力； 4. 具有制定完成任务或项目的方案的能力	过程考核	30					
总分			100					

实训项目 3.8　CR200J 型动车组恶劣天气下非正常行车作业

3.8.1　实训目的

通过本实训项目的开展，使学生了解 CR200J 型动车组在恶劣天气下非正常行车的处理流程，并独立完成 CR200J 型动车组在恶劣天气下非正常行车作业，提高学生在恶劣天气下的非正常行车作业能力。

3.8.2　实训设备

本实训项目作业设备如表 3–76 所示。

表 3–76　CR200J 型动车组恶劣天气下非正常行车作业设备

名称	型号	数量	备注
动车组模拟驾驶台	CR200J	4	

3.8.3　实训内容

1. 雨天行车作业（见表 3–77）

表 3–77　雨天行车作业指导

序号	作业项目	图示	处理过程
1	雨天行车		运行途中发生大雨，应报告调度，下发调度指令至 CIR
2			司机通过 CIR 签收调令，降速至 100 km/h 以下，维持运行
3			待大雨结束，汇报调度，恢复正常运行

2. 雾天行车作业（见表 3-78）

表 3-78 雾天行车作业指导

序号	作业项目	图示	处理过程
1	雾天行车		运行途中发生大雾，应报告调度，下发调度指令至 CIR
2			司机通过 CIR 签收调令，降速至 100 km/h 以下，维持运行
3			待大雾结束，汇报调度，恢复正常运行

3. 冰雪天行车作业（见表 3-79）

表 3-79 冰雪天气行车作业指导

序号	作业项目	图示	处理过程
1	冰雪天气行车		运行途中发生大雪，应报告调度，下发调度指令至 CIR
2			司机通过 CIR 签收调令，降速至 100 km/h 以下，维持运行
3			待大雪结束，汇报调度，恢复正常运行

3.8.4 考核评价

考核点及评价标准如表 3-80 所示，考核评价表如表 3-81 所示。

表 3-80 考核点及评价标准

学习任务	考核点	建议考核方式	评价标准		
			优（90 分）	良（80 分）	及格（60 分）
CR200J 型动车组恶劣天气下非正常行车作业	1. 掌握 CR200J 型动车组恶劣天气下非正常行车作业的操作方法	在线评价 + 软件评价 + 教师评价 + 学生互评	5 个考核点合格	4 个考核点合格	3 个考核点合格
	2. 能够进行 CR200J 型动车组恶劣天气下非正常行车作业的计算机模拟操作				
	3. 能够进行 CR200J 型动车组恶劣天气下非正常行车作业的驾驶台实操				
	4. 能够正确与调度和机械师联控				
	5. 能够准确进行呼唤应答				

表 3-81 考核评价表

实训项目：CR200J 型动车组恶劣天气下非正常行车作业								
班级：				姓名：				
评价内容	评分标准	考核方式	分值	自评	互评	软件评分	教师评分	得分
素质	1. 能够与团队成员合作，合理沟通，接受任务，协作他人完成工作任务； 2. 有集体意识和社会责任心； 3. 遵章守纪	过程考核	30					
知识	1. 掌握 CR200J 型动车组恶劣天气下非正常行车作业处理方法； 2. 掌握 CR200J 型动车组恶劣天气下非正常行车作业处理流程； 3. 能够正确与调度和机械师联控； 4. 能够准确进行呼唤应答	现场操作	40					
能力	1. 能够按照操作规范，考虑环保及文明施工措施，安全完成工作任务； 2. 遵守 7S 管理要求； 3. 具有查阅各类教学资源的能力； 4. 具有制定完成任务或项目的方案的能力	过程考核	30					
总分			100					

实训项目 3.9　CR200J 型动车组信号异常时非正常行车作业

3.9.1　实训目的

通过本实训项目的开展，使学生了解 CR200J 型动车组在信号异常时非正常行车的处理流程，并独立完成 CR200J 型动车组在信号异常时非正常行车作业，提高学生在信号异常时的非正常行车作业能力。

3.9.2　实训设备

本实训项目作业设备如表 3-82 所示。

表 3-82　CR200J 型动车组信号异常时非正常行车作业设备

名称	型号	数量	备注
动车组模拟驾驶台	CR200J	4	

3.9.3　实训内容

1. 出站信号不开放非正常行车作业（见表 3-83）

表 3-83　出站信号不开放非正常行车作业指导

序号	作业项目	图示	处理过程
1	出站信号不开放		机车信号红黄灯，司机停车，施加停放制动。 司机呼叫值班员："×××次列车长，×××站信号不开放，现已停车。" 司机呼叫机械师："×××次机械师，×××站信号不开放，现已停车。" 司机呼叫调度："×××次机车，×××站信号不开放，现已停车。"
2			司机签收调度命令："出站信号不开放，转路票模式运行。"

续表

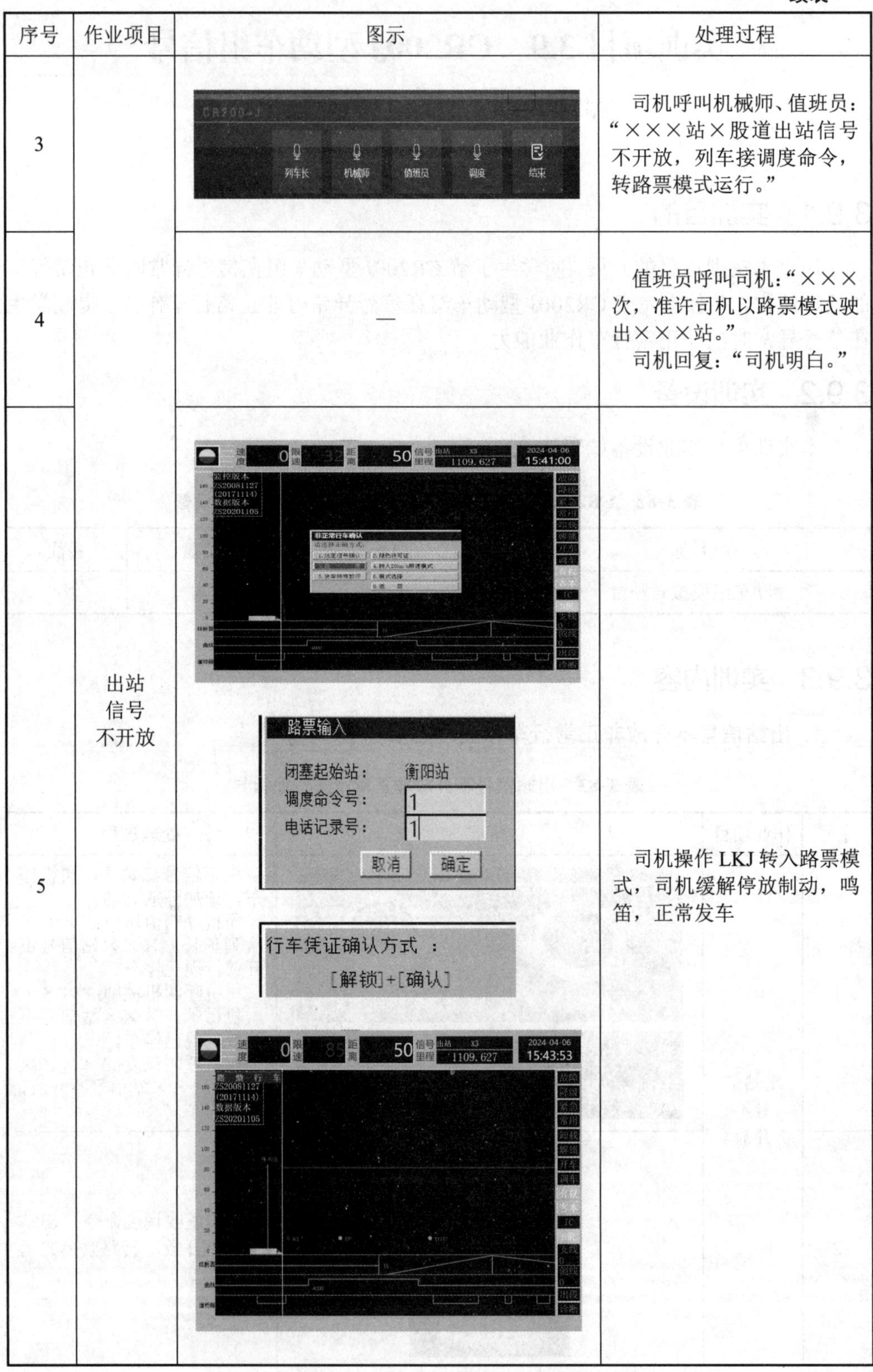

序号	作业项目	图示	处理过程
3	出站信号不开放		司机呼叫机械师、值班员："×××站×股道出站信号不开放，列车接调度命令，转路票模式运行。"
4		—	值班员呼叫司机："×××次，准许司机以路票模式驶出×××站。" 司机回复："司机明白。"
5			司机操作 LKJ 转入路票模式，司机缓解停放制动，鸣笛，正常发车

2. 列车冒进信号机非正常行车作业（见表 3-84）

表 3-84 列车冒进信号机非正常行车作业指导

序号	作业项目	图示	处理过程
1	列车冒进信号机	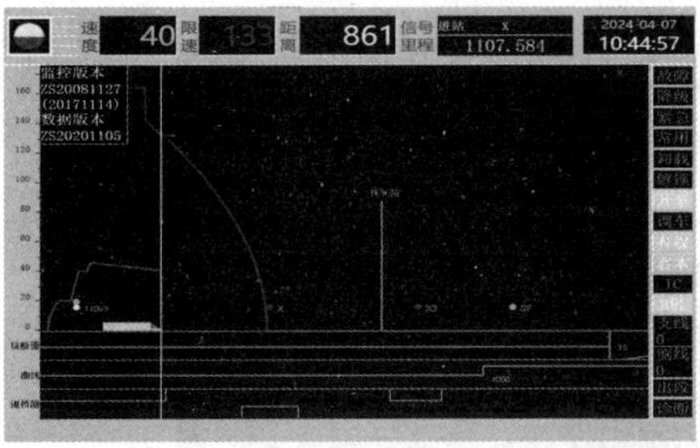	动车组出站过程中，机车信号由双黄灯突变为大红灯，列车冒进信号机，触发紧急制动停车
2			司机汇报调度、机械师、值班员：“×××时×××分，×××次出站过程中机车信号由双黄灯突变为大红灯，列车冒进信号机，触发紧急制动停车。”
3		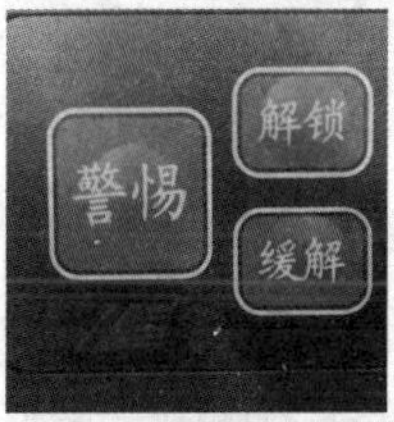	按压 LKJ“缓解”键，将大闸置于紧急制动位 60 s，再置于抑制位 1 s，回运转位缓解紧急制动
4			调度呼叫司机并下发调令：“列车转隔离模式，退回出站信号机外重新组织开车。” 司机回复：“司机明白。” 司机操作“监控隔离”旋钮至隔离位
5			司机签收调令，将方向手柄置于“后”位，将司控器手柄置于牵引位动车。 司机汇报调度：“×××时×××分，司机转隔离模式，现已动车。”
6		—	调度回复：“调度明白。” 司机将车退回出站信号机外后，实训结束

3. 进站信号不开放非正常行车作业（见表 3-85）

表 3-85　进站信号不开放非正常行车作业指导

<table>
<tr><th>序号</th><th>作业项目</th><th>图示</th><th>处理过程</th></tr>
<tr><td>1</td><td rowspan="5">进站信号不开放</td><td>
</td><td>机车信号红黄灯。司机呼叫值班员、机械师、调度：“×××站×股道出站信号未开放。”</td></tr>
<tr><td>2</td><td>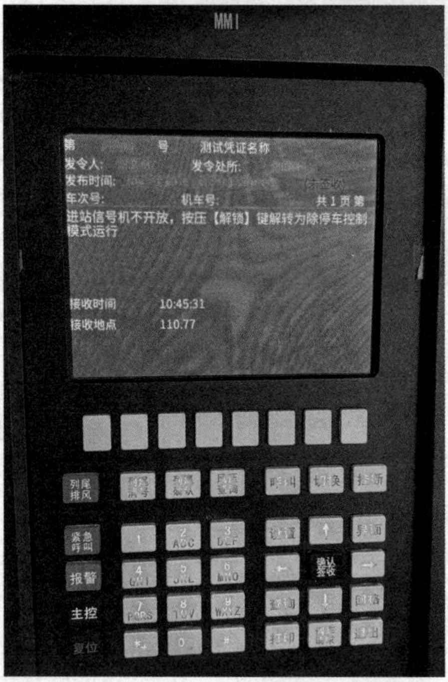
</td><td>司机签收调度命令：“进站信号机不开放，转为按压【解锁】键解除停车控制模式运行。”
司机呼叫值班员：“×××次列车接调度命令，按压【解锁】键解除停车控制模式运行。”</td></tr>
<tr><td>3</td><td>—</td><td>值班员呼叫司机：“×××次，准许司机按压【解锁】键解除停车控制模式进入×××站。”</td></tr>
<tr><td>4</td><td rowspan="2">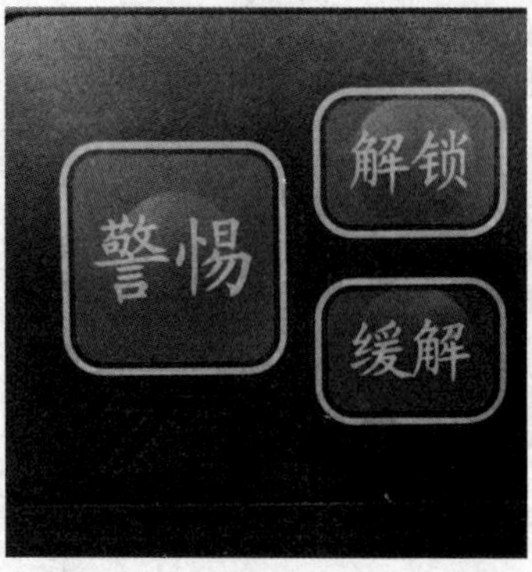
</td><td>司机回复：“司机明白，按压【解锁】键解除停车控制模式，限速 20 km/h。”</td></tr>
<tr><td>5</td><td>司机回复：“司机明白。”
司机缓解停放制动，鸣笛，正常发车</td></tr>
</table>

4. 区间信号不开放作业（见表 3-86）

表 3-86　区间信号不开放作业指导

序号	作业项目	图示	处理过程
1	区间信号不开放		遇区间信号不开放，马上停车处理，将自阀手柄置于“全制动”位
2			呼叫机械师、列车长、调度
3			调度下发调令：“×××次，前方区间无车辆占用，限速 20 km/h 行车。”司机签收调令
4		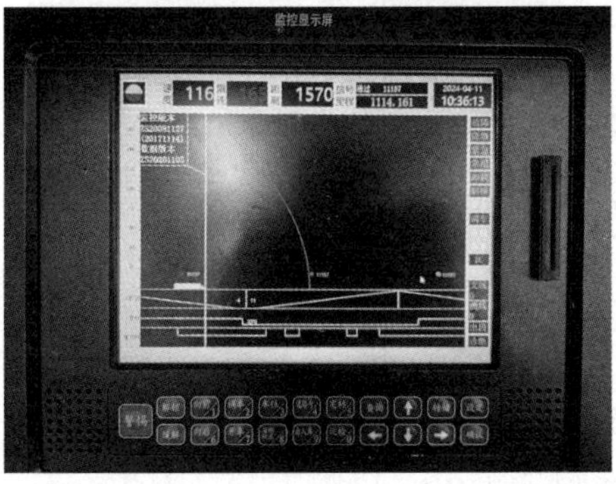	根据调令行车

3.9.4 考核评价

考核点及评价标准如表 3-87 所示，考核评价表如表 3-88 所示。

表 3-87 考核点及评价标准

<table>
<tr><th rowspan="2">学习任务</th><th rowspan="2">考核点</th><th rowspan="2">建议考核方式</th><th colspan="3">评价标准</th></tr>
<tr><th>优
（90 分）</th><th>良
（80 分）</th><th>及格
（60 分）</th></tr>
<tr><td rowspan="5">CR200J 型动车组信号异常时非正常行车作业</td><td>1. 掌握CR200J 型动车组信号异常时非正常行车作业的操作方法</td><td rowspan="5">在线评价
+
软件评价
+
教师评价
+
学生互评</td><td rowspan="5">5 个考核点合格</td><td rowspan="5">4 个考核点合格</td><td rowspan="5">3 个考核点合格</td></tr>
<tr><td>2. 能够进行 CR200J 型动车组信号异常时非正常行车作业的计算机模拟操作</td></tr>
<tr><td>3. 能够进行CR200J 型动车组信号异常时非正常行车作业的驾驶台实操</td></tr>
<tr><td>4. 能够正确与调度和机械师联控</td></tr>
<tr><td>5. 能够准确进行呼唤应答</td></tr>
</table>

表 3-88 考核评价表

<table>
<tr><td colspan="10">实训项目：CR200J 型动车组信号异常时非正常行车作业</td></tr>
<tr><td colspan="4">班级：</td><td colspan="6">姓名：</td></tr>
<tr><th>评价内容</th><th>评分标准</th><th>考核方式</th><th>分值</th><th>自评</th><th>互评</th><th>软件评分</th><th>教师评分</th><th>得分</th></tr>
<tr><td>素质</td><td>1. 能够与团队成员合作，合理沟通，接受任务，协作他人完成工作任务；
2. 有集体意识和社会责任心；
3. 遵章守纪</td><td>过程考核</td><td>30</td><td></td><td></td><td></td><td></td><td></td></tr>
<tr><td>知识</td><td>1. 掌握 CR200J 型动车组信号异常时非正常行车作业处理方法；
2. 掌握 CR200J 型动车组信号异常时非正常行车作业处理流程；
3. 能够正确与调度和机械师联控；
4. 能够准确进行呼唤应答</td><td>现场操作</td><td>40</td><td></td><td></td><td></td><td></td><td></td></tr>
<tr><td>能力</td><td>1. 能够按照操作规范，考虑环保及文明施工措施，安全完成工作任务；
2. 遵守 7S 管理要求；
3. 具有查阅各类教学资源的能力；
4. 具有制定完成任务或项目的方案的能力</td><td>过程考核</td><td>30</td><td></td><td></td><td></td><td></td><td></td></tr>
<tr><td colspan="3">总分</td><td>100</td><td></td><td></td><td></td><td></td><td></td></tr>
</table>

实训项目 3.10　CR200J 型动车组运行异常时非正常行车作业

3.10.1　实训目的

通过本实训项目的开展，使学生了解 CR200J 型动车组在运行异常时非正常行车的处理流程，并独立完成 CR200J 型动车组在运行异常时非正常行车作业，提高学生在运行异常时的非正常行车作业能力。

3.10.2　实训设备

本实训项目作业设备如表 3-89 所示。

表 3-89　CR200J 型动车组运行异常时非正常行车作业设备

名称	型号	数量	备注
动车组模拟驾驶台	CR200J	4	

3.10.3　实训内容

1. 列车占用丢失非正常行车作业（见表 3-90）

表 3-90　列车占用丢失非正常行车作业指导

序号	作业项目	图示	处理过程
1	列车占用丢失		值班员呼叫司机：“×××次列车立即停车，前行×××次列车在×××闭塞分区运行占用丢失。”
2			司机回复：“×××次列车立即停车，前行×××次列车在×××闭塞分区运行占用丢失，司机明白，司机立即停车。”

2. 接触网挂有异物非正常行车作业（见表 3–91）

表 3-91　接触网挂有异物非正常行车作业指导

序号	作业项目	图示	处理过程
1	接触网挂有异物	 能否按降弓方式通过 调度	司机呼叫调度：“×××时×××分运行至×××米（公里标），接触网上挂有异物。” 调度回复司机：“能否按降弓方式通过。”
2		—	司机回复：“本线降弓可以通过。”
3		—	调度回复：“允许降弓通过。” 调度下发调令：“前方降弓行车。”
4		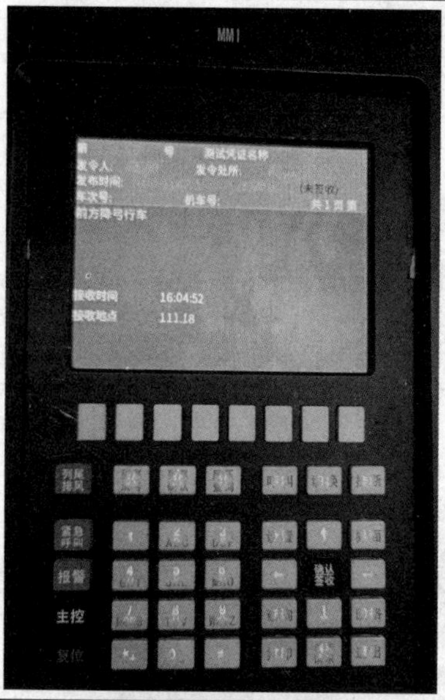 MMI 前方降弓行车 接收时间 16:04:52 接收地点 111.18	司机签收调令
5		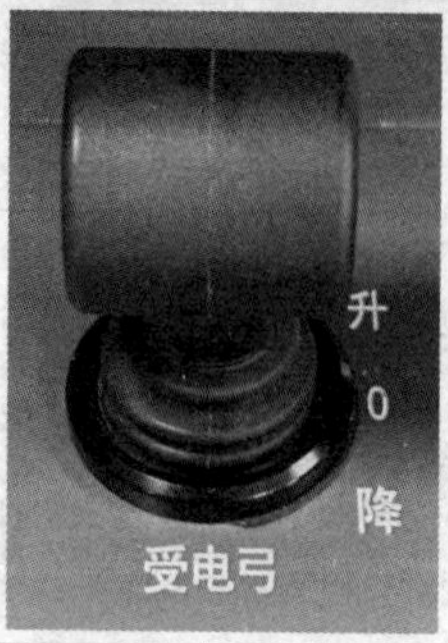 升 0 降 受电弓	降弓行驶，越过故障点后 2 km 处，实训结束

3. 受电弓挂有异物非正常行车作业（见表 3-92）

表 3-92　受电弓挂有异物非正常行车作业指导

序号	作业项目	图示	处理过程
1	受电弓挂有异物		发现受电弓挂有异物，立即降弓，停车
2		 	司机呼叫机械师，机械师回复：“申请在非会车侧下车检查并进行登顶作业。”
3			司机呼叫调度，调度回复：“×××次，邻线限速 80 km/h 的命令已下达，本线供电臂内的接触网已停电，准许机械师下车检查并进行登顶作业。”调度下发调令
4		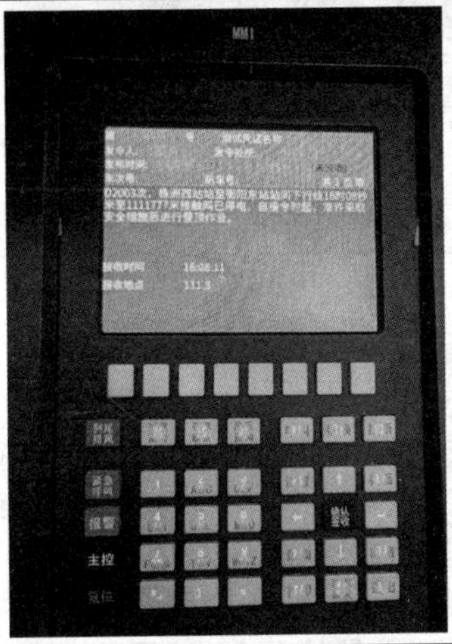	司机签收调令，呼叫机械师下车作业

续表

序号	作业项目	图示	处理过程
5	受电弓挂有异物		机械师检查处理后通知司机："异物处理完毕，恢复正常行车。"
6		 	司机收到后向调度汇报。 调度回复司机："调度明白，现已办理接触网送电手续，取消临时限速，司机可以恢复正常运行。"
7		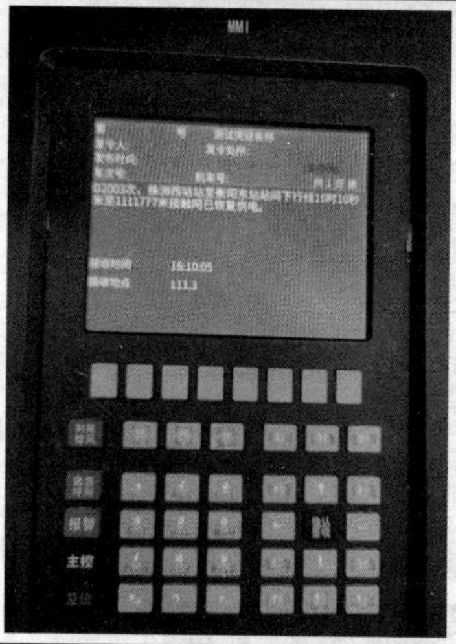	调度下发调令，司机签收调令。升弓，正常运行

4. **双线区间反方向行车作业**（见表 3–93）

表 3-93　双线区间反方向行车作业指导

序号	作业项目	图示	处理过程
1	双线区间反方向行车		调度呼叫司机："×××次列车，×××站，双线反向运行。" 司机回复："收到。"

续表

序号	作业项目	图示	处理过程
2	双线区间反方向行车		调度下发调令：“×××次列车，双线反向运行。” 司机签收调令
3			司机呼叫调度：“×××次列车，×××站，双线反向运行，司机明白。”
4		—	司机确认发车信号，进行反方向行车

5. 列车被迫停车处理非正常行车作业（见表 3-94）

表 3-94　列车被迫停车处理非正常行车作业指导

序号	作业项目	图示	处理过程
1	列车被迫停车处理	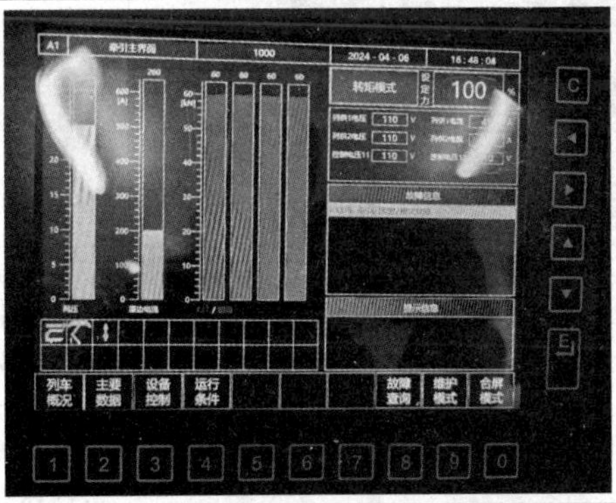	司机因机车故障被迫停车后，呼叫值班员：“×××站，×××次在×××（公里标）处因机车故障被迫停车。” 司机尝试分合主断路器
2			故障处理完毕后，司机呼叫值班员：“×××站，×××次动车组故障处理完毕，于×××时×××分动车。”
3		—	正常运行，实训结束

6. 列车在区间退行作业（见表 3-95）

表 3-95　列车在区间退行作业指导

序号	作业项目	图示	处理过程
1	列车在区间退行	 列车长 机械师 值班员 调度 结束	司机因机车故障被迫停车，呼叫值班员：“×××站，×××次在×××（公里标）处因机车故障被迫停车。”
2		—	值班员回复司机：“×××站，×××次列车在×××站至×××站下行线×××处（公里标）处被迫停车，因×××（原因），不妨碍邻线，请求退行，×××站明白。”
3		 ×××次列车，×××站×道停车。 值班员	出站信号机开放，车站值班员转发调令并呼叫司机：“×××次列车，×××站×道停车。”
4			司机签收调令并回复：“×××次列车，×××站×道停车，司机明白。”
5		—	司机呼叫值班员：“×××站，×××次×××时×××分动车。” 值班员回复：“×××次，×××时×××分动车，×××站明白。”
6		 APT 正常 隔离 监控隔离	司机转到隔离模式，限速不超过 15 km/h，退行到达接车线

3.10.4　考核评价

考核点及评价标准如表 3–96 所示，考核评价表如表 3–97 所示。

表 3–96　考核点及评价标准

学习任务	考核点	建议考核方式	评价标准		
			优（90 分）	良（80 分）	及格（60 分）
CR200J 型动车组运行异常时非正常行车作业	1. 掌握 CR200J 型动车组运行异常时非正常行车作业的操作方法 2. 能够进行 CR200J 型动车组运行异常时非正常行车作业的计算机模拟操作 3. 能够进行 CR200J 型动车组运行异常时非正常行车作业的驾驶台实操 4. 能够正确与调度和机械师联控 5. 能够准确进行呼唤应答	在线评价 + 软件评价 + 教师评价 + 学生互评	5 个考核点合格	4 个考核点合格	3 个考核点合格

表 3–97　考核评价表

实训项目：CR200J 型动车组运行异常时非正常行车作业								
班级：				姓名：				
评价内容	评分标准	考核方式	分值	自评	互评	软件评分	教师评分	得分
素质	1. 能够与团队成员合作，合理沟通，接受任务，协作他人完成工作任务； 2. 有集体意识和社会责任心； 3. 遵章守纪	过程考核	30					
知识	1. 掌握 CR200J 型动车组运行异常时非正常行车作业处理方法； 2. 掌握 CR200J 型动车组运行异常时非正常行车作业处理流程； 3. 能够正确与调度和机械师联控； 4. 能够准确进行呼唤应答	现场操作	40					
能力	1. 能够按照操作规范，考虑环保及文明施工措施，安全完成工作任务； 2. 遵守 7S 管理要求； 3. 具有查阅各类教学资源的能力； 4. 具有制定完成任务或项目的方案的能力	过程考核	30					
总分			100					

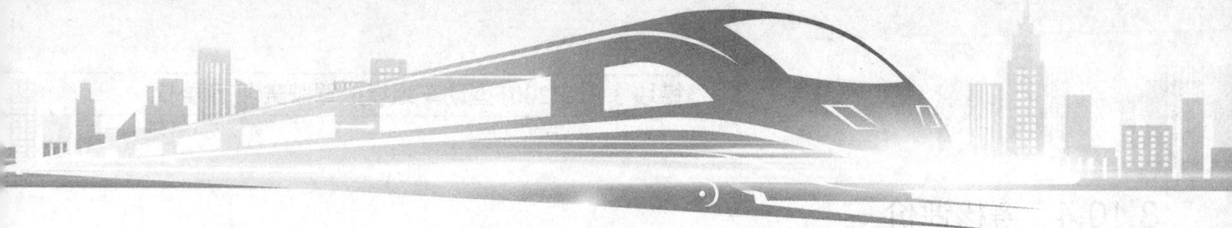

参考文献

[1] 谢小宁，蓝正新，覃海军．复兴号动车组司机操作及整备［M］．成都：西南交通大学出版社，2022．

[2] CR400AF 型动车组应急故障处置蓝宝书编委会．CR400AF 型动车组应急故障处置蓝宝书［M］．北京：中国铁道出版社，2018．

[3] CR400BF 型动车组应急故障处置蓝宝书编委会．CR400BF 型动车组应急故障处置蓝宝书［M］．北京：中国铁道出版社，2018．

[4]《CR400AF 型动车组司机》编委会．CR400AF 型动车组司机［M］．北京：中国铁道出版社有限公司，2019．

[5]《CR400BF 型动车组司机》编委会．CR400BF 型动车组司机［M］．北京：中国铁道出版社有限公司，2019．

[6] 罗闯，何旭东，冯涛．CR200J 型机车乘务员一次乘务作业［M］．成都：西南交通大学出版社，2022．

[7]《时速 160 公里动力集中型电力动车组（CR200J3 型）原理与操作》编委会．时速 160 公里动力集中型电力动车组原理与操作［M］．北京：中国铁道出版社有限公司，2020．